デジタル
ウィズダム
の時代へ

若者とデジタルメディアのエンゲージメント

高橋利枝

新曜社

デジタルウィズタムの時代へ ◉ 目次

プロローグ……1

1 本書の目的 1
変動する世界 1
デジタルネイティブ――新たな機会とリスク 2
21世紀に求められる若者像――グローバル人材 3
2 本書の構成 4

第1章 デジタルネイティブを超えて……11

1 デジタルネイティブとは？ 11
2 デジタルネイティブの研究動向 12
2-1 世界におけるデジタルネイティブ研究 12
2-2 日本におけるデジタルネイティブ研究 14
2-3 デジタルネイティブの定義 16
2-4 デジタル世代vs.非デジタル世代 18
3 デジタルネイティブに対する批判 20
4 デジタルネイティブを超えて 23
4-1 デジタルネイティブの再構築 23
4-2 世代論を超えて 25

第2章 コミュニケーションの複雑性モデル……29
――若者とメディアを捉えるための理論枠組み

1　「オーディエンス・エンゲージメント」の概念　30
1-1　「オーディエンスの能動性」が語られる文脈　30
1-2　「オーディエンスの能動性」から「オーディエンス・エンゲージメント」へ　34
2　日常生活のパラダイム　35
2-1　「能動的オーディエンス」のパラダイムから「日常生活」のパラダイムへ　35
2-2　自己形成とメディア　39
3　複雑系のパラダイムとメディア・オーディエンス研究　43
3-1　複雑系のパラダイム　43
3-2　オーディエンス研究と複雑系のパラダイム　47
4　コミュニケーションの複雑性モデル　50

第3章　つながり……67
――なぜ若者は絶え間ないつながりを求めるのか？

1　携帯電話と絶え間ないつながり　67
1-1　いつもオン　68
1-2　脱-埋め込み　70
2　ソーシャルメディアとつながり――日本の文脈から　80
2-1　ソーシャルメディアとウチ、空気　81
2-2　ソーシャルメディアと高コンテクスト文化／低コンテクスト文化　86
3　モバイル・メディアの機会とリスク　93
3-1　存在論的安心　93

3-2　トランスナショナルなつながり　95
3-3　絶え間ないつながりによる新たな機会とリスク　97
4　なぜ若者は絶え間ないつながりを求めるのか？　99

第4章　デジタルリテラシー

――新たな機会を最大に享受するためにはどうしたらいいか？……103
1　なぜ今デジタルリテラシーが必要なのか？　103
1-1　メディアリテラシーが語られる社会的文脈　104
1-2　デジタルリテラシーの定義　105
2　アクセス　107
2-1　情報検索　107
2-2　ウチの強化のための友達情報の探索　108
2-3　ニュースのカスタマイズ　109
2-4　情報のオーセンティシティ　111
3　クリティカル（分析・判断・利用・解釈）　114
3-1　ソーシャルメディアに対するクリティカルな解釈　114
3-2　マスメディアに対するクリティカルな解釈　116
3-3　Wikipedia の批判的利用　118
4　戦術的消費（Tactics）　120
4-1　時-空間の構造化　121
4-2　広告に対する戦術　124
4-3　インフォーマル／フォーマル・ラーニング　129

5　協働　131
5－1　マルチタスク　132
5－2　プレイ、パーフォーマンス、シミュレーション　133
5－3　擬似的共視聴　135
6　共有・参加　137
6－1　親密圏の強化　137
6－2　公共圏の創造と参加　139
7　グローバル時代、デジタル時代において、新たな機会を最大に享受するためにはどうしたらいいか？　145
7－1　デジタルリテラシーとオーディエンス・エンゲージメント　145
7－2　グローバル人材とデジタルリテラシー　146

第5章　リスク

――リスクを最小限にするにはどうしたらいいのか？　157
1　リスク社会を生きる若者たち　158
2　いじめと誹謗中傷　159
2－1　ネットいじめのニュース報道　159
2－2　いじめと個人情報をさらす　159
2－3　保護者の介入　162
2－4　いじめの対処法　165
3　個人情報とプライバシー　171
3－1　投稿写真によるトラブル　171

3-2 Twitter——教室の遊びの延長 173
3-3 プライバシーの問題に関する対処法 174
4 ストーカーとオンライン上の出会い 178
4-1 Facebook ストーキング 178
4-2 オンライン上での出会い 182
5 中毒と依存 185
5-1 中毒 185
5-2 ソーシャルメディア疲れ 187
5-3 支配 189
5 リスクを最小限にするためにはどうしたらいいのか？ 192

第6章 自己創造——なぜ若者はメディアと関わるのか？ 203
1 自己創造の概念 204
2 ソーシャルメディアと印象管理 206
2-1 リスキーな印象管理 208
2-2 リア充に印象管理 209
2-3 保守的な印象管理 211
3 自己表現 214
3-1 ソーシャルメディア・マネジメント 214
3-2 セルフィによる自己表現 223
4 自己実現 230

4-1 自己創造と日本の社会規範 234
4-2 トランスナショナルなテレビ番組と自己創造 239
4-3 ソーシャルメディアと自己創造 245
5 なぜ若者はメディアと関わるのか？ 252

終章 グローバル時代を生きる若者たち
——21世紀日本とグローバル化の行方 …… 255

1 グローバル時代、デジタル時代における若者の複雑性 256
1-1 個人の相互作用性と適応性 256
1-2 社会集団の複雑性 262
1-3 個人の自己創造とターニングポイント 266
1-4 文化の複雑性 268
2 21世紀日本とグローバル化の行方 275
2-1 日本におけるコスモポリタニズムの可能性 275
2-2 コスモポリタン的文化とトランスナショナルなつながり 279
2-3 コスモポリタン的文化とグローバル人材 283

エピローグ …… 291

＊＊＊

補論　能動的オーディエンス研究の系譜

補論　能動的オーディエンス研究の系譜 …… 303

1　アメリカのコミュニケーション研究における「利用と満足」研究　303

1－1　初期「利用と満足」研究の再考　304

1－2　「利用と満足」研究の理論化と批判　306

1－3　「利用と満足」研究とオーディエンスの能動性　307

2　イギリスのカルチュラル・スタディズとヨーロッパの受容理論における受容研究　308

2－1　エンコーディング／ディコーディング・モデル　309

2－2　受容研究と「利用と満足」研究　311

2－3　受容研究VS.メディア帝国主義　312

3　日本の情報社会論における情報行動論　313

3－1　情報行動論　315

3－2　日本における「利用と満足」研究　317

3－3　情報行動論と「利用と満足」研究　318

付録　リサーチデザイン

付録　リサーチデザイン …… 323

1　調査概要　323

2　フィールドワーク　324

3　インフォーマント　325

4　データ分析　328

参考文献　344
索引　348

装幀＝新曜社デザイン室

プロローグ

1　本書の目的

変動する世界

私たちはこれまで経験したことがないような変動の時代に生きている。人工知能（AI）やビッグデータ[1]、ロボットや「モノのインターネット（IoT）[2]」など、革新的な技術が次々と登場し、第4次産業革命をもたらしている。加速するグローバル化とデジタル化によって、私たちの日常生活は、新たな機会とリスクに満ち溢れているのである。

デジタルメディアは、ビジネスや政治、医療や教育、スポーツや芸術など至る所に入り込んでいる。携帯電話やインターネットは様々な人や文化を結びつけ、グローバル化を推し進めている。情報はインターネットにより世界中を駆け巡り、一国で起きた経済危機は、あっという間に世界経済をも揺るがしている。

デジタル技術は、私たちの身の回りにある多様なメディアを融合している。若者たちは、スマートフォンで音楽を聴いたり、映像を観たり、写真や動画を共有したりしている。それはもはや電話の進化系ではなく、手のひらの上にのる小さなコンピューターなのである。彼らは、Netflix や Hulu（動画配信サービス）、YouTube（動画共有サイト）などにアクセスし、世界の様々なテレビ番組や動画を視聴している。そして次々と現れる新しいソーシャルメディアは、世界中の人びとの日常生活の写真や動画で溢れ、国境を越えてメッセージが飛び交っている。

今日の若者は、このようなデジタル世界の中で生まれ育っているのである。

デジタルネイティブ――新たな機会とリスク

現代の若者は、生まれた時からデジタルメディアに囲まれ、日常生活の多くの時間をメディアに費やしていることから、「デジタルネイティブ」や「サイバー・キッズ」、「ミレニアル」と呼ばれてきた。アナログ時代に生まれた大人たちとの違いが強調され、若者のメディアとのエンゲージメント（多様な関わり方）が、政治や経済、社会や文化など、あらゆる局面に置いて世界的に注目されている。

デジタル時代を生きる若者たちにとって、スマートフォンやソーシャルメディアは、世界規模で重要な役割を果たしている。友達や家族との絶え間ないつながりや、国境を超えたつながり、社会運動など、これまでにない新たな機会を提供している。しかしその一方で、ネットいじめや個人情報の流出、ネット依存など、リスクに出会う機会も多いのである。特に昨今、ソーシャルメディア疲れや、写真の投稿が思わぬ問題を引き起こすという事件が相次いで起きている。

グローバル化、デジタル化がもたらす新たな機会を最大限に享受し、リスクを最小限にするにはどうしたらいいのだろうか？

本書は、現代社会におけるメディアの社会的役割を理解するために、「なぜ若者はメディアと関わるのか？」という問いを出発点としている。「関わり（engagement）」という言葉は、例えばテレビのスウィッチを入れるという単純な行為から政治的な関与（political engagement）に至るまで、またマスメディアからインターネット、携帯電話やスマートフォンなどモバイル・メディアに至るまでメディアとの多様な関わりを内包する。これまでメディア研究の分野において、メディアと人びととの関係性は、ある特定のメディアや、「接触（exposure）」や「視聴（viewing）」、「利用（use）」などある特定の関わり方に限定されて論じられてきたが、今日のデジタル環境におけるメディアと人間との複雑な関係を理解する必要性から、「関わり（engagement）」という言葉が用いられるようになった。この言葉は既存のメディア・オーディエンス研究の抱える限界を越え、能動的あるいは受動的な関わりに至るまでメディアと人間の多種多様な関与のレベルを含意可能にするのである。

本書では、デジタル技術先進国である日本、アメリカ、イギリスの三ヵ国における、若者とメディアの関わりについての詳細なインタビュー調査と参与観察の結果から、今日活発に議論されている「グローバル人材」、「メディア・リテラシー」、「リスク・マネジメント」などにアプローチしていく。デジタル革命、グローバル時代を生きるために必要なリテラシーについて、数多くの事例を交えながら、課題と具体的な方策について考察していきたいと思う。

21世紀に求められる若者像——グローバル人材

21世紀に求められる若者像として、「グローバル人材」という言葉が[3]、産業界や、国や地方自治体、高校や大学など産官学において、様々な分野で取り上げられている[4]。その社会的な背景にあるのは、第1に２０２０年東京オリンピックの開催、第2に人口減少国家としての日本[5]、第3に中国やインドなどのような強大な新興国の台頭による日本のプレゼンスの低下に危機感を抱いていることである。高校や大学などの教育機関では、スーパーグローバル・ハイスクールやスーパーグローバル・大学など、「グローバル人材」育成のための多様な試みがなされている。また、企業も若い社員の海外派遣など積極的にグローバル人材育成を行っている。

しかし、当事者である若者たちに聞いてみると、「グローバル人材」という言葉に関して一定の認知度はあるものの、単に「英語ができる人」や「海外で働く人」などと答えている。また、自分がグローバル人材になることが求められているという実感がないため、グローバル人材には「なりたくない。日本が好きだから日本で働きたい」や「なりたいとは思うけど、別世界な感じ」などと言い、他人事と捉えていた[6]。

21世紀、日本の若者が身につけなければならない「グローバル・リテラシー」とは、一体何なのだろうか？そもそも、グローバリゼーションとは何なのだろうか？

2 本書の構成

前述のように本書では「なぜ若者はメディアと関わるのか？」という問いを出発点としている。この問いに答えるために、第1章では、デジタル時代の若者を捉える概念、「デジタルネイティブ」について概説する。デジタルネイティブという言葉の定義や、世界および日本での研究動向、批判について述べたのち、デジタルネイティブ概念の有効性とその再構築について概説する。

第2章では、今日私たちが直面している社会変容とグローバル化の文脈の中で、若者の複雑性を捉えるための理論枠組みを提示する。まず最初に若者とメディアの関係を捉えるために、メディア・オーディエンス研究の系譜からメディアとの能動的、受動的、個人的、社会的などを含めた多様な関わり方を意味する「オーディエンス・エンゲージメント」の概念を紹介する。そして能動的－受動的などの二項対立を越えるために、「能動的オーディエンス」のパラダイムから、「日常生活」および「複雑系」のパラダイムへとシフトする。数学科出身という筆者のバックグラウンドのため自然科学から創発した複雑系のパラダイムを用いているが、ここでの目的は自然科学の数学的モデルを社会科学に直接的に適用することによって、若者のエンゲージメントを予測することではなく、グローバル化と社会変容という今日の複雑な社会的文脈において、個人、社会集団、文化の複雑性や動態性《ダイナミズム》を理解するための統合的な理論枠組み（「コミュニケーションの複雑性モデル」）を提示することである。研究者の方や、メディアやオーディエンス・エンゲージメントの概念に深く関心を持つ方は2章の検討にもお付き合いいただきたい。現象に興味がある方は、2章は飛ばして3章からお読みいただきたい。2章の検討で得られた成果は各章に還元してある。

第3章以降は、日本、アメリカ、イギリスにおけるマルチサイト・エスノグラフィー（Marcus 1998）の結果を取り上げる。本書は、筆者が2000年から現在まで続けている若者とメディアに関するフィールドワークを元にしているため、事例の中には、すでに使われなくなったメディアやサービスもある。しかし本書では、特定のメディアやサービスについてではなく、社会・文化的文脈の中でエンゲージメントを考察することによって、より普遍的なメディアの社会・文化的な役割について明らかにすることを目的としている。これらの知見は同時に日本における若者のメディアとのコミュニケーションの変遷を示すであろう。

第3章では、最も重要なエンゲージメントの1つである「つながり」について見ていく。なぜ若者は絶え間なくつながりを求めるのか？　デジタル社会において、携帯電話やスマートフォン、ソーシャルメディアなどによって、若者は日常生活の中で時空を超えて、家族や友人、そして様々な文化と絶え間なくつながっている。普遍的な現象と考えられる「絶え間ないつながり」について考察した後、日本の若者と絶え間ないつながりについて、文化的特殊性とともに考察していく。日本人の人間関係を捉えるために、ウチや空気などのエミック概念（文化的に特殊なローカルな概念）や、高コンテクスト文化と低コンテクスト文化などの概念を用いながら、mixiやMyspace、TwitterやLine、Facebookなどのソーシャルメディアによる絶え間ないつながりについて考察する。

ソーシャルメディアやスマートフォンは、「つながり」の他にどのような新たな機会をもたらしているのだろうか？　デジタル社会における新たな機会を最大に享受するためにはどうしたらいいのだろうか？　第4章では、まず最初に先行研究から「デジタルリテラシー」の概念について解説する。その上で、フィールドワークから明らかとなった5つのオーディエンス・エンゲージメント――「アクセス」、「クリティカル」、「戦術的消費」、「協働」、「共有・参加」――について事例を交えながら考察する。そして「グローバリゼーションとは何か」について考察した後、グローバル時代におけるデジタルリテラシーに関する今後の課題と方策について示唆する。

メディアとの多様な関わりから、若者は新たな機会ばかりでなく、同時に多くの新たなリスクにも直面している。デジタル時代におけるリスクを最小限にするにはどうしたらいいのだろうか？　第5章では、リスク社会と呼ばれる現代社会において、若者のメディアとのエンゲージメントによって引き起こされるリスクについて見ていく。ここでは「ネットいじめと誹謗中傷」、「個人情報とプライバシー」、「ストーカーとオンライン上での出会い」、「中毒と依存」について考察するため、インタビューに協力してくれた若者たちが実際にどのようなリスクに出会い、傷つき、どのように対処したかについて見ていく。章の最後にデジタルメディアに対するリスクマネジメントについて述べたいと思う。

第3章から第5章までは、若者とメディアとの多様なエンゲージメントによって創発する新たな機会とリスクについて明らかにしてきた。第6章では、機会とリスクのバランスによって形成される自己アイデンティティについて考察する。デジタル時代、グローバル時代を生きる若者が、メディアへの重層的な関わりを通じて、どのように自己を再帰的に創造／再創造しているのか、若者たちの「自己創造」について探求していく。「自己創造（self-creation）」という概念は、フィールドワークで出会った人びとのクリエイティブで、オリジナルな自己形成の特性に対して筆者が提示した概念である（Takahashi 2003, 2009）。ここでは、フィールドワークで顕著に見られた、以下のような問いにアプローチしていく。なぜ若者はソーシャルメディアに多くの写真を投稿するのだろうか？　そしてなぜ飲酒やいたずらなどの写真を投稿するのか？　なぜ若者はＬＩＮＥやTwitter、Facebook や Instagram など複数のソーシャルメディアを利用するのだろうか？　なぜ「selfie（自分撮り）」（次頁写真）や、

YouTubeやMixChannelなど動画共有サイトが若者の間で流行しているのか？ そして、なぜ日本の若者たちは、自分の顔を出した写真や動画を投稿するようになったのか？ なぜ若者はInstagramやTwitterなどで有名人をフォローするのだろうか？ これらの問いに答えながら、自己創造に関する3つのエンゲージメント――「ソーシャルメディアによる印象管理」、「ソーシャルメディアや動画共有サイトによる自己表現」、「自己実現」――について考察していく。

終章では、第3章から第6章まで記述した知見（「オーディエンス・エンゲージメント」）を第2章で提示した「コミュニケーションの複雑性モデル」の理論枠組みを用いてまとめることによって、グローバル時代を生きる若者たちの多様性と動態性《ダイナミズム》、複雑性について考察していく。そして、フィールドワークから観察された若者とメディアとの重層的なエンゲージメントから、現在カオスの縁に立たされている日本の第3の開国の可能性と、グローバル化の行方について示唆する。これらの議論を踏まえたうえで、本書の最後に現在混沌としたグローバル社会に求められている「グローバル人材」像について考察したいと思う。

補論では、メディア・オーディエンス研究における主要な能動的オーディエンス研究と「オーディエンスの能動性」の概念の定義について解説する。また、本書で用いた方法論については付録に記しておく。

写真　「selfie（自分撮り）」（筆者提供）
オックスフォード辞書オンラインによると、「selfie（セルフィ）」とは「スマートフォンやウェブカメラで自分自身を撮影し、ソーシャルメディア上でシェアされた写真」をいう。“http://www.oxforddictionaries.com/definition/english/selfie” http://www.oxforddictionaries.com/definition/english/selfie（アクセス2016年5月26日）

■注

［1］インターネット上に蓄積された大量のデータのこと。例えば、私たちが日頃使用しているスマートフォンやソーシャルメディア、電子マネー、ダウンロードしたアプリなど、インターネット上での活動（検索履歴、位置情報、どのサイトのページにいつどのくらいの時間滞在し、どのブログや記事のどの部分を読んでいたか）に関するデータなど。

［2］Internet of Things：様々なモノがインターネットによってつながれることによって、離れたモノの状態を知ったり、離れたモノを操作したりすることができる仕組みの総称。例えば、犬や猫などのペットの様子や、自転車や自動車などの位置を離れたところから知ることができたり、離れたところからエアコンや照明器具をつけたり、お風呂を沸かしたりすることができる。

［3］２０００年1月河合隼雄氏を座長とする「21世紀日本の構想」懇談会において、すでに「15年から20年後に到達することが望まれる日本人の姿」の1つとして、「グローバルリテラシー（国際対話力）」（Ⅰ.情報技術、Ⅱ.英語、Ⅲ.コミュニケーション能力）があげられている。本会は１９９９年に小渕恵三首相（当時）の私的な有識者懇談会として発足。

［4］２０１１年6月に提出された「グローバル人材育成推進会議中間まとめ」は、「グローバル人材」を以下のように定義している。

Ⅰ.語学力・コミュニケーション能力

Ⅱ.主体性・積極性、チャレンジ精神、協調性・柔軟性、責任感・使命感

Ⅲ.異文化に対する理解と日本人としてのアイデンティティ

（その他、幅広い教養と深い専門性、課題発見・解決能力、チームワークとリーダーシップ、公共性・倫理観、メディア・リテラシー等の能力）

http://www.kantei.go.jp/jp/singi/global/110622chukan_matome.pdf （アクセス ２０１６年4月1日）

［5］例えば、２０１５年9月に東京で行われた「金融リサーチの最前線と今後の金融、経済の課題」と題されたシス

テミック・リスク・センター（ＬＳＥ）によるセミナーにおいて、人口減少と超高齢化社会によるリスクが示唆された。Systemic Risk Centre and London School of Economics and Political Science (2015) "Frontiers of Financial Research and Future Financial and Economic Challenges", Tokyo, September 8. 他にも「人口蒸発『５０００万人国家』日本の衝撃」新潮社、２０１５年など。

［６］早稲田大学文化構想学部高橋利枝研究室では、デジタル時代における新たなチャンスとリスク、デジタルリテラシー、グローバル人材に関して、２０１３年に日本の高校生１００名と大学生１００名の計２００名を対象としたアンケート調査を行った。また、２０１３年から２０１５年にかけて、15歳から23歳までの１１７名に対して詳細なインタビュー調査を実施した（付録参照）。

第1章　デジタルネイティブを超えて

——デジタル時代の若者を捉えるために

現代の若者を捉える言葉には、「デジタルネイティブ」や「サイバー・キッズ」「ミレニアル」など様々な言葉がある。中でも「デジタルネイティブ」という言葉は、そのインパクトの強さから、世界中で注目され、産業界をはじめ、学者や政府、広告業界、メディア・IT産業などで活発に論じられてきた。本章ではまず「デジタルネイティブ」という言葉の定義を明らかにし、世界や日本におけるデジタルネイティブの研究動向を紹介する。そして「デジタルネイティブ」に関する批判について理解し、現代社会における若者とメディアの役割を捉えるための視点を提示していく。

1　デジタルネイティブとは？

「デジタルネイティブ」という言葉は、文字通り、「デジタル」と「ネイティブ」という2つの言葉が合わさってできている。「デジタル」は、デジタル機器やデジタル時代、デジタル世界に関するもの。そして「ネイティブ」という言葉は、「ネイティブ・ニューヨーカー」などのように、「その土地や国に生まれた人」や「生まれつき」などの意味がある。つまり、「デジタルネイティブ」とはデジタル時代に生まれ育った人たちを意味している。

デジタルネイティブの名付け親マーク・プレンスキィ（Mark Prensky）は、現代の若者はテレビゲームやインターネット、携帯電話など、デジタル機器に絶え間なく関わることによって、アナログ時代の人たちとは脳の発達の仕方が異なっていると、脳科学者の見解を引用しながら自説を述べている（Prensky 2001a; 2001b）。さらにプレンスキィは、デジタル時代以前に生まれ、新しいデジタル世界に移住した人たちのことを「デジタル移民（Digital Immigrants）」と呼んで、デジタルネイティブと対比させている[1]。

2　デジタルネイティブの研究動向

2－1　世界におけるデジタルネイティブ研究

アメリカをはじめとしてイギリス、フランスなどの西欧諸国や、日本、韓国、インド（Sha & Abraham 2009）などの非西欧諸国においてもデジタルネイティブは注目を集めてきた。例えばフランスでは、ル・モンド紙などが、「デジタルネイティブは企業を激変させる[2]」や「企業よ、デジタルネイティブの到来に対して準備せよ[3]」などというセンセーショナルな記事を書いている。これらの記事の中では企業の文化的、社会的、組織的、技術的習慣を掻き乱すような若者像が描かれている。

企業がデジタルネイティブに注目する理由は2つある。1つは「社員」としてのデジタルネイティブ、もう1つは「顧客」としてのデジタルネイティブである。デジタルネイティブと呼ばれる世代の人たちが企業に就職するにあたって、新入社員研修にデジタル技術を取り入れたり、企業内コミュニケーションや仕事のやり方や採用の方法など、会社や組織のあり方そのものを変革する必要があるためである。例えば、従来の対面的なコミュニケーションばかりではなく、ソーシャルメディアを利用したより密接な社内コミュニケーションを行ったり、インターネットを利用してカフェや社外の多様な場所で仕事をするノマドワーキング等の新しい働き方を導入したりするなど、社員同士の関係の構築や組織を再構築している企業がある。第2に、顧客としてのデジタルネイティブはこれまでのアナログ時代の消費者とは異なるため、マーケティングや商品開発、広告、顧客との関係、企業の役割などを再構築していく必要がある。例えば、ソーシャルメディアを用いた広告や消費者との関係の構築、ビッグデータを用いたマーケティングなど。マーケティング・コミュニケーション研究では、共感や参加、共有、拡散など、ソーシャルメディアによる消費者のつながりやエンパワーメントを考慮したモデルが提示されている[4]。例えば、「スーパー・パブリックカンパニー」と呼ばれる企業では、顧客と直接つながり、多くのデータを公開し、協働して商品を開発するなど新たなガバナンスの形態を取り入れている（Jarvis 2011）。ソーシャルメディア時代のマーケティングでは、コトラーのマーケティング3.0（表1-1）において考察されているように、「消費者を満足させ、つなぎとめる」ための消費者志向のマーケティング（2.0）から「世界をより良い場所にする」ための価値主導のマーケティング（3.0）へと変化している（Kotler, Kartajaya & Setiawan 2010）。このように企業はデジタル革命による変化に適応するために、社内外における人間関係や企業組織の再構築を行っている。

デジタルネイティブに対する関心は各国の企業ばかりではなく、米空軍や研究者たちの間でも高まっていった。例えば、2009年11月には、国や企業などが支援しにくい基礎研究を長期間にわたって支援し、ノーベル賞受賞者を輩出しているアメリカの研究機関AFOSR（Air Force Office of Scientific Research）が、世界の「若者とメディア」に関する研究者20人を集め、デジタルネイティブに関するワークショップを開催した。アメリカ、イギリス、オーストラリア、韓国、日本などの脳科学者やゲーム研究者、社会学者、ジャーナリストが招聘され、

表1-1　マーケティング1.0、2.0、3.0の比較

	マーケティング1.0	マーケティング2.0	マーケティング3.0
	製品中心のマーケティング	消費者志向のマーケティング	価値主導のマーケティング
目的	製品を販売すること	消費者を満足させ、つなぎとめること	世界をより良い場所にすること
可能にした力	産業革命	情報技術	ニューウェーブの技術
市場に対する企業の見方	物質的ニーズを持つマス購買者	マインドとハートを持つより洗練された消費者	マインドとハートと精神を持つ全人的存在
主なマーケティング・コンセプト	製品開発	差別化	価値
企業のマーケティングガイドライン	製品の説明	企業と製品のポジショニング	企業のミッション、ビジョン、価値
価値提案	機能的価値	機能的・感情的価値	機能的・感情的・精神的価値
消費者との交流	1対多数の取引	1対1の関係	多数対多数の協働

(Kotler, Kartajaya, & Setiawan, 2010, 邦訳 p. 19)

韓国の脳科学者スヨン・リー（Soo-Young Lee）教授がホストとなり、KAIST（the Korea Advanced Institute of Science and Technology）で3日間、寝食を共にしてデジタルネイティブについて活発な議論が行われた。[5]

同じ頃、イギリスでは、ロンドン大学教育学部のデイビッド・バッキンガム（David Buckingham）とオックスフォード大学教育学部のクリス・デービス（Chris Davies）、ロンドン・スクール・オブ・エコノミクス大学の社会心理学者ソニア・リビングストーン（Sonia Livingstone）の3人によるデジタルネイティブに関するセミナーが開催され、[6]学術的な見解から厳しい批判が投げかけられた。このセミナーにおける論点を含めたデジタルネイティブに対する学術的な批判に関しては、後で詳しく述べたい[7]と思う。

2-2　日本におけるデジタルネイティブ研究

日本では2008年11月にNHKスペシャルで取り上げられて以降、デジタルネイティブに対する認知度が高まってくる。2009年にはドン・タプスコットの邦訳書『デジタルネイティブが世界を変える』（Tapscott 2008）が出版され、東京大学情報学環の橋元良明と電通総研による共同研究『ネオ・デジタル・プロジェクト』（橋元ら 2009）が行われた。ここでは、デジタルネイティブを76世代（20代）と86世代（30代）とし、その特徴にパソコンやインターネット、テキスト・音声ベースでコミュニケーションをすることを挙げている。それに対して、96世代（10代）をネオ・デジタルネイティブとし、モバイル、動画、映像によってコミュニケーションをする世代としている。橋元らはデジタルネイティブとネオ・デジタルネイティブの違いについて、「前者が、主にPCを通してネットを自在に駆使する世代であるのに対し、後者は、映像処理優先脳を持ち、視覚記号をパラレルに処理するのに長け、モバイルを駆使してユビキタスに情報をやりとりし、情報の大海にストックされた『衆合知』を効率的に利用し、これまでの、言語情報中心にリニアなモードで構成されてきた世界観を変えていく若者」（p. 140）と述べている。

また、木村忠正（2012）はデジタルネイティブを4世代（ポケベル、ピッチ世代の第1世代：～1982年生まれ、携帯メール、mixi 世代の第2世代：1983～87年生まれ、携帯ブログ、リアル世代の第3世代：1988～90年生まれ、複数のSNS世代の第4世代：1991年生まれ以降）に分類し、各世代における特徴を比較している。このように日本のデジタルネイティブ研究では、主にデジタルネイティブの世代間の格差が注目されている。今後、小学生向けのプログラミング講座や学校教育でのタブレットの導入によって、さらなる世代間格差が指摘されうるであろう。

一方、博報堂の原田陽平（2010）は、ケータイネイティブの調査を行い、日本のデジタルネイティブがパソコンに依存する海外のデジタルネイティブとは一線を画していることを指摘している。原田は、山本七平の『空気の研究』（1977）や村社会など日本の文化的特殊性に注目し、若者（2010年当時10代半ば～20代後半）は中高生から携帯電話へ依存しており、PCのキーボードよりケータイで文章を打つほうが楽など、ケータイネイティブと呼んでいる。そして「ケータイネイティブ」の特徴としては情報収集より人間関係の維持・拡大を重視しており、SNSの日記へのコメントやメールの即時の返信など携帯電話による絶え間ないつながりによって、「噂話・陰口が多く、出る杭は打たれ、他人の顔色をうかがい、空気を読むことが掟とされる、かつて日本にあった村社会が若者の間で復活した」(p. 246)と述べている。かつては閉ざされた場における対面的コミュニケーションによって創発した村社会が、デジタル社会においては携帯電話を介した稠密なコミュニケーションによって、新村社会として創発している。そして戦後の村社会の崩壊の動きと逆行して生まれたこのような新村社会は、24時間常時接続のため逃げ場もなく、「複雑な人間関係のしがらみに息苦しさを感じ、既視感によって視野や行動範囲を狭めてちぢこまる村人と、地域や偏差値や年代を超えて活動の幅を広げる村人との『ネットワーク格差』を生み出した」(pp. 247-248)と指摘している。このように、原田は同じ世代でも、日本の新村社会に閉じこもる村人と、グローバルなつながりを求める人との間の世代内における格差について述べているのである。原田の指摘する「ネットワーク格差」は、スマートフォンや、LINE、Twitter、Facebookなど世界的に普及しているソーシャルメディアとのエンゲージメントの仕方によってさらなる格差を生み出していくだろう。

2-3　デジタルネイティブの定義

法学者であり、デジタルネイティブプロジェクトを行ったハーバード大学ロースクールのジョン・パルフリィ教授ら(Palfrey & Gasser 2008)は、デジタルネイティブを、1980年以降に生まれ、デジタル技術にアクセス可能で、「デジタルリテラシー」[8]を身に着けている人と定義している。そしてその特徴としてグローバルな文化を共有し、絶えず互いにつながっていると述べている。

しかし、現代の高度情報化社会を生きるすべての人たちが、メディア環境の変化の影響を同じように一様に受けているわけではないだろう。本人の年齢、学歴、階級、文化資本、親の学歴・職業など様々な要因によって、新しい情報技術へのアクセシビリティや適応力、自己呈示や他者との相互作用のあり方は異なる。そのため筆者は、２００７年にハーバード大学バークマン・センターから「デジタルネイティブ」プロジェクトへの協力要請を受けた際、世代間と世代内の格差を考慮するため、世代軸とデジタル・ライフスタイル軸（デジタル実践者Live Digital と非デジタル実践者Non-Live Digital）によって、現代を生きる人たちを以下のように４つに分類した（高橋他 2008, p. 72）。

第１に、デジタルネイティブ（Digital Natives）。これは、パソコンや携帯電話などの情報機器や通信機器を日常的に利用し、高度なデジタルリテラシーを習得しながら、社会化の過程を経た若年層世代を意味している。特に、ソーシャルメディアや、YouTube といった動画共有サイトを利用することによって、積極的に情報収集やコミュニケーションをしている若年層世代を指す。

第２に、デジタル異邦人（Digital Strangers）。これは、高度情報化が実現された社会に生まれながら、社会・経済的格差により日常生活において、パソコンや携帯電話などの情報機器や通信機器を利用することなく生活してきた若年層世代を指す。

第３に、デジタル定住者（Digital Settlers）。デジタル定住者は、幼少期から家庭や学校などでパソコンや携帯電話などの情報機器や通信機器に接触しながら育ったわけではないが、ある程度の社会化の過程を経たあとにデジタル世界に入り、高度なデジタルリテラシーを習得し、日常的にそのような能力を生かした実践をしている人を指す。

第４に、デジタル移民（Digital Immigrants）。デジタル移民は、これまでの生活の中で、デジタル世界を経験することがなかった人たちを意味する。このデジタル移民はデジタルリテラシーを習得することによって、デジタル定住者へとなりうる。

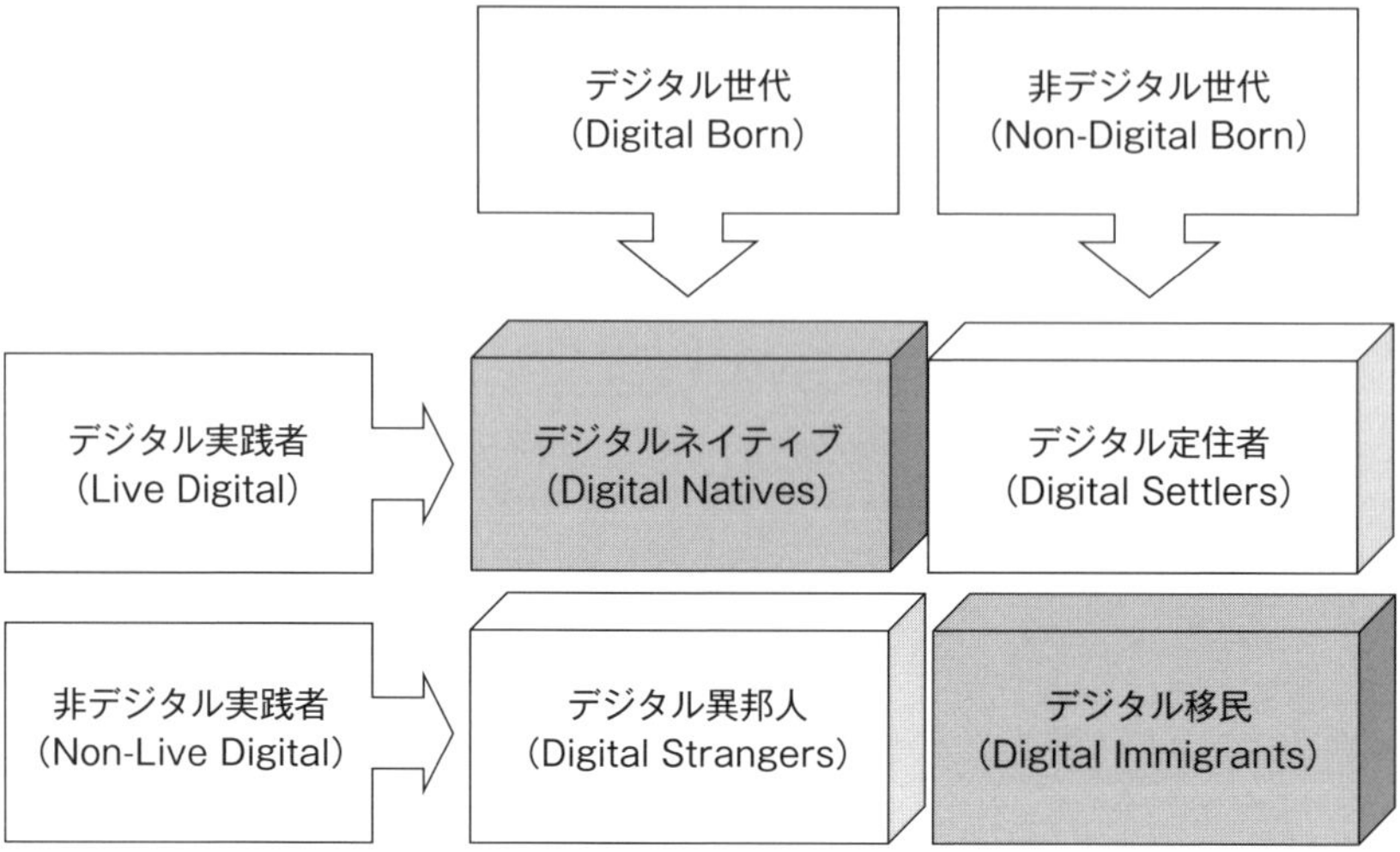

図 1-1　世代とデジタル利用による 4 分類

2－4　デジタル世代vs.非デジタル世代

プレンスキィを始めとするデジタルネイティブに関する主な言説は、「デジタルネイティブ」と「デジタル移民」の二項対立を用いて論じられてきた（図1－1黒塗りの部分）。デジタル世代と非デジタル世代では、メディアのエンゲージメントの仕方が異なる。例えば、総務省の調査（2014）によると、各メディア別の利用を世代で比較すると、10代はテレビよりインターネットを利用した人の割合が若干多く、利用時間もあまり差がなくなっている。一方、テレビ、新聞、ラジオの利用は年代が上がるほど増加し、インターネット利用は減少している。非デジタル世代である60代ではテレビ利用が圧倒的に多く、インターネット利用は35％程度にとどまっている（図1－2）。そしてデジタル世代である25才以下に注目した調査（総務省 2013）によると、携帯電話やスマートフォンを所有している高校生以上では、最も重要だと思う機器は、テレビやゲーム機を押しのけて、「パソコン」と「スマートフォン／フィーチャーフォン（携帯電話）」がともに高くなっている（図1－3）。デジタルネイティブである現代の若者はデジタルリテラ

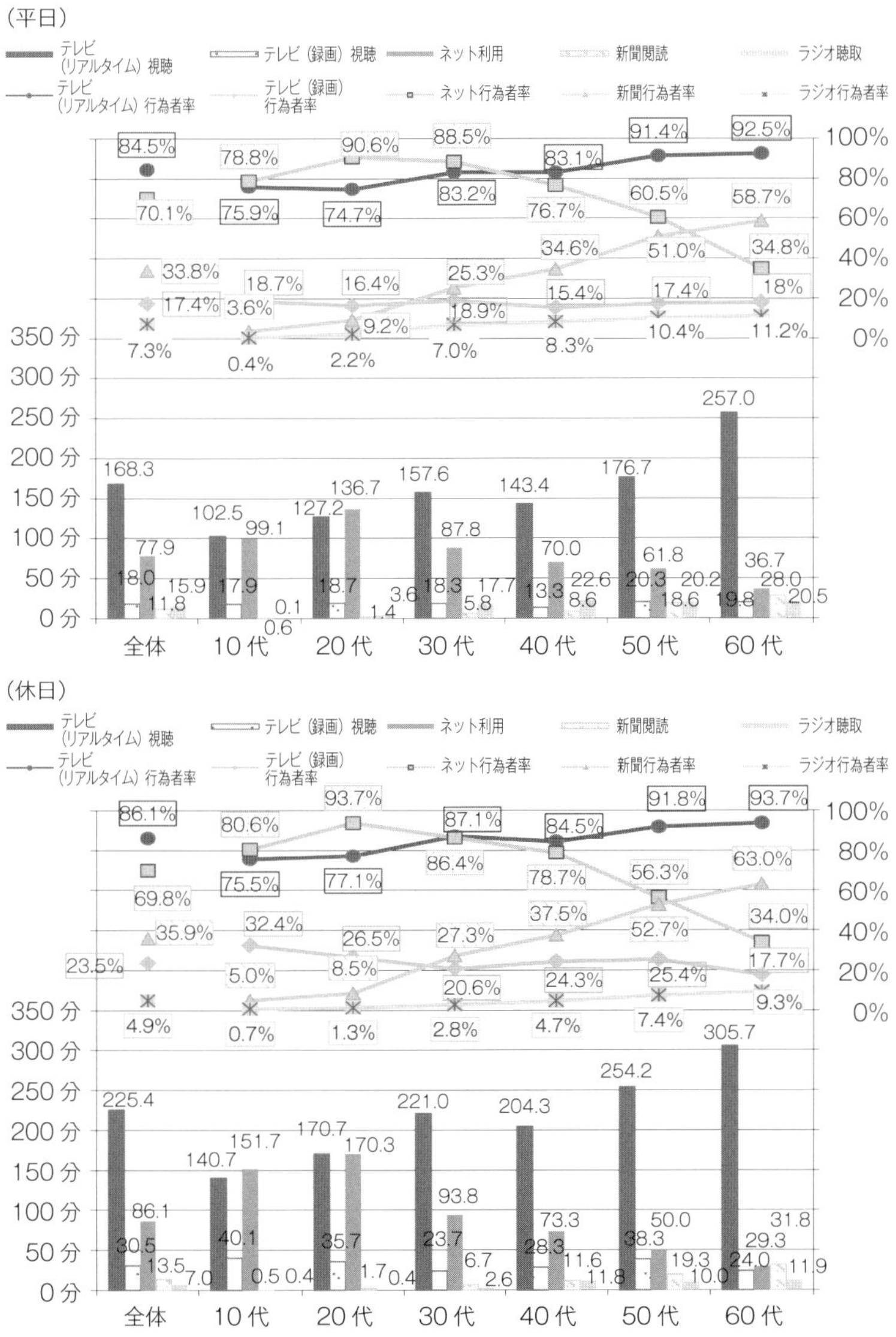

図 1-2　主なメディアの利用時間と利用割合（総務省, 2014, p.4）

※テレビ（リアルタイム）：機器を問わず録画を除いた全てのリアルタイム視聴
※行為者率：平日はそれぞれの調査日ごとにある情報行動を行った人の比率（利用割合）を求め、平均した値（休日は調査日１日の比率を算出）

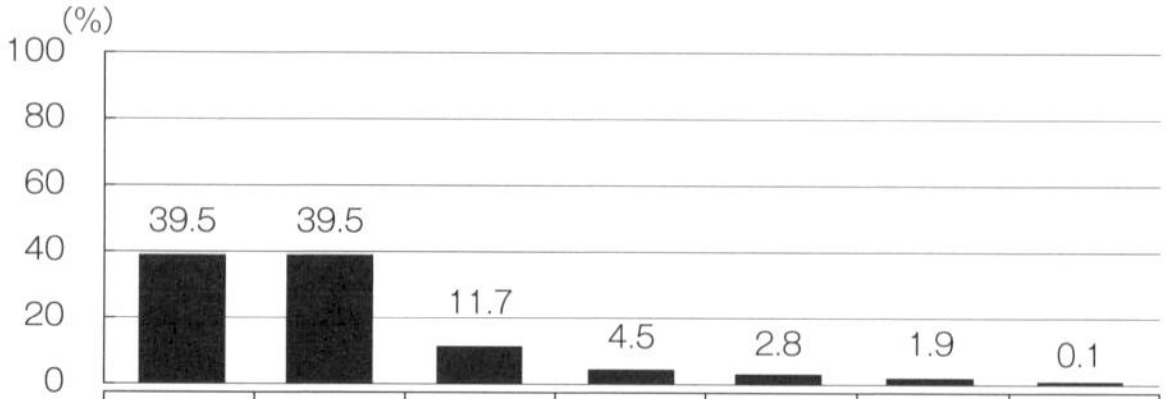

全体 +10ポイント以上
全体 +5ポイント以上
全体 −5ポイント以上
全体 −10ポイント以上
（n=30以上の場合）

		n=	パソコン	スマートフォン／フィーチャーフォン	テレビ	ゲーム機	音楽プレーヤー	マンガ本	雑誌
	全体	(1953)	39.5	39.5	11.7	4.5	2.8	1.9	0.1
性別	男性	(934)	51.7	29.9	8.5	6.5	2.1	1.3	0.0
	女性	(1019)	28.4	48.3	14.6	2.6	3.4	2.6	0.1
学生別	小学4〜6年生	(175)	14.9	12.6	39.4	26.9	2.9	3.4	0.0
	中学生	(270)	25.6	33.7	21.5	9.3	5.6	4.1	0.4
	高校生	(482)	47.9	35.9	8.1	2.1	3.9	2.1	0.0
	大学生	(680)	44.9	46.6	5.0	0.7	1.6	1.2	0.0
	社会人	(346)	40.8	48.6	8.1	0.3	1.4	0.9	0.0

図 1-3　スマートフォン／フィーチャーフォン所有者が最も重要だと考えている機器
※スマートフォン／フィーチャーフォン所有者ベース（総務省, 2013, p. 6）
※全体値 降順で並び替え

シーを習得し社会化が進むにつれて、友達とのつながりや社交性などが求められ、スマートフォンやソーシャルメディアとのエンゲージメントが多くなり、重要性が増していると考えられるのである。

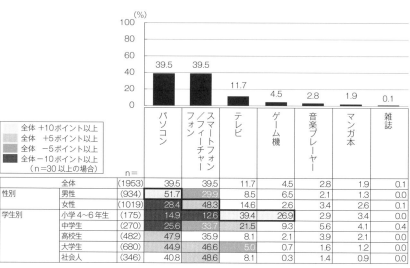

3　デジタルネイティブに対する批判

デジタル技術の発展にともなって世界各国においてデジタルネイティブに対して注目が集まり活発な議論が交わされる一方で、多くの研究者から厳しい批判が投げかけられている（Bennett, Maton & Kervin 2008; Helsper & Eynon 2010; Livingstone 2009; Selwyn 2009）。主な批判をまとめると、決定論、モラルパニック、方法論、西欧中心主義、エキゾチシズムに集約される。

まず、世代決定論や技術決定論に見られるように「デジタルネイティブ」という概念が決定論的であるという批判がある（e.g. Selwyn 2003; Jones 2011）。この批判はデジタルネイティブという概念が世代間における差異を強調しすぎており、世代内の多様性を軽視し、現代の若者を同質化しているというものである（e.g. Buckingham 2006; Facer & Furlong 2001; Livingstone 2008）。

第2に、デジタルネイティブという概念が単なる「モラルパニック」[9]（Cohen 1972）であるという批判である。1930年代には映画、50年代にはテレビという「ニューメディア」が登場した時、盛んに論じられた「モラルパニック」と同様に今、再び、インターネットやテレビゲーム、スマートフォンといったメディアに対して、社会や人びと、特に子供に対する悪影響に関して多くの不安が投げかけられている。例えばインターネットを通じて過激なポルノやカルト、テロ集団、暴力的なイメージに接触することによって新たな青少年犯罪を引き起こす危険性が叫ばれている。インターネットの匿名性により、ネットいじめや誹謗、中傷、悪質な詐欺などのネット犯罪事件を引き起こす可能性も懸念されている。携帯電話やスマートフォンによる出会い系サイトへのアクセスやソーシャルメディアなどによる個人情報の流出など子供たちが犯罪に巻き込まれる深刻なケースも起きている。またオンラインゲームやスマートフォン、ソーシャルメディアに対する過度の依存から、睡眠障害や成績低下、ひきこもりや対面的コミュニケーションにおける不適応などの弊害が心配されている。

第3は方法論に関する批判である。多くのデジタルネイティブに関する言説は、現実の現象というよりむしろコンサルタントやIT企業によるビジネス戦略や、政府のIT政策のための言説に過ぎず、また、プレンスキィやタプスコットの研究もデータの信頼性に欠ける（e.g. Francis 2007）という批判である。

第4は、グローバルなレベルで見た場合、デジタルネイティブの概念が西欧中心主義であるという批判もある。デジタル・デバイドという言葉が示す通り、80年以降に生まれても、発展途上国や貧困による社会経済的格差によりインターネットや携帯電話などデジタル機器に接することができない人たちも多く存在している。

最後に若者に対するエキゾチシズムに関する批判がある。バッキンガムは、デジタルネイティブが語られる文脈には希望と恐怖が混在していることを指摘している（Buckingham 1998）。日本においても「デジタルネイティ

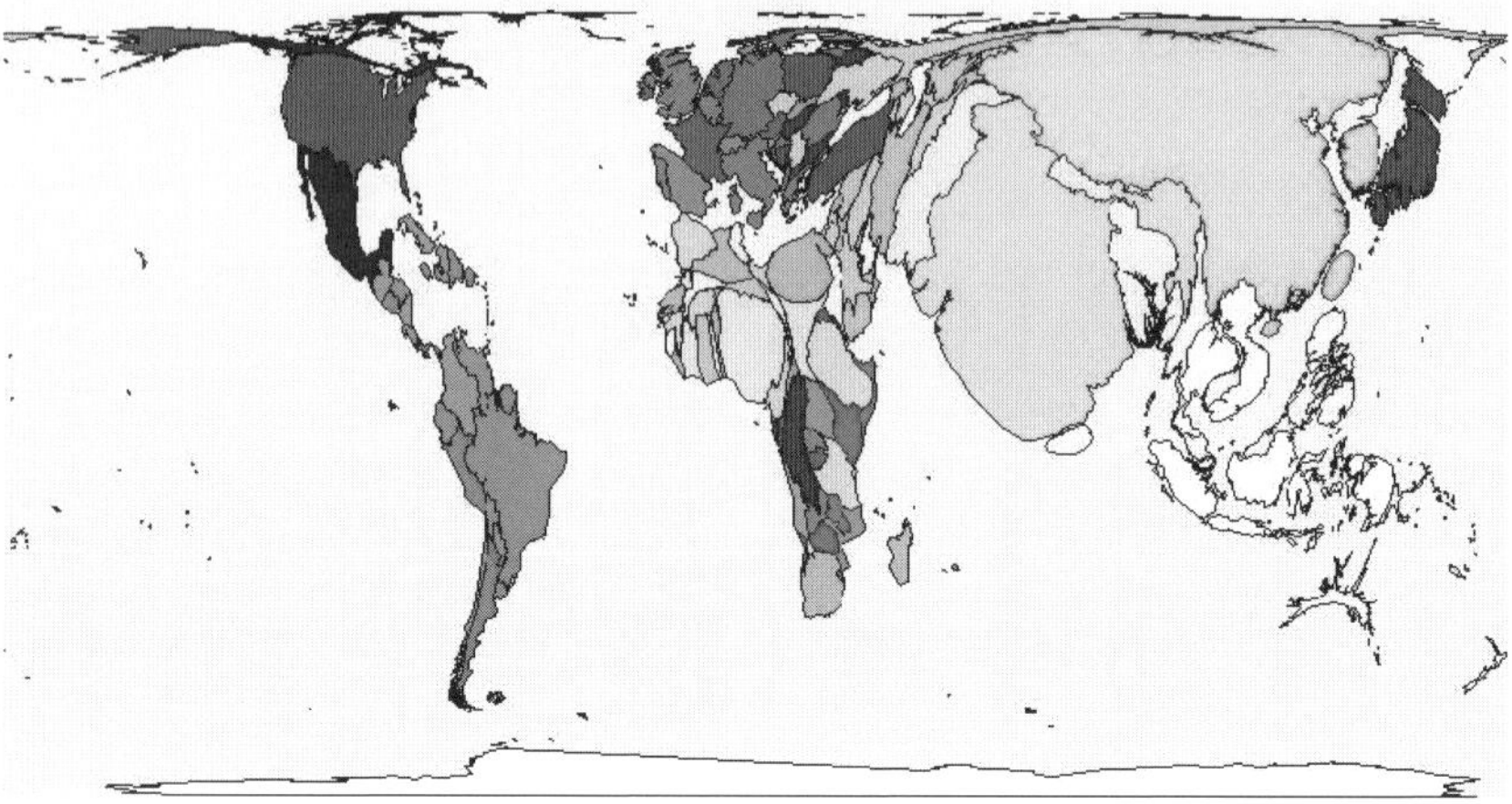

写真1-1　人口の割合から描いた世界地図　Copyright© 2006 SASI Group（University of Sheffield）and Mark Newman（University of Michigan）
http://www.worldmapper.org/imagemaps/imagemap2.html（アクセス2016年5月26日）

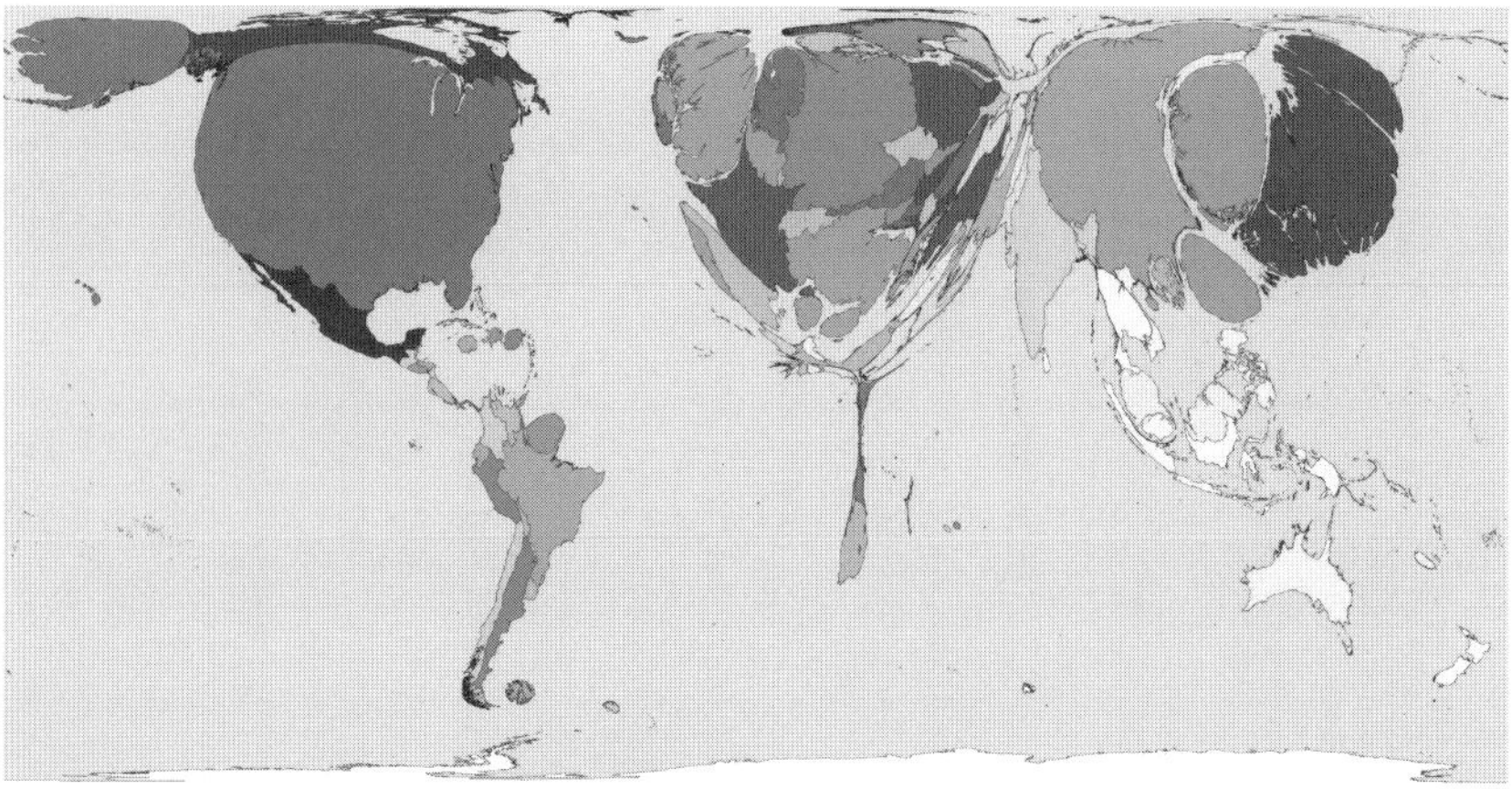

写真1-2　インターネット利用者の割合から描いた世界地図　Copyright© 2006 SASI Group（University of Sheffield）and Mark Newman（University of Michigan）
http://www.worldmapper.org/imagemaps/imagemap2.html（アクセス2016年5月26日）
コミュニケーション技術の進歩と普及は世界を縮小させている。現代世界においてメディアは時間と空間を「圧縮」する（Giddens 2001, p. 53, 邦訳p. 79)。インターネットや衛星放送は遠く離れた人びとを瞬時に結び付け、今日のグローバリゼーションを加速している。しかしながら世界は依然としてマクルーハンの「グローバル・ヴィレジ（地球村)」からは程遠いのである。

ブが日本社会を変える」というタプスコットの日本語タイトルやNHKスペシャルの「デジタルネイティブ：次世代を変える若者たちの肖像」（三村・倉又 2008）というタイトルから見て取れるように、経済的に低迷し、閉塞感のある日本社会の変革の希望の光をデジタルネイティブに託している。その一方で、デジタルネイティブという言葉に込められる「他者性」は、テレビゲームやインターネット、携帯電話など新たなメディアに対する大人たちのモラルパニックを表している。コントロールできない、理解できない子供への恐怖、家庭・学校・権力の崩壊など、社会・経済的に先行き不透明な日本社会において「希望」と「恐怖」の複雑な見解とともにデジタルネイティブは語られてきたのである（Takahashi 2011）。

4　デジタルネイティブを超えて

それでは、デジタルネイティブという概念は意味が無いのだろうか？　デジタルネイティブに対して投げかけられた多くの批判に応え、「デジタルネイティブを脱構築する」（Thomas, ed. 2011）の中でパルフリィらはデジタルネイティブの再構築を、また、プレンスキィは「デジタルウィズダム（Digital Wisdom）」という新しい概念について述べている。

4-1　デジタルネイティブの再構築

デジタルネイティブに対する批判に対してパルフリィらは、「デジタルネイティブ」という言葉によって、現代の若者の情報技術との関わりによる創造性や、学び、起業家精神、イノベーションなどの新たな可能性について焦点を当てることができると述べている。パルフリィらは、デジタルネイティブをデジタル技術を使いこなす若者たちの、1つの「世代（generation）」としてではなく、「人口、市民、集団（population）」として定義している。重要なのは、「デジタル技術を同じように洗練された方法で使いこなす若者たちの間にグローバルな文化が創発するかもしれない」（Palfrey & Gasser 2011, p. 190）ということである。パルフリィらはこの「創発するグローバルな文化」に関して、その根拠を示す十分なデータをまだ持ち合わせていないが、検証に値する仮説であるとしている。そして社会、経済、文化、歴史、言語、その他の要因に基づいた多くの制限や差異があるにもかかわらず、「この仮説がもし正しいならば、世界中から創発するこの共通の文化の中に異文化理解のための重要な好機がある」（p. 190）と述べている。

> 重要なのは、デジタルネイティブとかミレニアル世代とか、デジタル・ユースとか若者とかいうラベルではない。〔…〕最も重要なことは、新たなメディア実践によって何が起きているのか理解するための共通のコミットメントを共有すること。そして、大人も若者もメディア実践によって好機をつかみ、リスクを軽減するために共に努力することである。（p. 201）

世界の異なる場所で若者たちがどのようにメディアと関わっているのか。そしてメディア実践によってどのような好機があり、どのようなリスクがあるのか。パルフリィらの言うグローバル文化の創発の可能性について、第3章以降、若者とメディアに関するフィールドワークから得られたデータを用いて考察していきたいと思う。

一方、プレンスキィも「重要なのはデジタルネイティブとデジタル移民という区別を強調することではなく、『デジタルウィズダム』について考えることである」（Prensky 2011, p. 18）とし、デジタル技術は、生来の能力を補完したり、より賢い意思決定をするために利用され、オバマ大統領やルパート・マードックのように多くのデジタル移民は、すでに世代間の格差を超え、デジタルウィズダムにあふれていると述べている。

4－2　世代論を超えて

デジタルネイティブに対する批判に対して、パルフリィもプレンスキィも世代間格差を超えて、デジタルの急速な普及によるデジタル人口の増加を指摘する。パルフリィらはデジタル実践者が国境を超えてグローバルに共通の文化を創っていく可能性（Palfrey ＆ Gasser 2011）を示している。一方、プレンスキィは、デジタル技術を使いこなし、生来の能力を向上させていくデジタルウィズダム（Prensky 2011）について述べている。

例えば、10代から20代のソーシャルメディア利用から生み出されたC世代という言葉がある。[10] この言葉が意味している、コンピューター（Computer）、インターネット上でのつながり（Connected）、コミュニティ（Community）、協働（Collaboration）、変化（Change）、創造（Create）などは、インターネットやスマートフォン、ソーシャルメディアの普及にともなって、世代を超えてつながりあう集団や市民（population）の特性と考えることができるのではないだろうか。そして、これまでデジタル世代のデジタルネイティブと非デジタル世代のデジタル移民との対比に焦点が当てられていたのに対して（図1－1黒塗りの部分の対比）、これからは世代を超えてつながりあう「デジタル実践者（デジタルネイティブとデジタル定住者）」と「非デジタル実践者（デジタル異邦人とデジタル移民）」との間に格差が広がっていく（図1－4黒塗りの上下部分の対比）。このデジタル実践者と非デジタル実践者との間の格差は国内だけではなく、世界の構図をも変えてしまうことだろう。パルフリィの言うようにデジタル実践者は国境や人種を超えてつながり、エンパワーメントを発揮し、新たな文化を創造していくだろう。そのためグローバル化、デジタル化が加速する世界においてデジタルリテラシーは、かつての「読み書き能力」のように現代社会を生き抜くために必要不可欠な能力と言えるのではないだろうか（第4章参照）。そしてもし日本人がこの力を持たなければ、グローバル社会において将来孤立しかねないだろう。超高齢化社会、人口減少国家という危機に直面して私たち日本人は、今まで以上に積極的にグローバル世界に参加する必要に迫られている

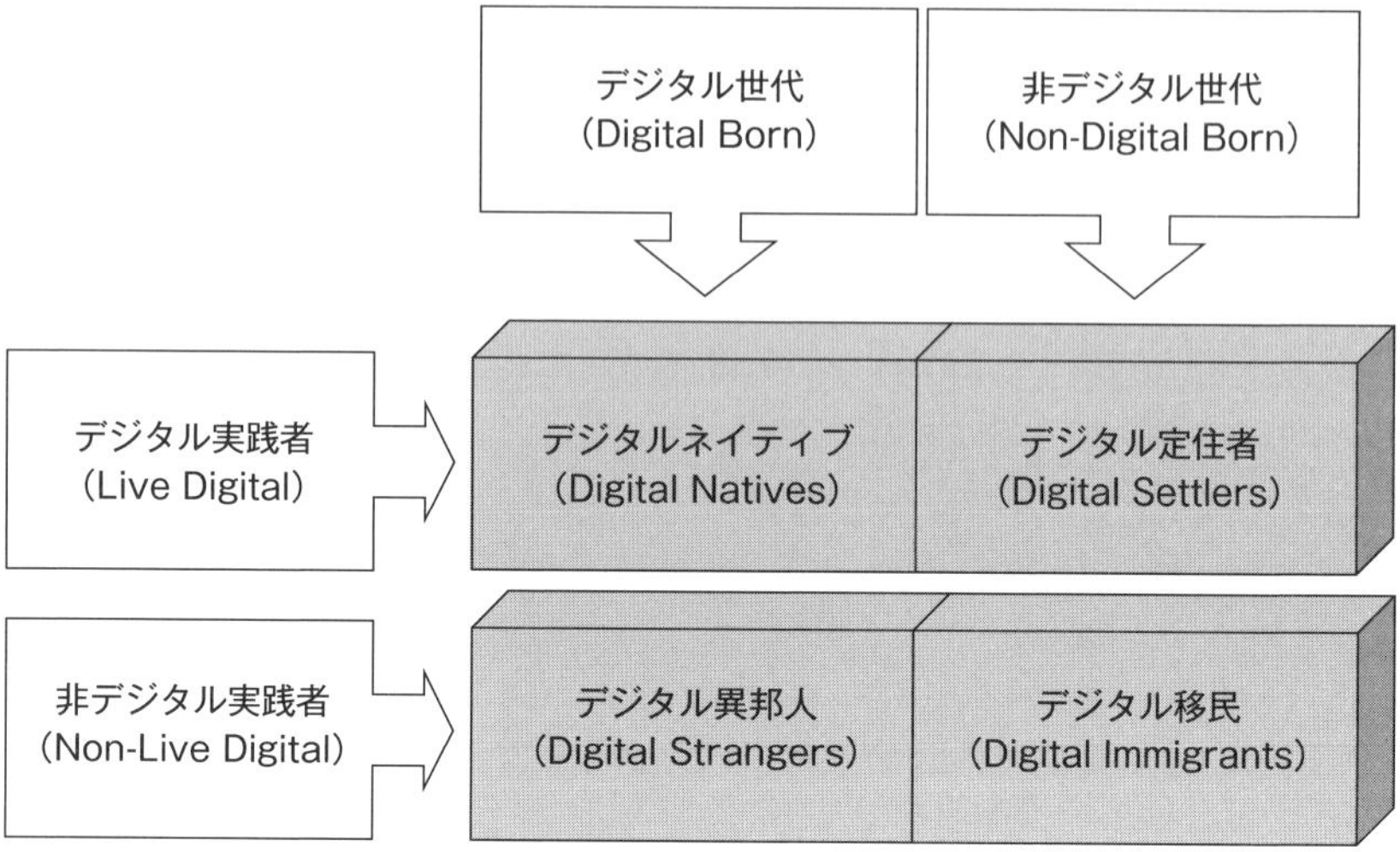

図1-4 デジタル実践者VS. 非デジタル実践者

からである。

若者に過度に変革の希望を託すのでもなく、他者として恐怖を感じ無理に価値観を押し付けるのでもなく、まずは若者とメディアとの関わりについて知ることが第1であろう。Globalization【グローバライゼーション】という言葉に含まれるポジティブな響き、globe【グローブ】が意味する地球全体を丸く包み込むような世界を協働して創るために。[11]

注

［1］英語の「ネイティブ・スピーカー」という言葉があるが、大人になってから英語を習っても、帰国子女やアメリカ人のように流暢に英語を話すことは難しい。同じように、デジタル時代に生まれ育ったデジタルネイティブは「訛りなく」流暢にデジタル技術を使えるのに対して、アナログ時代に育ち、大人になってデジタル世界に移住した人たちはアナログ世界の「訛り」が残るという。つまりデジタルネイティブという言葉が表しているのは、大人が作った世界に子供が住むのではなく、子供たちが

作った世界に大人たちが移住するという、これまでとは逆転の構図なのである。

[2] http://www.lemondeinformatique.fr/dossiers/lire-digital-natives-ils-vont-bouleverser-l-entreprise-68.html（アクセス２０１６年5月26日）

[3] http://www.lemondeinformatique.fr/actualites/lire-entreprises-preparez-vous-a-l-arrivee-des-digital-natives-27373.html （アクセス２０１６年5月26日）

[4] 例えばＳＩＰＳの法則など。ＳＩＳＰとは、Sympathize（共感する）; Identify（確認する）; Participate（参加する）; Share & Spread（共有：拡散する）の略。佐藤尚之（2011）による。

[5] “Etiology and impact of ‘digital natives’ on cultures, commerce and societies”. Invitation-only Workshop, KAIST, South Korea, 2009.

[6] “The Silverstone panel on Digital Natives: a Lost Tribe”, London School of Economics and Political Science, UK, 2009.

[7] 同年このセミナーは「デジタルネイティブ：１つの神話」と題された報告書にまとめられている。Das, R and C. Beckett（eds.）“‘Digtal Natives’:A Myth?”, A report of the panel held at the London School of Economics and Political Science, on 24th November 2009.

[8] デジタルリテラシーの概念の定義については第４章参照のこと。

[9] モラルパニックとは「社会的無秩序状態の兆候とみなされる特定の集団や行動類型にたいしてメディアが誘発した過剰反応を記述するために、スタンリー・コーエンが普及させた用語。モラルパニックは、その行為の性質や関与した人数の面で、実際には比較的些細な出来事もめぐって生ずる場合が多い。」（Giddens 2010 邦訳 p. 17 より）

[10]「特集――『C世代』と拓く新世界（C世代駆ける）」日本経済新聞、２０１２年1月8日、7頁。

[11] 第４章参照。

第2章　コミュニケーションの複雑性モデル

――若者とメディアを捉えるための理論枠組み

「デジタルネイティブ」などの概念を用いて現代の若者を捉えることは、若者たちの多様性を軽視し、同質化しているという批判がある（第1章）。そのため第2章では、今日私たちが直面しているグローバル化とデジタル革命において、若者の複雑性を捉えるための理論枠組みについて述べる。まず若者とメディアの関係を捉えるために、19世紀後半から現在に至るまで、メディアと利用者の関係について探求してきたメディア・オーディエンス研究[1]の系譜から「オーディエンス・エンゲージメント」の概念を提示する。そしてメディア研究における能動的－受動的の二項対立を越えるために、「能動的オーディエンス」のパラダイムから「日常生活」、「複雑系」のパラダイムへとシフトし、さらにグローバル化、デジタル化においてオーディエンスの複雑性を捉えるための統合的な枠組みを紹介する。[2]

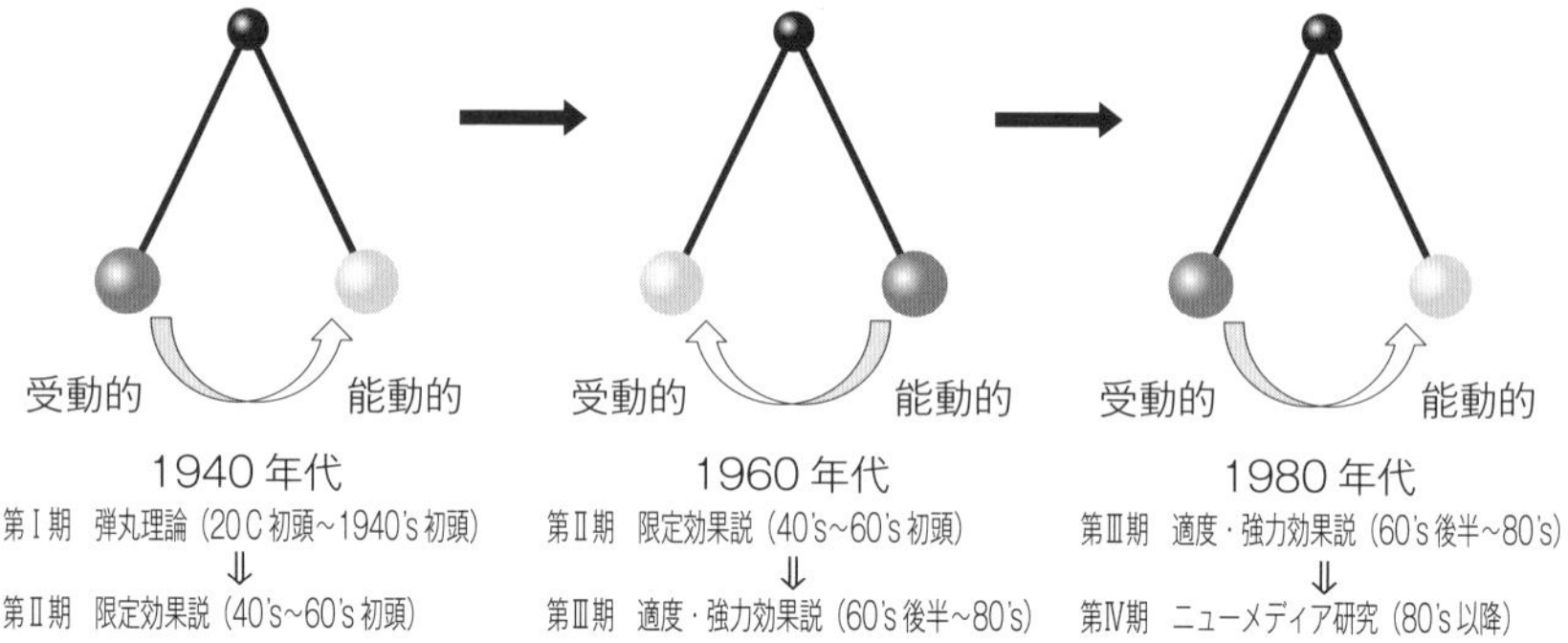

図2-1　アメリカのコミュニケーション研究におけるオーディエンス像の振り子

1　「オーディエンス・エンゲージメント」の概念

1－1　「オーディエンスの能動性」が語られる文脈

オーディエンス像の「振り子」

メディアの誕生から今日に至るまで、メディアと人びととの関係は、能動性－受動性という二項対立で理解されてきた。そのためオーディエンスの「能動性」は、多様な歴史的・社会的文脈において語られてきた。時間軸で見るならば一般に、コミュニケーション研究の歴史は、4期に分けられ、メディアの効果に対する認識の変動の背景には「オーディエンス像」の変化があると考えられている（cf. Severin & Tankard 1992; 図2－1）。そして、このような能動性・受動性の間の歴史的な変動は、オーディエンス像の「振り子」（Katz 1980）や綱引き（Biocca 1988）、「振動」などと呼ばれている[3]。

この振り子に働く力学を考えるならば、「能動的」なオーディエンス像は常に「受動的」なオーディエンス像に対するアンチテーゼとして提示されてきたといえよう。第Ⅰ期（20世紀初頭～1940年代初頭）において、映画やラジオの強大な影響力が論じられ、受動的なオーディエンス像が提示された。オーディエンスは、それぞれ孤立した存在であり、皮下注射モデル（図２－２）のように、強力な影響を直接受ける犠牲者であり、同質な大衆と考えられていた。

この「受動的」なオーディエンス像に対するアンチテーゼとして、第Ⅱ期（40年代～60年代初頭）において、マス・メディアの影響力を受けない「能動的」なオーディエンス像が提示された。そして第Ⅲ期（60年代後半～80年代）では、テレビの登場により、特に子供に対するより強力なマス・メディアの影響が懸念され、振り子は再び「受動的」なオーディエンス像に向かっていく。さらに、第Ⅳ期（80年代以降）の情報社会ではコンピューターの登場から、一方向的なマス・メディアの「オーディエンス」にかわって、双方向メディアによる「能動的」なオーディエンス像が提示されたのである。

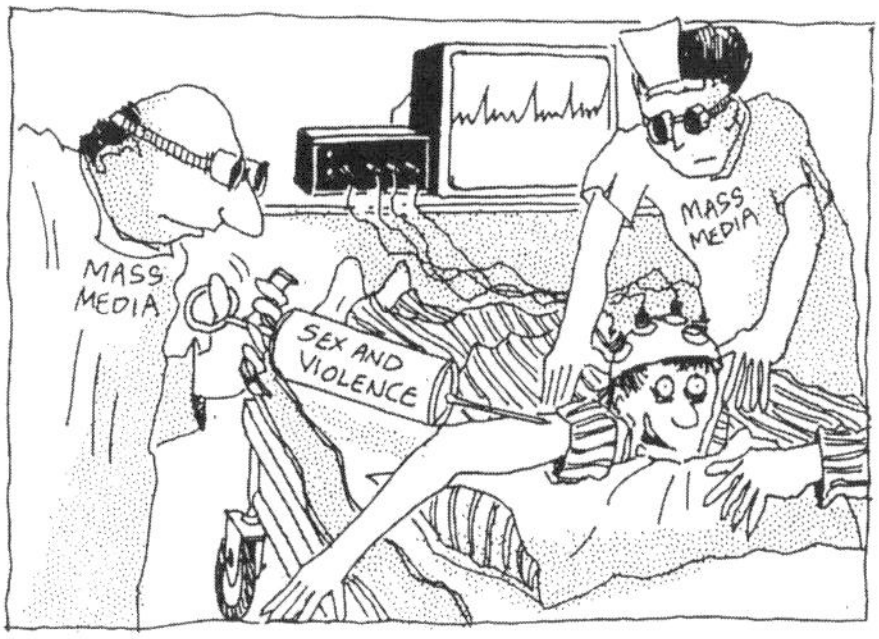

図2-2　皮下注射モデル（Trowler, 1996 p.21.）
オーディエンスは、マスメディアから性的な描写や暴力シーンなどの強力なイメージを直接体内に注射される、「受動的な」犠牲者だと考えられていた。

この振り子のたとえは、オーディエンス研究の歴史を理解するのに有効である一方、オーディエンス像を二極化することによって、同時に弊害ももたらしているように思われる。さらにオーディエンスの実態に関する多様性も単純化してしまう恐れがある。なぜならば、オーディエンスがこの振り子運動に合わせて、歴史的に受動的になったり、能動的になったり、時期区分ごとに実際に変化したとは考えられないからである。第Ⅳ期の情報社会における議論においても、例外ではないだろう。確かにインターネットなどによって、情報の送り手になるチャンスは与えられてはいるが、依然として社会的状況、たとえば、収入、教育、メディアリテラシー、言語などによって多くの制約が存在しているのも事実である。そのためこの振り子のモデルが表している「能動性」はオーディエンスの社会的、文化的、政治的要因の重要性を隠してしまう（cf. Silverstone 1994 参照）。能動的－受動的の二項対立は、オーディエンスの実態の理解を一次元的で単純化したものにしてしまう危険性があるのである。

オーディエンス像の多次元性

一方、空間軸で見てみると「オーディエンスの能動性」の概念は、これまで異なる国において、異なる研究潮流の中で発展させられてきた。以下ではメディア研究において「能動的」という言葉が使われる際に、どのような指標のもとに語られるのか、オーディエンス像の多次元性を明らかにしていきたいと思う。「オーディエンスの能動性」は、これまで情報行動論、「利用と満足」研究、受容研究、普及理論、公共圏の概念、メディア・リテラシー研究など異なる能動的オーディエンス研究によって語られてきた[4]（図2-3）。

日本の情報社会論の中で誕生した情報行動論においては、メディアを利用して情報を処理したり、発信したり、バーチャルコミュニティに参加したりする人びとが能動的と考えられている（例えば、双方向メディアであるインターネットでメッセージを発信することは、一方向的なメディアである地上波放送のメッセージを受けとるオーディエンスより能動的とみなされる）。アメリカのコミュニケーション研究の中で誕生した効果研究や「利用と満足」研究においては、メディアによって影響を受けないオーディエンスが能動的とみなされている（例えば、皮下注射モデルのようにマスメディアから強力な影響を受ける受け手に対して、送り手の意図しない方法でメディアを利用する利用者の方が能動的とみなされる）。イギリスのカルチュラル・スタディズとヨーロッパの受容理論において誕生した受容研究においては、解釈における支配的なイデオロギーに対する交渉や対抗性が能動的とみなされている（例えば、ハリウッド映画によるメディア帝国主義の「犠牲者」に対して、支配的なコードに対抗する文化的コードを持ったオーディエンス）。

さらに能動的オーディエンス研究ではないが、以下の研究においても能動性の議論がなされてきた。例えば、普及理論では、イノベーションが普及していく過程において、採用時期が早い人が能動的とみなされている（例

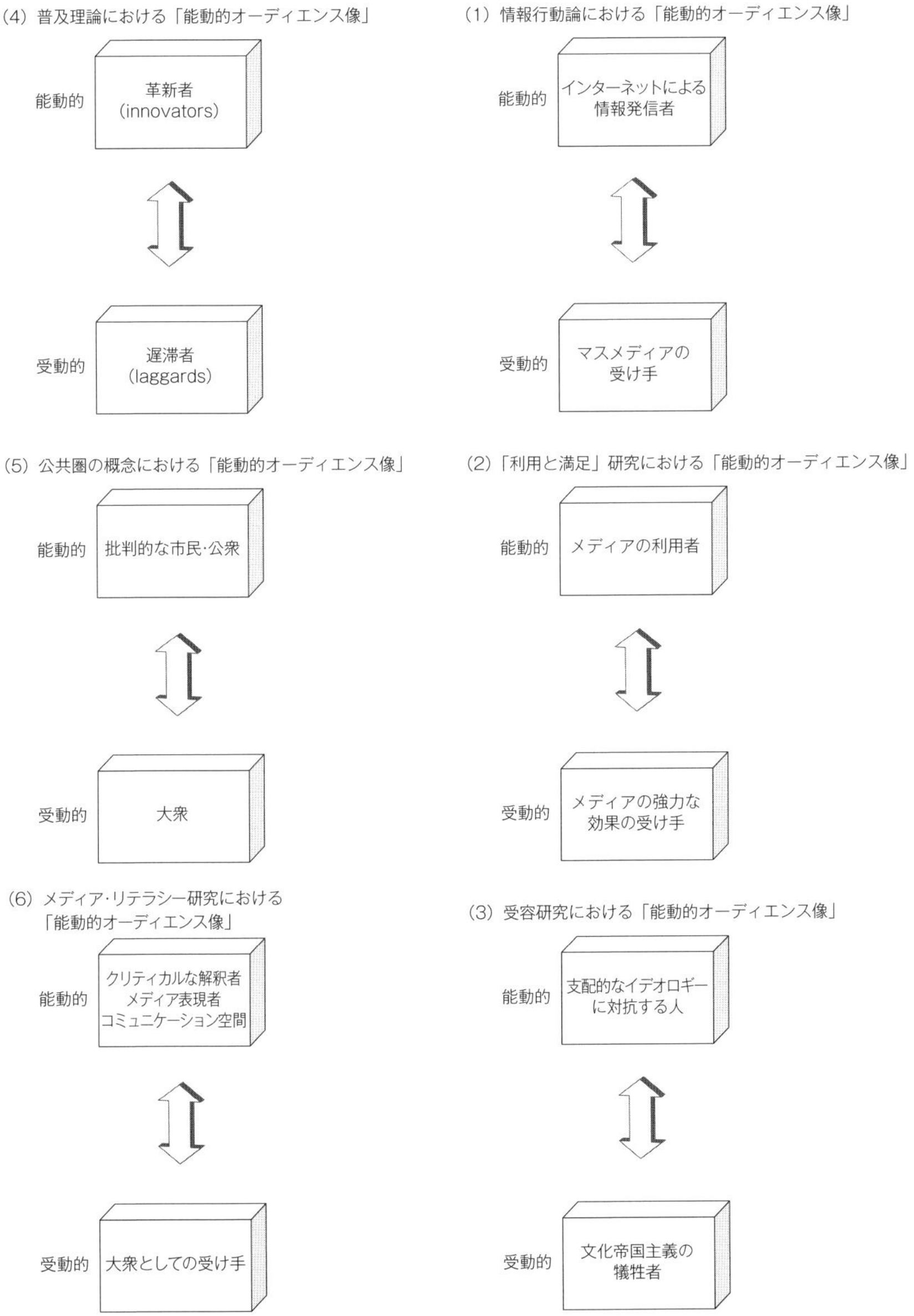

図2-3　オーディエンスの能動性の6つの尺度

えば、革新者（イノベーター）や初期採用者（オピニオン・リーダー）の方が、後期追随者や遅滞者より能動的とみなされる）。また、公共圏の議論では、批判的で、「パブリックなるもの」に参加する人びと（例えばテレビやインターネットでのパブリックディベートに参加する批判的な市民）が能動的とみなされている。[5] そして、メディア・リテラシーの議論においては、メディアにアクセスし、クリティカルに解釈をし、メディアを用いて表現したり、コミュニケーション空間に参加できるような市民が能動的とみなされているのである（第4章参照）。

すなわち、能動的なオーディエンス像は、各々の言説において規範的な意味あいを含んで提示され、そのベクトルの相違によって多次元性が生成されているのである。[6] このように「オーディエンスの能動性」は、異なる研究において異なる社会規範のもとで語られてきたのである。そして各々の「オーディエンスの能動性」は、メタレベルでのオーディエンス像の差異によって細分化され、異なるコミュニケーション研究の潮流において各々別々に探求されてきたのである。[7] そのため、「オーディエンスの能動性」の概念の多次元的位相は、相互に関連づけられずに取り扱われてきた。そして能動的オーディエンス研究においてオーディエンスの「実態」は各々の研究者によって選択された異なる能動性の次元から観察され、一様に能動的と描かれてきたのである。

1－2　「オーディエンスの能動性」から「オーディエンス・エンゲージメント」へ

今日の複雑なグローバル化の過程において問われなければならない問いは、「オーディエンスが能動的か受動的か」ではなく、グローバル化されたデジタル環境におけるメディアとの関わり（engagement）、すなわち、「オーディエンスは日常生活の中でメディアとどのように関わっているのか」であろう。この問いは能動的か受動的かという問いとは異なり、Ｙｅｓ／Ｎｏでは答えられないものである。しかし、デジタル時代においてオーディエンスをより正確に理解しうると思われる。そしてこの問いは、今日のグローバル化とデジタル革命において、メディアとの多様な関わりを通じて、どのように自己と所属集団を再帰的に創造／再創造しているのかという問題を理解するための有効な枠組みを与えうるだろう。そのために能動的－受動的の二項対立のもとで発展させられてきた「オーディエンスの能動性（activity）」の概念を、より中立的な「オーディエンス・エンゲージメント（engagement）」の概念に置き換える必要がある。本書では「オーディエンス・エンゲージメント」の概念を、これまで情報行動論、「利用と満足」研究、受容研究、普及理論、公共圏、メディア・リテラシーなど、異なる研究潮流のもとで発展させられてきた「オーディエンスの能動性」の概念を包括するものとして定義づける。そして先に考察した「オーディエンスの能動性」に関する6つの先行研究から、暫定的に次の8つの次元[8]のオーディエンス・エンゲージメント――（1）情報・コミュニケーション行動、（2）選択性、（3）関与、（4）効用、（5）解釈、（6）普及、（7）参加、（8）メディアリテラシー――を提示しておく（図2－4）。本書ではこれらの概念について、エスノグラフィーを用いて統合的に考察するとともに、テレビや新聞、スマートフォンやソーシャルメディアなど多様なメディアとの関わりによる新たな次元について提示していく。若者の日常生活において多様なメディアと社会的に（または非社会的に）関わる様子を多次元的に捉えていきたいと思う。

2　日常生活のパラダイム

2－1　「能動的オーディエンス」のパラダイムから「日常生活」のパラダイムへ

80年代以降、メディア・オーディエンス研究において、能動的オーディエンス研究がトレンドとなっている一方で、能動性－受動性の二項対立の限界と日常生活の文脈を考慮に入れることの重要性について指摘がなされてきた。ロジャー・シルバーストーン（Silverstone 1994）は、「能動性（アクティビティ）」という言葉が「行為」を

オーディエンス・エンゲージメント	能動性の例
(1)情報・コミュニケーション行動	コミュニケーション行動；情報探索、収集、加工、処理
(2)選択性	選択的注目、選択的知覚、選択的記憶；選択的接触
(3)関与	注目、意味形成、擬似社会的相互作用、同一化、空想化
(4)効用	個人的効用（気晴らし、人間関係、自己確認、環境監視）；社会的効用（構造的利用、関係的利用）
(5)解釈	支配的、交渉的、対抗的解釈
(6)普及	社会ネットワークを通してメッセージの伝言
(7)参加	テレビ番組やインターネット上のコミュニティへの参加、政治的・社会的参加
(8)メディア・リテラシー	アクセス、クリティカル（分析、評価、解釈）、コミュニケーション能力（表現、創造、参加）

図 2-4　オーディエンス・エンゲージメント

(1) 情報・コミュニケーション行動の次元はコミュニケーションサイエンスならびに情報行動論において、(2) 選択性と (3) 関与および (4) 効用の個人的効用に関しては「利用と満足」研究において、また効用の社会的効用はラル（Lull, 1990）において、(5) 解釈はカルチュラル・スタディズのエンコーディング/ディコーディング・モデルにおいて、(6) 普及は普及理論、(7) 参加は公共圏、(8) はメディア・リテラシーの研究潮流において、各々発展されてきた [9]。

意味するのか「エージェンシー」を意味するのか明らかではなく、いずれにおいてもオーディエンスの実践に関する重要な領域を捉えていないことを指摘している。例えば、チャンネルを変えることは重要な能動性ではないかもしれないが、「テレビのメッセージとの創造的または批判的な関わり」(p.154) は重要な能動性と考えられる。しかしながら能動的オーディエンス研究は、メディアと人びととの関係をしばしば理想的に捉えており、メディアとの関わりを制約する社会的、文化的、政治的要因の重要性を隠してしまっている。「能動性」という言葉によって、これまで学説の中で非常に多くのことが意味されてきたが、オーディエンスが能動的かどうかという問いは、メディアと人びととの関係性についてほとんど何の洞察も与えない、と批判している。

> 能動性(activity)はあまりに多くの人びとに対して、あまりに多くの異なった事柄を意味しうるし、また意味している。その差異は明白でないばかりでなく、複雑なものである。オーディエンスの能動性という言葉の下に隠されているものは——読む、見る、聴く、構築する、学ぶ、楽しむことにおいて——異なる形式の時間性や多様な社会・経済・政治的決定に関する相反する矛盾した制約なのである。〔オーディエンスの能動性という〕一つの単純な言葉の代わりに、私たちは日常生活におけるテレビの場のダイナミクスに関する理論的に動機付けられた考察を行うことが必要なのである。(p.158)

シルバーストーンは「オーディエンスの能動性」における政治的、社会的、文化的要因の重要性に対する認識から、テレビの役割を理解するために「日常生活のパラダイム」を適用している。

アバークロンビーら(Abercombie & Longhurst 1998)はオーディエンス研究の歴史を次の3つのパラダイムシフトによって捉えている(表2-1)。第1のパラダイムは行動主義のもの、第2のパラダイムは受容研究のもの、そして、第3はオーディエンス研究(者)が採用するべきパラダイムである。オーディエンス研究の最初の2つ

表2-1　オーディエンス研究の3つのパラダイム

	1　行動主義的	2　受入/抵抗	3　スペクタクル/パフォーマンス
オーディエンス	個人（社会的文脈の中）	社会的に構造化（例、階級、ジェンダー、人種）	社会的に構造化/再構造化、特にスペクタクルとナルシシズムによって
メディア	刺激（メッセージ）	テクスト	メディアスケープ
社会的帰結	機能/逆機能、プロパガンダ、影響、利用、効果	イデオロギーの受入と抵抗	日常生活におけるアイデンティティ形成/再形成
代表的研究/アプローチ	効果研究、「利用と満足」研究	エンコーディング/ディコーディング Morley（1980）、Radway（1987）、ファン研究	Silverstone（1994）、Hermes（1995）、Gillespie（1995）

（Abercrombie & Longhurst, 1998, p. 37）

のパラダイムは、オーディエンスを能動的、あるいは受動的とみなしており、パラダイムシフトすべき理由として、受容研究における「オーディエンスの能動性」の概念をあげている。アバークロンビーらは、受容研究がオーディエンスの能動性を「抵抗」と捉えていることは受け入れがたい結果を導くと懸念している。テクストの解釈におけるオーディエンスの意味づけの能力を強調しすぎることは、結果的に、メディアの力を過小評価し、ヘゲモニーに関するメディアと人びととの関係についての分析を不可能なものにしてしまう。なぜならば、オーディエンスが能動的であるならばテクストに含まれるいかなる有害なメッセージも拒絶することができるからである。この批判はまさしく70年代に「利用と満足」研究に対して向けられた批判であった（補論参照のこと）。

オーディエンス研究の歴史において、能動的オーディエンス研究に対して繰り返し問われ続けてきたこのような疑問から、オーディエンスを研究するための新たなパラダイムが必要とされている。そして、人びとの生活の中に埋め込まれているテレビの役割を探求するために、シルバーストーンやアバークロンビーらが選んだのは、この表でいう第3の「日常生活」のパラダイムである。

日常生活のパラダイムとは、ある現象を日常生活から孤立して存在するものとして捉えるのではなく、人びとの生活において埋め込まれている社会・文化的な現象を理解することを試みる、社会人類学者や社会学者やメディア研究者によって用いられているパラダイムである。シルバーストーン（Silverstone 1999）は言う。

メディアがわれわれの日常生活にとって中心的であるが故に、われわれはそれを研究しなければならない。メディアを現代世界の政治的、経済的な次元としてばかりでなく、社会的、文化的な次元として研究しなければならない。それをその偏在性と複雑性において、世界を意味あるものとし、またその意味を共有していく私たちの変幻自在な能力に寄与するものとして研究しなければならない。つまり私の考えでは、われわれはメディアを、〔…〕『経験の総体的なテクスチュア』を成すものとして研究していかなければならないのである。（邦訳 p. 22）

2－2　自己形成とメディア

オーディエンスに関する能動的－受動的の二項対立は、構造とエージェンシー、社会と個人との図式と重なり合う。すなわちここでの基本的な図式は、社会構造（例えばイデオロギーから軍隊までの多様な構造を指す）が、権力の多様なメカニズムを通して、人びとを押さえつけ、制限し、制止する力となり、その構造に対抗するものとして、人間的成長、自由、権限の力を持つエージェンシーが存在しているという図式である。構造とエージェンシーのこの相反する2つの力は、個人と社会との関係を理解するために、「闘争」として考えられている。この枠組みには個人（エージェンシー）が構造（社会）を創るのか、またはその反対なのかという、にわとりと卵の問題がある。

しかしながらアンソニー・ギデンズ（Giddens 1984）は、構造とエージェンシーはこの二項対立によって分けることはできず、近代社会をこの枠組みの中で理解することはできないことを主張している。ギデンズの「構造化」理論は構造とエージェンシーの二項対立を超え、構造を個人に対して外部的ではなく、内部的なものとして置き換えている。個人は、社会世界からの流用を通して、各々の活動の中で構造を構築／再構築する。構造は絶えず人びとを制限するものではなく、人びとの活動や権限を可能にするものでもある。

構造とエージェンシーに対するギデンズの理論枠組みはオートポイエーシスの概念に基づいている。ギデンズの後の著作（1991）では、自己アイデンティティ（self-identity）の概念に注目し、ローカルとグローバルの両方において絶え間なく変化する社会生活において行われる、適応的で再帰的なプロセスとして考えている。[10]

強調点は、モダニティの制度が形づくる――しかし他方でこれを形づくる――自己アイデンティティの新しいメカニズムの出現に置かれている。自己は外的な影響に決定される受動的な存在ではない。個人は、自らの自己アイデンティティの形成を通じて、その行為の脈絡がいかにローカルであろうと、結果的にはグローバルな社会的影響の一部をなり、それを直接に押し進めるのである。（邦訳 p.2）

ジョン・トンプソン（Thompson 1995）は、ギデンズの自己アイデンティティの概念を、拡大するメディア環境に関連させて考察している。トンプソンはメディアが日常生活において果たす重要な役割に注目し、メディアの力と同様に、自己形成のプロセスにおけるメディアからの流用について考察している。

象徴的形式の流用――特にメディアの提供するメッセージ――は当初のコンテクストを越えて受容のアクティ

ビティに拡張される。〔…〕メディアのメッセージを受容し、流用することにおいて、個人は自己形成と自己理解の過程にも関わっている。〔…〕メッセージを捉え、生活の中に日常的に取り込むことによって私たちは自己意識、すなわち自分が誰であり、どの時－空間に位置しているのかといった意識を構築することに潜在的に関わっている。〔…〕私たちはメディアの生産品によって提供されたメッセージや有意味な内容によって自己を能動的に形成しているのである。（pp. 42-43）

メディアからの流用が能動的な自己形成の唯一の手段ではなく、他の社会的相互作用にも依拠していることは明らかである。しかし、トンプソンはメディア産業による商品が私たちの日常生活の中にますます浸透している今日において、自己形成の過程の場が、時－空間の制限を受ける対面的相互作用の場から、グローバル化によって世界中に拡大されていることを指摘している。

このようにギデンズやトンプソンは、自己と文化や社会との間の動態的《ダイナミック》な再帰的関係を理解するために、構造－エージェンシーや能動的－受動的などの二項対立を超え、新たな図式を与えている。

本書では、日常生活におけるメディアの役割を、自己と文化／社会、ミクロとマクロとの複雑で動態的《ダイナミック》な関係性の中で理解するために、複雑系のパラダイムを用いる。そして「オーディエンス・エンゲージメント」の概念を中心として、複雑系のパラダイムと類似するアプローチをもつ以下の理論枠組みや概念――ギデンズ（Giddens 1991）の自己アイデンティティや再帰性、トンプソン（Thompson 1995）の自己形成、ジェームス・ラル（Lull 2000）の文化プログラマー、エベリット・ロジャースら（Rogers, & Kincaid 1981）のコミュニケーションの収束モデル、ウルフ・ハナーツ（Hannerz 1992）の文化的複雑性、ジョン・トムリンソン（Tomlinson 1999）の複合的結合性――を参照しながら、統合的な理論枠組みを構築する。

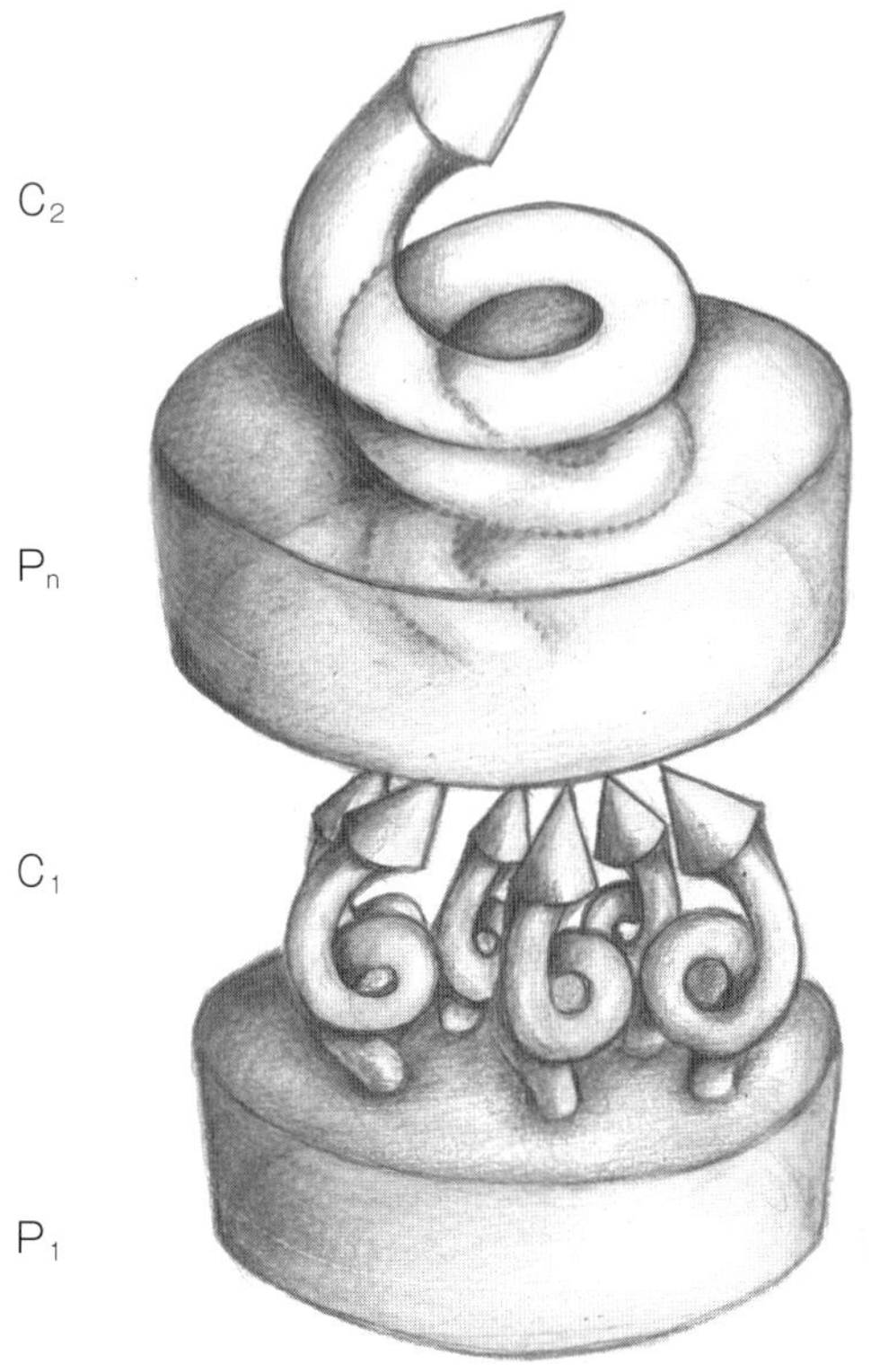

P_1：「能動的なオーディエンス」のパラダイム（The Paradigm of Active Audience）
P_n：P_2：「日常生活」のパラダイム（The Paradigm of Everyday Life）
P_3：「複雑系」のパラダイム（The Paradigm of Complexity）
C_1：「オーディエンスの能動性」の概念（The Concept of Audience Activity）
C_2：「オーディエンス・エンゲージメント」の概念（The Concept of Audience Engagement）

図2-5　パラダイム・シフト（The Paradigm Shift）
「オーディエンスの能動性」から「オーディエンス・エンゲージメント」へ
「能動的オーディエンス」のパラダイムから「日常生活」「複雑系」のパラダイムへ
From 'Audience Activity' to 'Audience Engagement'
From the Paradigm of 'Active Audience' to the Paradigms of 'Everyday Life' & 'Complexity'

3　複雑系のパラダイムとメディア・オーディエンス研究

3－1　複雑系のパラダイム

社会科学者や自然科学者は、既存のパラダイムでは観察することのできなかった、あるいは例外とされ捉えることのできなかった、複雑で動態的《ダイナミック》な現象を捉え、説明力を加えるために「複雑系」のパラダイムを用いている(cf. Eve 1997)。複雑系のパラダイムは、これまで多くの異なった学説から創発し、異なった形で発展させられてきた。このパラダイムの中で最もよく知られているものは、「バタフライ効果」とよばれているものであろう。「バタフライ効果」とは例えばある日北京でチョウが羽をゆるがすと、1ヵ月後にはニューヨークでハリケーンが生ずるというような「初期値に対する非常に敏感な依存性」を例示しており、1963年マサチューセッツ工科大学の気象学者エドワード・ローレンツによって、カオス理論が見出された。カオス理論（Lorenz 1993）とフラクタル概念（これまでの要素還元主義を脅かす発見であり、全体をどんなに細かく分割してもその部分には依然として複雑性を含んでいる（Mandelbrot 1983）[11]）は数学における複雑系のパラダイムの例として有名である。物理学においては自己組織性や相転移などの非線形力学、生物学においては自己適応性や自己複製性などの発見がある。複雑系のパラダイムは自然科学の分野から創発し、経済学における限定合理性や収穫逓増、社会学におけるオートポイエーシスや自己組織性（例えば今田 1986; 吉田 1990, 吉田・鈴木 1995; 西垣 2004 ほか多数）など多くの社会科学おいてもすでに応用されているのである[12]。

複雑系のパラダイムの3つの特徴

複雑系のパラダイムを結び付けている「複雑系」という概念を定義することは困難であり、パラダイムを支持する研究者たちにおいても明確な定義は与えられていない。むしろ複雑系に関する一般理論をつくることより、パラダイムが共有する特徴を明らかにすることの重要性が強調されている。複雑系のパラダイムの特徴とは（自然科学または社会科学によって）これまで、当然視されてきた要素還元論、線形アプローチ、決定論の安定解への信仰などを避けることである（Prigogine & Stengers 1984; 小林 2007; 米沢 1995 など）。

決定論の安定解への信仰とは、ニュートン力学に象徴されるように、現在の条件をすべてインプットすれば、研究対象としているものの未来の振る舞いがすべて分かるということである。この考え方は、たとえばある瞬間における宇宙の全ての条件をインプットすれば、未来における宇宙の様子がすべて分かるとする「ラプラスの悪魔」として有名である。[13] この仮定に対抗するものとして、非線形のアプローチは、たとえある瞬間のすべてのデータをインプットしたとしても依然として予測することはできないという、システムが初期条件に非常に敏感で予測不可能になりうることを明らかにしている。[14]

一方、近代科学の基礎となった要素還元論とは、すべての物質は限られた数の構成要素に還元でき、その要素間に働く法則も限られているという見方である。そして科学の発展とともに宇宙は電子、陽子、中性子、クォークなどより小さな要素に還元され分析されていった。このような要素還元主義には、もしシステムの部分を理解するならば、システム全体を理解することができるという前提がある。しかし1980年代半ばに分子生物学において、要素をいくら分析しても生命というものを突き止めることはできないのではないかという認識が芽生え、パラダイムシフトの1つのきっかけとなった。すなわち各々の構成要素の間には相互作用があり、その相互作用から全体として新たな形態が創発し、再びそれが構成要素間の相互作用にフィードバックされるため、細分化された構成要素だけを見ていては全体は分からないということである。このような自己組織化理論は、非還元主義のアプローチをとり、「全体」は部分の総和以上のものであることを強調している。そしてこのような考え方は自然科学に限られたものではなく、社会や経済もまたその構成要素である個々の人間を分析しただけでは予想がつかないことがあるため、従来の自然科学、社会科学、人文科学などの専門主義を越えて、各分野間の対話による学融合的な総合的な手法の必要性が芽生えてきたのである。デカルトの近代科学のパラダイムに依拠してきた「『分析的な手法に代わる新しいパラダイムの提案』が、複雑系研究の大目標のひとつ」(米沢 1995, p. 81)となったのである。

今田高俊(2001)は複雑系の科学に関して次のように評価している。

> 複雑系の科学とポストモダン論は世界の秩序説から混沌説へのコペルニクス的転回を促進するパラダイムであり、カオスの縁から近代文明を問い直し、来るべき新たな文明への自己組織化を見通す視座を与えてくれる。(p. 44)

さらにアルビン・トフラー(Toffler 1984)はイリヤ・プリゴジンとイザベル・スタンジェールの著作『混沌からの秩序』のまえがき寄稿文の「科学と変化」の中で以下のように述べている。

> プリゴジン的なパラダイムが特に興味ある理由は、それが、今日の加速された社会変化を特徴づける次のような、実在の側面に注意を向けるからである。すなわち、無秩序・不安定性・多様性・非平衡・非線形関係(そこでは小さな入力が巨大な結果の引き金となりうる)・時間性——時間の流れに対する鋭敏な感受性——である。(p. 6)

そして、ジョン・アーリ（Urry 2003）は、グローバル化を論じる社会科学における線形的なアプローチを批判し、複雑系のパラダイムへのパラダイムシフトを提唱している。

グローバル化を扱う社会科学は、グローバルなシステムを所与のものとして取り上げ、地域、地方、国民国家、環境、文化がどのようにしてこの全権全能の「グローバル化」によって線形に変容するのかを示してきた。〔…〕しかし、複雑性の概念では、グローバルなシステムは多様で、歴史的で、ばらばらで、不確実なものであることが明らかにされる。複雑性は、数々の創発特性がグローバルなレベルでどのように展開しているのかを検討するために欠かせない概念である（p. xii）

複雑系のパラダイムの4つの共通点

複雑系のパラダイムには、さらに以下の4つの共通点があげられる：相互作用性、自己組織化、適応的、動態性《ダイナミズム》（Waldrop 1992）。グローバル世界は非常に多くのエージェントが多様な方法で相互に作用しあっている。この「相互作用性」は非常に多様で複雑で、この多様さがシステムの「自発的な自己組織化」を導いている。例えば、経済のエージェントは個人の多様な売買行為によって経済を自己組織化する。自己組織性とは、今田（1986）によると「システムがある環境条件のもとでみずからの組織を生成し、かつまたその構造を変化させる性質を総称する概念」（p.6）のことである。そしてこのような複雑な自己組織化のシステムは変化する環境や出来事に「適応的」である。複雑系は単なる複雑なだけの静的物体とは異なり、自発的で、流動的な「動態性《ダイナミズム》」を持つ。そして、いかなるシステムも相互作用と自己組織化の動態的《ダイナミック》なプロセスの1つの結果として、「カオスの縁」という平衡点に到達する。この時システムには2つの可能性がある。1つはカオスへ。それは古いシステムの終焉を意味する。しかしながら同時にこの時新たなシステムの生成や、オルタナティブなシステムの中での再創造の可能性を持ち、再び自己組織化を始めるのである。もう1つはカオスに陥らずにカオスの縁で十分な安定性を維持するのである。このように「カオスでもなく秩序でもなく、『停滞とアナーキーの間にある戦場』にあって、自己組織的な性質を発揮するシステムが複雑系」（今田 2001, p. 28）なのである。

3－2　オーディエンス研究と複雑系のパラダイム

オーディエンス研究においてもこれまで要素還元主義については、行動主義なアプローチによる心理学的要素還元主義（例えば「利用と満足」研究における欲求――充足や期待――価値理論など）や、定量調査における方法論的個人主義に対して批判がなされてきた。また決定論に関しても効果研究における線形アプローチ（例えばジョージ・ガブナーの涵養理論に代表されるようなテレビの接触時間と効果の直線的関係）や、カルチュラル・スタディズにおけるテクスト決定主義や階級やジェンダーによる本質主義的なアプローチに対して批判がなされてきた。そのため、定性的調査法やエスノグラフィックな方法を用いて、要素還元主義や線形アプローチの限界を越え、決定論に関する複雑な問題と再帰性について理解しようとしてきた（cf. Morley 1986, 1992; Lull 1991; Ang 1996; Silverstone 1994; Gillespie 1995; Willis 2000; 本書補論参照）。

一方より直接的に、コミュニケーション論において、ロジャースら（Rogers & Kincaid 1981）は複雑系の基となっている「サイバネティクス」をコミュニケーションモデルに適応している。ロジャース（Rogers 1986）は1950年代、コミュニケーション科学において相反する2つのパラダイムが存在していたことを指摘している。1つはクロード・シャノンとウォーレン・ウィーバーの「コミュニケーションの数学的理論」（Shannon & Weaver 1949）、もう1つはノーバート・ウィーナーの「サイバネティクス」モデル（Wiener 1948）である。アメリカのコミュニケーション科学は1950年代、テレビの発展に伴い、マス・メディアの一方向的な効果を理解するために前者の線形モデルを採用した。それ以降今日に至るまで、アメリカのコミュニケーション研究は線形のパラダイムにおいて発展させられてきたのである。これに対してロジャースは、インターネットなどの双方向メディアの登場から、コミュニケーションにおけるフィードバックの役割に注目し、サイバネティクス・モデルに基づくコミュニケーション・ネットワーク分析など後者のパラダイムに対する関心が復活している、と述べている。

さりながらコミュニケーション科学にとって、シャノンの原型モデルからサイバネティック・モデルへの変化は容易なことではないだろう。分析の焦点を個人そのものから、個人間ネットワーク関係に変更することは、ルネッサンス時代の天動説から地動説へのパラダイムの変化にもたとえられてきている。〔…〕コペルニクス的大転回が強固な抵抗をうけたように、コミュニケーション収束モデルへの知的移動もまた、強い抵抗をうけることであろう。（Rogers 1986 邦訳 p. 209）

さらにロジャースとキンケイド（Rogers & Kincaid 1981）は、コミュニケーションの収束モデルを構築するためにサイバネティクスのパラダイムを用いている。このモデルはマス・オーディエンスにおける線形的な効果のモデルに置き換わり、個人間の絶え間ないフィードバックを行いながら、相互理解とネットワークの関係におけるコンセンサスを強調するものである。コミュニケーションを「相互理解のために参画者がたがいに情報をつくりわかちあう過程」（Rogers 1986, p. 200 邦訳 p. 211）と定義し、個人主義的方法論を避けるため、分析単位を個人から個人間の結合としている。なぜならば個人は相互にネットワークで結び付いているため、個人間の関係を考慮に入れずにコミュニケーションを理解することはできないからである。

ロジャースのモデルは、コミュニケーションのプロセスにおいて変化し、発展していく動態的《ダイナミック》な個人間の相互作用とフィードバックに注目している。このモデルはコミュニケーションの場を個人から個人間の相互関係に置き換えている点において特に重要である。さらに、ジョン・ハートレイ（Hartley 2009）はより直接的に複雑系のパラダイムを用いて、YouTubeを分析している。このようにメディア研究において既存の研究パラダイムの限界や、インターネットなどの双方向、参加型メディアの登場から複雑系のパラダイムが適用され始めている。

以下では、複雑系のパラダイムを用いて、日常生活におけるオーディエンス・エンゲージメントを再構築することによって、文化や社会、そして人びとの人生におけるメディアの役割を理解するためのモデルを構築していく。ポール・ウィリス（Willis 2000）はミクロ―マクロの二項対立に複雑性を加えている。エージェントの「創造的な自己アクティビィティ（creative self-activity）」（p. xvi）に注目し、日常の文化を個人と構造の間を媒介するものとしてみている。筆者もミクロとマクロの関係を複雑で、動態的《ダイナミック》な時々予測不可能なもの[15]として捉え、日常生活を個人や家族、社会集団、コミュニティや文化のような複雑系の動態的《ダイナミック》な相互作用の場として捉えていきたいと思う。ミクロ、マクロ、その間の様々なレベルの複雑系は、再帰的に絶え間なくフィードバックする動態的《ダイナミック》な相互作用によって創発しているのである。[16] スコット・ラッシュ（Lash 1994）は「再帰性」とは何かという問いに対して、「制度的」再帰性と「自己」再帰性の2つをあげている。制度的再帰性とは「行為作用が、社会構造による束縛から解放されることで、そうした社会構造の『規則』や『資源』に反映し影響を及ぼしていく、つまり、行為作用がその行為作用の社会的存在条件に反映し影響を及ぼしていく」（p. 215）ことである。一方、自己再帰性とは「行為作用がみずからにたいして影響を及ぼしていく」（p. 215）ものであり、例えばギデンズの自己アイデンティティの概念は自己再帰性について主に論じている。以下では人びととメディアとの関係を、

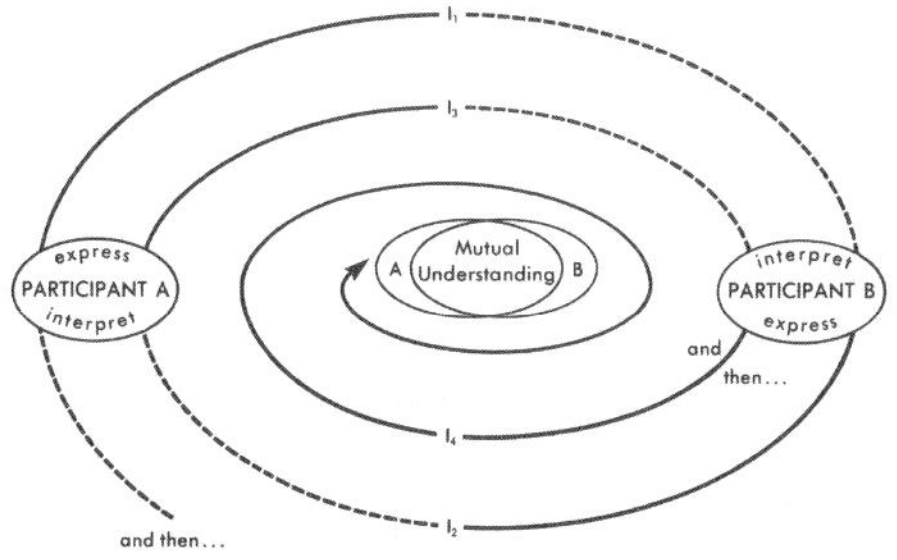

図2-6　コミュニケーションの収束モデル
（Rogers & Kincaid, 1981, p.65より）

ギデンズ（Giddens 1994）の構造化理論や自己アイデンティティ、ラッシュ（Lash 1994）の制度的再帰性および自己再帰性の枠組みを用いながら、個人、家族、社会集団、社会、文化などにおいて能動的オーディエンス研究が検証してきた様々な要因の間の複雑な相互作用について考察していく。

4　コミュニケーションの複雑性モデル

アルジュン・アパデュライ（Appadurai 1996）はグローバル社会における文化的複雑性と動態性《ダイナミズム》を捉えるために、複雑系のパラダイムにおける人文学版の理論モデルの必要性を指摘している。

> 乖離的なフローに基づいたグローバルな文化的相互作用に関する理論が、機械的な譬喩を超えた力をもつようになるためには、科学者たちにときおりカオス理論と呼ばれている理論のいわば人文学版へと移行していかねばならないであろう。つまり、われわれが問いかけていかねばならないのは、複雑で重層的かつフラクタル的な形態が、どのようにして（大規模であったとしても）単純で安定的なシステムを構成しているのかということではなく、その力学の正体そのものなのである。（p. 46 邦訳 p. 93）

以下では、個人、社会集団、文化など様々なレベルにおける複雑性とその間の動態的《ダイナミック》な相互作用を示すため、複雑系のパラダイムから4つの概念――相互作用、自己組織性、適応的、カオスの縁――を用いて、統合的枠組みを提示していく（図2-7）。

図2-7ではモデルを簡略化するために個人、社会集団、文化の3つのレベルに分類している。しかし、ミクロとマクロの間には多数の複雑なシステムが存在し、相互に結び付き、各々動態的《ダイナミック》に相互作用しあっており、そ

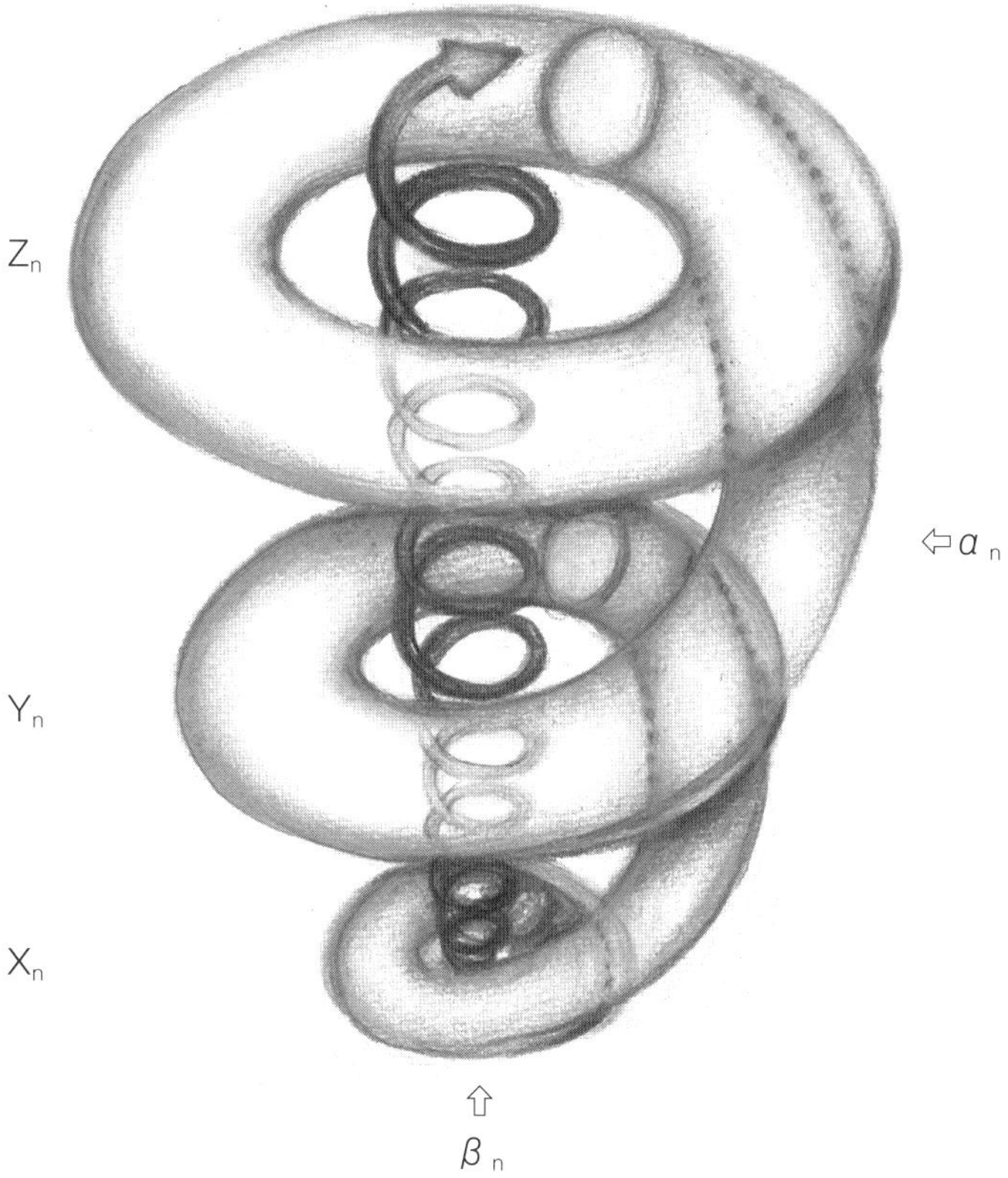

X_n：個人（individuals）	α_n：力（power）
Y_n：社会集団（social groups）	β_n：自己組織化（self-organisation）
Z_n：文化（cultures）	

図2-7　コミュニケーションの複雑性モデル（A Complexity Model of Communication）
構造とエージェンシーは二項対立によって分けることはできず、近代社会をこの枠組みの中で理解することはできない（Giddens 1984）。「コミュニケーションの複雑性モデル」では、ミクロとマクロの二項対立を避け、ミクロとマクロの間の重層的な複雑系の相互作用の場として、人びとの日常生活を考察している。個人のレベルにおける相互作用と自己創造（X_n β_n）を通じて、人びとは所属する社会集団を形成／再形成している（Y_n）。集団のレベルの自己組織性（Y_n β_n）は個人のレベルの複雑性（X_n）を内在している。集団の自己組織化は再び集団内の個人の相互作用と自己創造のプロセスにフィードバックされる（Y_n α_n）。人びとの相互作用によって創発された文化（Z_n β_n）は、再び個人や集団へフィードバックされ、各々のレベルでの自己組織化や相互作用を形成／再形成していく（Z_n α_n）。そのためマクロレベルの文化変容は日常生活における個人の行為に密接に関係しているのである。

れぞれを孤立して理解することは出来ない（図2－8参照）。

個人は様々な社会集団の中に、また社会集団は文化の中に入れ子状態になっており、絶え間ない相互作用とフィードバックによって密接に影響を及ぼし関係しあっている。この図はウィリスが「個人の創造性と集団……より大きな構造との間の重なり合う関係の可能な関係性と結びつきの内在性」（Willis 2000, p. xvi）と呼ぶものを示している。以下では各々のレベルの複雑性と動態的《ダイナミック》な相互作用について考察していく。

個人の複雑性（図2－7Ⓧn）

個人のレベルにおける相互作用には、個人内相互作用と個人間相互作用という2つのタイプが考えられる。個人内相互作用には、心理学的要素からメディアとの関わりを考察した「利用と満足」研究における要求や充足の概念がある。これに加え、信念や感情などの要素も考えられる。日常生活において、人びとの行動は多様な要求や欲求、またその間の葛藤など個人内の相互作用から引き起こされている。この個人内相互作用は情報行動論における個人の情報処理過程や、コミュニケーション論における個人内コミュニケーションとも重なり合う。個人のパーソナリティや家庭環境、多様な社会的文脈から信念、感情、要求や欲求などが創発し、相互に作用し、またメディアのメッセージと相互作用することによって、人びとの日常の行動や実践が創発しているのである。

個人間相互作用は他者との相互作用のことである。この相互作用には「メディア経験」と「直接的経験」がある。さらにトンプソン（Thompson 1995）は「メディアを通じた擬似相互作用（mediated quasi-interaction）」というテレビ番組のプロデューサーとメディアの受容者との間の「一方向的」（それゆえ「擬似的（quasi）」な）相互作用を加えている。情報行動論では個人内相互作用と個人間相互作用の両方について考察している（補論参照）。すなわち、「もの」、トンプソンの言葉では、「象徴的形式」との相互作用（日記をつける、ウェブを見る、写真を撮る、テレビゲームをするなど）、と、人と人の相互作用（メディアを介したコミュニケーションと対面的コミュニケー

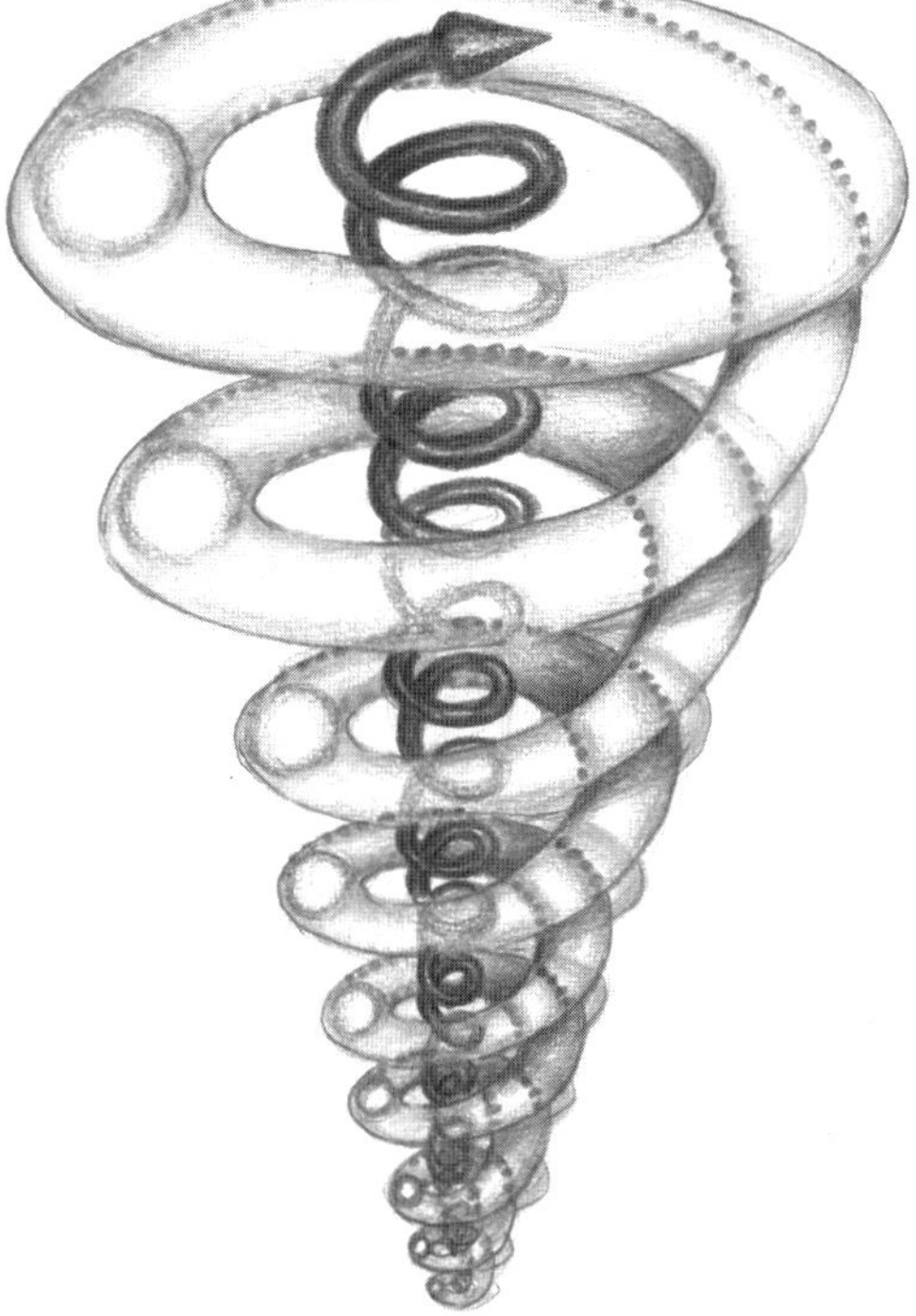

X_n：個人（individuals）	α_n：力（power）
Y_n：社会集団（social groups）	β_n：自己組織化（self-organisation）
Z_n：文化（cultures）	

図2-8　コミュニケーションの複雑性モデルの多次元性と動態性（The Diversity and Dynamism of the Complexity Model of Communication）

ミクロレベル（個人）（X_n）と、マクロレベルの現象（文化）（Z_n）、そしてその間のすべてのレベル（Y_n）の相互作用を示している。拙著（Takahashi 2003, 2009）ではエスノグラフィーにより、人びとが日常生活において家族、親戚、企業、学校、ファン、友人、ローカル、ナショナル、グローバル、ヴァーチャルなウチなど多様な「ウチ」（第3章参照）に所属し、再帰的に組織化/再組織化していることを明らかにしている。そしてウチにおける自己組織化と、多次元のウチの相互作用は、人びとの日常生活を理解するためにはミクロとマクロという二項対立では不十分であることを示している。なぜならば異なるウチの間の相互作用は再帰的にフィードバックされ、相転移を導き、新たなウチの創発へと導くからである。

ションの両方）を含んでいる。このレベルの相互作用においては、情報・コミュニケーション行動（情報探索、収集、蓄積、加工、処理、伝達）、擬似社会的相互作用、メッセージの普及など多様なオーディエンス・エンゲージメントを見出すことができる。

人びとはこの相互作用を通して、自己を形成／再形成するプロセスにおいて、自分の信念、価値観、考え方、感情と内的に相互作用し、又、外的に他者と対面的コミュニケーションやメディアを介したコミュニケーションを行ない、自己組織化している（図２−７X_n・β_n）。この自己の形成過程はグローバル世界からアイデアや価値観、イメージを流用し、自己を変容させるような自己組織化に関わっている。この時人びとは多様な文化的資源から流用しているが、本書では特にメディアがこの過程において「文化的資源」または「象徴的形式」を提供する点に注目していく。ギデンズ（Giddens 1992, p. 30）は自己組織化と流用のプロセスをメディアとの関わりに関連して次のように述べている。

今日、自己は、すべての人にとって再帰的自己自覚的達成課題となっている――過去、現在、未来の多少とも連続的統合なのである。それはあらゆる種類の心理療法や自己精神療法のマニュアルやテレビ番組、雑誌記事等などの、おびただしい数の再帰的自己自覚的資源のなかで追求されつづけていく課題なのである。（邦訳 p. 51）

このような個人のレベルにおける自己組織性についてトンプソンは「自己形成（self-formation）」（Thompson 1995）と名づけ、メディアとの関係について考察を行っている。本書では、メディアの権力を強調するトンプソンの概念を参照しながら、フィールドで観察した人びとのクリエイティブな自己形成に注目して、「自己創造（self-creation）」の概念を提示したいと思う（第６章参照）。

適応には抵抗（resistance）、流用（appropriation）、応化（accommodation）という３つのタイプが考えられる。

能動的オーディエンス研究において考察されてきた支配的イデオロギーへの「抵抗」と文化的資源の「流用」は適応のより能動的な面と考えられる。それに対して「応化」はより受動的であり、環境や社会的状況に対して個人はほとんど力を持たないような適応である。しかしながら、個人の適応は、文化的資源と象徴的形式への抵抗、応化、流用の組み合わせとなっており、多くの場合分けて考えることはできない。適応はこれまで特に、選択性、効用、解釈（対抗的、支配的、交渉的：cf. Hall 1980）などのオーディエンス・エンゲージメントの次元において観察されてきた。受容研究は、（抵抗、応化、流用と筆者が呼ぶ）適応の場として解釈の次元に注目している。日常生活において人びとは多様な文化的資源から流用する一方で、個人的状況、所属集団や家庭環境、階級やジェンダー、文化的・社会的規範、強力な制度や構造、イデオロギーなどによってもたらされる外部の力や制約に適応、すなわち応化しなければならない（cf. Morley 1986; Radway 1984; Ang 1985; Lull 1988, 1990）。適応は自己創造と個人の外部環境（他者、制度、メディア）との関係の動態的《ダイナミック》な交渉の過程を表している。

自己創造のプロセスにおいて、時に人は秩序と混沌の平衡点に到達する。私たちは自己の信念や価値観、目的など、人生における大きな変化に直面した時「ターニングポイント」に到達したと言うことがある。友人との会話、一冊の本、たまたま見た映画など、直接的経験やメディア経験が人生におけるターニングポイントの引き金となったり、またこれら1つ1つの小さな日常生活における経験が互いに結び付けられ、「情緒的シンフォニー」が奏でられ、大きな激流となって人生の中に流れ込み、ターニングポイントを導くこともある。

この到達点は通常人生におけるポジティブな相転移を指すが、時には越えがたい大きな困難や混乱などを招く「カオスの縁」に立たされることもある。この時、同じ経験（同じ会話、同じ本、同じ映画）が異なる影響を与え、全く異なる結末を導くこともある。あるメディアのメッセージは、自己創造のプロセスにおいて、好ましくない影響を与え、ある人をカオスの縁へと導くかもしれない。ほんの小さなメッセージの破片が、暴力や青少年犯罪、アイデンティティ・クライシス、自殺などの引き金となるかもしれない。しかしながら、多くの人びとはそのようなカオス的な状況に陥っても、社会環境の変化に適応し、安全と安定を見出し、自らの「居場所（home）」を創造し、カオスと秩序の間の平衡を保つために十分な自己創造力や社会学的想像力[17]を持ちうるのかもしれない。「カオスの縁とは、生命が自らを支えるのに十分な安定性を有しているところ、生命という名に値する十分な創造性を有しているところ」（Waldrop 1992, p. 12）なのだから。

社会集団の複雑性（図2－7 Y_n）

個人のレベルにおける自己創造と相互作用を通じて、人びとは所属する社会集団を形成／再形成している（図2－7 Y_n）。このレベルでの集団の自己組織性は個人のレベルの複雑性（図2－7 X_n）を内在している。社会集団のレベルにおける相互作用は、集団内相互作用（集団のメンバーとの間）と集団間相互作用（1つの集団と他の集団との間）の2つのタイプに分けられる。集団のメンバーが各々相互作用することによって、集団が創発し、自己組織化していく（図2－7 Y_n・β_n）。再びこのような集団の自己組織化は集団内の個人の相互作用と自己創造のプロセスにフィードバックされる（図2－7 X_n）。集団間相互作用、つまり他のグループとの相互作用は、集団の動態的《ダイナミック》な組織化／再組織化における集団内相互作用と結びついている。

例えば、伝統的価値観への抵抗やオルタナティブな文化的資源からの流用によって、家族成員は新しいアイデアを集団内相互作用に織り込んでいくかもしれない。この抵抗や創造的な流用は、伝統的な家族形態を部分的にかもしれないが、次第に近代化へと導いていくだろう。ギデンズ（Giddens 1992）はこの再帰的過程に注目し、婚姻におけるロマンティックラブの増加傾向と、伝統的または経済的婚姻の減少傾向について述べている。ロマンティックラブは性役割分担型家族の減少や少子化傾向を招きながら、経済的・社会的状況の変化とともに家族関係にますます大きな影響を及ぼしている。

しかしながら個人の自己創造と同様に、集団の自己組織性も決して自由ではなく、社会的・文化的規範や権力、統制、イデオロギーなどによって規定されている。例えばデビット・モーレイ（Morley 1986）は、階級とジェンダーの視点と家父長制のイデオロギーの枠組みから家族関係を考察し、権力関係について、特に男性／女性の関係への社会的影響のメカニズムについて観察している。家族や集団は社会的状況に応化し、適応的に自己組織化している。メディアは家族成員の相互作用のパターンにおける指標（家族内の権力の指標として番組選択のコントロールとしてのリモコンの利用）と個々の家族成員への権力の指標（イデオロギーの媒介としてのメディアの力）となる。個人は自己創造のプロセスにおいて、伝統的な文化的価値観に抵抗し、オルタナティブな文化的資源を流用し、社会構造に応化すると同時に、自己組織化する家族の成員として、抵抗、流用、応化している。

家族もまた自己組織性において平衡点に達し、望ましいあるいは望ましくない変化を引き起こす。家族成員たちは「遠くの」文化的資源からオルタナティブな価値観や理想を流用し、自分自身の家族関係に織り込むことによって、伝統的な社会規範から自由になるかもしれない。それによって、例えば、家族の中で性差別が少なくなるかもしれない（例えば専業主夫や男性の育児休暇など）。またインターネットの普及によって、在宅勤務などが可能となり、家族とともに過ごす時間が増え、結びつきを強めるかもしれない。スマートフォンやソーシャルメディア、Skype などのメディアは単身赴任家族などに低料金で頻繁なコミュニケーションを可能とし、家族は「ヴァーチャルな日常生活」を共有しうるかもしれない。

その一方で、メディアは増え続ける個人化（Beck & Beck-Gernsheim 2002）を促進させ、家族関係を弱体化、分散化させるかもしれない。多メディア環境は「家（home）」の意味を変容させ（Silverstone 1994, 1999）、家族の分散化や個人化を導きながら、家族は「いろりばた」のような共有空間を失っていくのかもしれない。モーレイ（Morley 2006）はリン・スピーゲル（Spigel 1992, 2001）に言及しながら次のように述べている。

どのように家庭空間が新たなメディア技術に応化するために再組織されてきたか――そしてこれらの技術がメディア消費の家庭の文脈を再デザインすることにおいてどのような重要な役割を果たしてきたのか――という問いは未来の研究のために最も批判的な分野の1つとして残されている。(p. 104)

文化の複雑性(図2-7 Z_n)

本書で提示している複雑性モデルの目的は、ミクロレベル(個人)(図2-8 X_n)と、マクロレベルの現象(文化)(図2-8 Z_n)、そしてその間のすべてのレベル(図2-8 Y_n)の動態的《ダイナミック》な相互作用を示すことである。今日のグローバル化において文化の「境界」(それが存在する程度に)がより一層不明瞭になっているため、「文化」を定義することがますます困難になってきている。文化のレベルにおける相互作用性は、文化内相互作用と異文化間相互作用の2つのタイプである。文化内相互作用はラル(Lull 2001)が「スーパーカルチャー」と名づけたものを参照する。スーパーカルチャーは6次元の文化圏――普遍的な価値観、国際的な文化的資源、文明世界、ナショナルなイデオロギーと文化、リージョナルな文化、日常生活――からなり、「個人が自分たちのために創る文化的マトリックス」(p. 132)である。人びとは「遠く(グローバル)」と「近く(ナショナルとローカル)」の文化(すでにそれ自体混成化しているかもしれない)から文化的資源を流用し、より高いレベルの社会的組織での文化的複合物を構築している。衛星放送やインターネットなどによって、今日の「遠くの」文化的資源へのアクセスが拡大している世界においては、ますます混成化し、多様なものになっていく一方で、「伝統的な『近くの』文化的資源、すなわち個人や集団によって学習され再生産されている『ローカルな』文化的価値観や社会的実践も」(p. 132)維持されているのである。ラルが「文化プログラマー」と名づけたように、人びとは自己創造の過程において文化的プログラミングを行っている(図2-7 X_n・β_n)。そして個人は各々スーパーカルチャーを持ち、個人間相互作用を通してこのスーパーカルチャーも相互作用される。人びとの多様で複雑な相互作用を通して、文化的価値観や規範などが自己創造のプロセスにおいて交換され、流用され、文化が創発していくのである（図2－7 Z_n）。トムリンソンは「人びとが、個人的にであれ、集団的にであれ、互いのコミュニケーションをはかることで人生を意味あるものにしていくときの方法」（Tomlinson 1999, p. 18 邦訳 p. 41）を語ることによって、文化の創発のプロセスを捉えている。

もちろん2つの異なる文化の間に境界線を引くことは難しい。何が異文化間相互作用であり、何が文化内相互作用であるか？ 地理的に？ 民族的に？ 政治的に？ それとも何か他のカテゴリーを用いるべきなのであろうか？ ここでは「クロス・カルチャーな差異」や「日本文化の西欧化」、「異文化間コミュニケーション」、「文化に出会う」などの言葉を参照したいと思う。それらの境界はいずれも明らかではないかもしれないが、これらの言葉は文化の「間」の相互作用を描いている。今日私たちの社会ではグローバル化のプロセスを通して、「文化の境界」の不明瞭さを導きながら「スーパーカルチャー」がより一層相互作用されている。ハナーツ（Hannerz, 1992）は文化を人びとによる意味の創造のプロセスとして捉えている。人びとが「トランスナショナルな」意味を創造し、ますます相互作用をするならば、「文化」はより多様で複雑なものになる。ハナーツの描く文化を構成している（constituting）プロセスは、このモデルで文化が創発していくプロセスと重なり合っている。

文化内相互作用と異文化間相互作用を通して、文化を構成している価値やアイデア、理解、規範、規則などを形成／再形成しながら、文化は自己組織化していく（図2－7 Z_n・β_n）。人びとの相互作用によって創発された文化は、再び個人や集団へフィードバックされ、各々のレベルでの自己組織化や相互作用を形成／再形成していく（図2－7 X_n・Y_n）。そのためマクロレベルの文化変容は日常生活における個人の行為に密接に関係しているのである。トムリンソン（Tomlinson 1999）はグローバル化を「複合的結合性（complex connectivity）」とし「近代の社会生活を特徴づける相互結合と相互依存性のネットワークの急速な発展と果てしない稠密化を意味する」

(p. 2 邦訳 p. 15) と定義づけている。グローバル世界を複合的結合性のシステムとしてみることは「何百万という人びとの無数の小さな日常行動を、遠くの見知らぬ人びとの運命と結び付け、さらには、この地球に降りかかり得る運命とも結びつけている」(Tomlinson 1999, p. 25 邦訳 pp. 53-54)。この複雑性モデルにおいても文化の「マクロな変容」(図2-7 Z_n) に個人の「ミクロな行為」(図2-7 X_n) を結びつけて考察していきたいと思う。トムリンソンがミクロレベルで、遠くの他者と個人との結合性について考察しているのに対し (例えば、フィリピンの衣服の労働者の運命と週末ヨーロッパのショッピングモールにいる10代の若者の服の選択を結びつけている)、本書では若者たちの相互作用から新たなグローバルコミュニティの創発の可能性について考察していきたいと思う (図2-7 Z_n・β_n)。

文化のレベルでの適応はグローバル化に対する人びとの多様な反応として考えられる。これらの反応は文化の同質化、または異質化を招く。アパデュライは「今日のグローバルな相互作用の中心的課題は文化的同質性と文化的異質性の間の緊張関係である。」(Appadurai 1990, p. 295) と述べている。そしてこれらの相互作用と緊張関係の帰結として、ホール (Hall 1992a) はグローバル化への適応として3つの可能性を挙げている。第1の適応はこのモデルでいう応化であり、ナショナルアイデンティティが侵食され、結果的にグローバル世界は文化的同質化に導かれる。第2はこのモデルにおける抵抗であり、グローバル化への抵抗としてナショナルやローカルや「特殊なアイデンティティ」は強化され、グローバル世界は文化的異質化へと導かれる。第3は流用であり、ナショナルアイデンティティは減少するものの「新たな混成化されたアイデンティティ」が創発していく可能性である (終章)。

さらに、このモデルの適応はジェームズ・キャアリー (Carey 1989) のコミュニケーションのモデル——リチュアルとトランスミッション——とも重なり合う。トランスミッションモデルとは、コミュニケーションが1つの地点から別の地点へとメッセージを伝達する方法であり、ホールの適応の「侵食」と「強化」に相応する。

グローバル世界において強力な支配的な文化から、比較的弱い文化圏へとメッセージが送られる時、文化帝国主義が描くような結果が導かれうる。すなわち受容するより弱い文化圏は支配的な文化的価値に応化し、伝統的文化はよりグローバルな（必ずしもより望ましくない）文化に取って代わられうる。他の文化から文化的価値を流用する時は、新しい価値の「土着化」は望ましいものとして考えられるが、応化しなければならない時は望ましくないものとして捉えられるであろう。この時グローバル化への抵抗によって、ナショナリズムが強化されるのである。一方、リチュアルなモデルはホールの指摘する新たなアイデンティティの生成を導き、コミュニケーションは共有や参加、親交の手段となる。そして異文化間相互作用の中で「遠くの」文化的資源の流用は、グローバルまたは普遍的な価値を共有するものとして考えられ、グローバルな親交や仲間づくりのような理想的な結果が導かれるのである。

　グローバル化はより多くの文化内相互作用（遠くの文化的資源から個人が生成するスーパーカルチャーの多様性と混合）と、より多くの異文化間相互作用やトランスナショナルな結合性（増加するトランスナショナルなメディアイメージ、情報技術、海外旅行、ディアスポラなど）の両方を意味することから、文化は「脱領土化」（Appadurai 1990; Lull 2000; Morley & Robins 1995; Tomlinson 1999）され、現在、私たちの住むグローバル社会は伝統文化を維持しながらも、「新たな文化」の創発の可能性を含みながら、カオスの縁へと立たされているのである（本書終章）。

　本章では、現代における急速なグローバル化とデジタル革命において、若者とメディアとの関わりの動態性《ダイナミズム》と複雑性を捉えるための理論枠組みを提示した。「コミュニケーションの複雑性モデル」では、ミクロとマクロの二項対立を避け、ミクロとマクロの間の重層的な複雑系の動態的《ダイナミック》な相互作用の場として、人びとの日常生活を考察している。[18] 本書では、この複雑性モデルを用いて、日本、アメリカ、イギリスにおけるマルチサイト・エスノグラフィーによって、グローバル化における普遍性と文化的特殊性の問題にアプローチしながら、若者の複雑性を明らかにすることを目的としている。

変動するデジタル世界を解明するために、現在、世界各国で文化人類学的な方法論であるエスノグラフィーが様々なかたちをとって行われている（「デジタル・エスノグラフィー」（Pink et. al. 2015））。エスノグラフィーは非線形の方法論であり、メディア・オーディエンス研究においても、決定論の複雑性や再帰性、日常生活の文脈の重要性の問題などにアプローチしてきた。メディア研究におけるオーディエンス・エスノグラフィーは、還元主義の問題（例えば、能動的または受動的というオーディエンスの2極化への還元、行動主義的心理学的要素還元主義や方法論的個人主義など）や、コミュニケーションの線形モデルに対する問題（例えば、メディア帝国主義におけるトランスミッションモデル）、決定論の問題（例えば、テクスト決定主義など）を乗り越えるために導入され、発展させられてきた。エスノグラフィーは人びとの日常的実践というミクロレベルの観察から、研究対象としている文化や社会の解明、さらには多種多様な政治・経済・社会・文化的要因が複雑に錯綜するグローバル世界を解き明かす可能性を私たちに提供しているのである[19]。

第3章以降は、エスノグラフィーによって明らかとなった現代の若者とメディアとのエンゲージメントについて考察していく。なお、文中では上記のシステマティックなコーディングの結果から得られた例の中でも、特に象徴的な事例について紹介していく。本書で用いたリサーチデザインについては、付録に記してあるので、参照していただきたい。

■注

［1］研究対象は、スタジアムや映画の観客に始まり、新聞や書籍の読者、ラジオの聴取者、テレビの視聴者、携帯電

話やインターネットの利用者などに及ぶ。そのためオーディエンスとは、ありとあらゆるメディアの利用者を総称する概念となる。

［2］シルバーストーン（Silverstone 1994）は統合的な理論枠組みの必要性を次のように述べている。
マス・メディア研究における最近のレビューから〔…〕メディア受容〔…〕の過程にかかわるような複雑な、相互介入する要因を理解することの必要性〔…〕が明らかになった。しかしながら問題はこれらの要因の明確化やこれらの研究の中にあるのではなく、むしろ統合のための枠組みを提供せずに孤立された現象にあるのである。(pp. 2-3)

［3］詳細は、高橋（1998c）を参照のこと。

［4］補論では、メディア・オーディエンス研究の系譜から、3つの主要な能動的オーディエンス研究について紹介し、それぞれの研究において見出されてきた「オーディエンスの能動性」の概念について解説している。

［5］ユルゲン・ハーバーマス（Habermas 1989）によって公共圏の概念が提示された以降、多くのメディア研究者がテレビやインターネットなどのメディアへのオーディエンスの参加に関して検証している（Scannell ed. 1991; Livingstone & Lunt 1994）。ポストモダン社会におけるテレビオーディエンスに関して、ニコラス・アバークロンビー（Abercrombie 1996）は公共圏に対する悲観的な見解と楽観的な見解の両方について考察している。悲観主義者が公共圏の設営をより一層困難にさせるオーディエンスの分散化を強調する一方で、楽観主義者は今日の批判的で自覚的な熟練したオーディエンスを強調し、「オーディエンスがプロデューサーから自らを救う力を持つ」（p. 209）と主張している。

［6］このような能動的オーディエンス像の潮流には、アメリカにおける多元主義やイギリスにおけるマルクス主義などの政治性の作用が介在している。例えば、スチュアート・ホール（Hall 1982）は、限定効果説における能動的受け手像にはアメリカの多元主義が働いていることを指摘している。また、多元主義とマルクス主義におけるメディアやオーディエンスに関する把握の相違に関しては、ミカエル・ギュルビッチら（Gurevich, Bennet, Curran & Woollacott 1982, p. 1）を参照のこと。なお、佐藤毅（1984 1990）は、アメリカにおける経験学派とイギリスにおける批判学派との間の論争に関して、詳しい解説を与えている。異なる能動的オーディエンス研究の収束に関する議論について

は（Takahashi 2003, 2009）を参照のこと。

［7］児島和人（1993）はオーディエンスの能動性を探求するアプローチとして、カルチュラル・スタディズ、「利用と満足」研究、認知心理学、コミュニケーションサイエンスの4つを挙げ、各々の研究で探求されている能動性を発揮する時の状況、追及レベルおよび説明概念や形態について考察している。

［8］コミュニケーション研究においてこれまで提示されてきた「オーディエンスの能動性」の概念に関して、フランク・ビオッカ（Biocca 1988）は以下の5つに分類している。（1）選択性、（2）功利主義（utilitarianism）、（3）意図性、（4）影響への抵抗、（5）関与。またデニス・マクウェール（McQuail 1994）は、能動的なメディア利用として次の9つを挙げている。（1）選択的、（2）動機づけられた、（3）関与、（4）計画的な、（5）影響への抵抗、（6）社会的、（7）批判的、（8）反応（reactive）、（9）相互作用（interactive）。

［9］これらの概念はさらに多次元的位相をもつ。例えば、選択性の下部構造として、選択的注意、選択的知覚、選択的記憶（Klapper 1960）、および選択的接触（Levy 1983）が、また、関与においては、情動的関与、認知的関与、行動的関与（cf. Rubin & Perse 1987）などが考察されてきた。一方、効用においては個人的効用や社会的効用が考察され、さらに低次元の位相として、個人的効用においては、気晴らし（日常生活のもろもろの制約からの逃避、苦労や悩みからの逃避、情緒的解放）、人間関係（登場人物への親近感、社会関係にとっての効用）、自己確認（自分を位置づける座標軸の獲得、現実に対する対処の仕方の学習、価値の強化）、環境監視（広範な公共的事柄の出来事に関する情報や意見を獲得する）が定量的調査によって充足のタイポロジー（McQuail, Blumler & Brown 1972）として提示された。また、テレビの社会的効用（Lull 1990）では、会話のきっかけやコミュニケーションの共通の土俵を作る「コミュニケーションの促進」、家族の団結や緊張を軽減する「参加や回避」、意志決定や問題解決を与える「社会的学習」、家庭における権力の行使や代役の描写などの「能力や優越」が、定性的調査研究により明らかにされてきた。（能動的オーディエンス研究と「オーディエンスの能動性」については補論を参照のこと）

［10］再帰性（reflexivity）とは、「知識と社会生活の結びつきを説明する。私たちが社会に関して獲得する知識は、私たちが社会の中で行為する仕方に影響を及ぼす可能性がある。たとえば、人は、ある政党の支持率が高いという調査

結果を読んだ結果、同じようにその政党への支持を表明するかもしれない。」（Giddens 2010 邦訳 p. 13 より）

［11］個体、液体、気体など、物質にはさまざまな相（phase）が存在するが、それらは、温度や圧力を変化させることによって、別の相に変化する。例えば、１ａｔｍ下で、室温における水（液体）は、１００℃において水蒸気（気体）になり、また、０℃において氷（個体）になる。このような相の変化を相転移という。（『複雑系の辞典』編集委員会 2001, p. 212）

［12］例えばニクラス・ルーマンがプリゴジンの「散逸構造論」やフランシスコ・ヴァレラとウンベルト・マトゥラーナの「オートポイエーシス」を参照して自己組織的なものとして社会システムを捉えていることは有名であろう。

［13］悪魔ならばこのような膨大なニュートン方程式を解くことができるとラプラスが述べたことに由来する。

［14］ただしこの「カオス理論」が社会科学者において用いられる時、「混沌」を意味する「カオス」という言葉からしばしば非決定論的なアプローチとして誤って解釈されていることなどから、社会科学への自然科学理論の適用に対して批判がなされてきた。自然科学で明らかにされたカオス理論は、従来の決定論の解の安定性に対して、決定論的カオスと呼ばれており決定論であることに変わりはないのである。すなわちカオス理論とは、ほんのわずかな初期値の違いで将来が全く変わってしまうという系の「予測不可能性」を捉えているのである。例えばすべてのデータをインプットすれば天気予報は確実に当たるという考え方に対して、気象学者のローレンツは、初期条件のわずかな差異によって未来の振る舞いが大きく変わるということを見出している。

［15］予測不可能性は決定論的カオスと同様、非決定的で自由であることを意味しない。

［16］創発とは「自律的に振舞う個（個体や要素など）間および環境との間の局所的な相互作用がマクロ的な秩序を発現し、他方、そのように生じた秩序が個の振舞いを拘束するという双方向の動的過程により、システムに新しい機能、形質、行動などが獲得されること」（『複雑系の辞典』編集委員会 2001, p. 216 より）

［17］社会学的想像力とは、「社会学的問いを発し、その問いを解明する際に、想像力に富んだ思考をおこなうこと。社会学的想像力では、人は、毎日の生活の熟知した、型にはまった行いから離れて『自分自身について考える』ことが必要とされる。」（Giddens 2010 邦訳 p. 17 より）

［18］この複雑性モデルの有効性に関しては、拙著（Takahashi 2003, 2009）を参照のこと。

［19］エスノグラフィーの特質とメディア・コミュニケーション研究におけるエスノグラフィーの有効性に関しては、高橋（2007）を参照のこと。

第3章　つながり

——なぜ若者は絶え間ないつながりを求めるのか？

「携帯電話はなくすけど、Facebookはなくさないから」（アンナ、イギリス、22歳、女性、大学生、中産階級）

「Facebookがある限り、友達と永遠につながっていられる」（デビー、アメリカ、19歳、女性、大学生、コケージョン）

1　携帯電話と絶え間ないつながり

なぜ若者はメディアと関わるのだろうか？　この問いに対する最も重要な答えの1つは「つながり」であろう。オンラインコミュニケーションによる「絶え間ないつながり」が世界のいろいろな場所で言及されており、現代の若者は「絶え間ないコンタクト世代」（Clark 2005）と呼ばれている。なぜ、若者たちは絶え間ないつながりを求めるのだろうか？　本章では「つながり」について日本、イギリス、アメリカで行った若者とメディアに関するフィールドワークから考察していきたいと思う。

1-1　いつもオン

インタビューに協力をしてくれた若者たちの多くが、寝ている間も携帯電話やスマートフォンを枕元やベッドの隣に置いていた。彼らはみな寝る直前までベッドの中でソーシャルメディアをチェックしている。そして寝ている間も着信があると、電気も付けずに携帯電話の明かりで返信やコメントをしている。携帯電話のアラームをセットして眠り、朝目を覚ますと、アラームを止めるついでにベッドの中でメッセージをチェックしている。中には、お風呂の中でも携帯電話を利用しているという人もいる。例えば、女子大生のゆきは携帯電話を枕の横ではなく、枕の下に置いて寝ている。

ゆき　「携帯電話は枕の下において、バイブで。」
著者　「メッセージが来たら起きないの？」
ゆき　「そうなんですよ。夜中にきて開けてたりしてて。でも覚えてないんです。」

（ゆき、日本、19歳、女性、大学生）

ゆき同様、夜中にメッセージをチェックし、返信したにもかかわらず、翌朝覚えていないという人もいる。アメリカの女子高校生も「携帯電話のスイッチは切れない」と言う。

キャサリン「携帯電話のスイッチは切れない。」
著者「なぜ？」
キャサリン「もしメッセージが来たら見たいから。」
著者「寝てても？」
キャサリン「寝てても（笑）。」
著者「サイレントモードにしないの？」
キャサリン「しない。」
著者「起きちゃうじゃない。」
キャサリン「そう。でも全然気にならない。時々覚えていないんだけど。変でしょ。〔…〕だっていつもつながっていたいし、みんな大丈夫かなとか何をしているのかとか知りたいから。」
（キャサリン、アメリカ、19歳、女性、高校生、イギリス系）

アメリカの男子大学生は、メッセージに絶えず返信することによって、24時間アクセス可能であるということを友達にアピールしている。

ジョー「いつもアクセス可能でいたいから。」
著者「寝ている間でも？」
ジョー「そう。いつもオンにしている（always on）。そうすればみんながいつでも僕に連絡とれるから。」
（ジョー、アメリカ、19歳、男性、高校生、コケージョン）

多くの若者たちは常に携帯電話をオンにしており、スマートフォンを持っている若者たちはソーシャルメディア上に「絶えずいる」と言う。

著者　「一日に何回くらい Facebook をチェックするの？」
トニー　「チェックしないよ。文字通りそこにいる（I like literally stay on it.）。誰かが書き込むと携帯電話がなる。だから絶えずブルブル言ってる（笑）。誰かが僕とチャットしたい時も携帯電話でずっとチャットしてる。」

（トニー、アメリカ、16歳、男性、高校生、コケージョン）

1-2　脱-埋め込み

なぜ、若者たちはいつも携帯電話をオンにしているのだろうか？　携帯電話やスマートフォンなどのモバイル・メディアは、時間と空間の制約から人びとを解き放ち、親や先生などのコントロールから子供たちを自由にしている。ギデンズは「社会関係を相互行為の局所的な文脈から引き離し、時空間の無限の広がりの中に再構築すること」（Giddens 1990 邦訳 pp. 35-36）を「脱埋め込み（disembedding）」と名付け、グローバル化のキー概念としている。若者は家庭でも学校でも街なかでも、モバイルメディアによって自分が現在「埋め込まれている」物理的空間から抜け出して、他の空間にいる人たちと絶え間なくつながっている。以下では、学校空間と家庭空間からの「脱-埋め込み」について詳しく見ていこう。

学校空間からの脱‐埋め込み：先生のコントロールからの自由

学校では休み時間ばかりでなく、授業中にメッセージを送りあっている中学生や高校生の姿が頻繁に観察された。女子高校生のるりは授業中にクラスメートがソーシャルメディアを利用している様子について次のように話した。

るり　「なんかースピーカーの部分壊して……写真撮っても音がならないように。」
著者　「そんなこと出来るの？」
るり　「してる子とかもいます。」
るり　「で、普通に10時46分に更新とかで、授業中なんですよ。」
著者　「それは何を撮ったの？」
るり　「なんか友達が斜め前でピースしてるのを、こう机の下からこうやって。」

（るり、日本、16歳、女性、高校生）

日本ばかりではなくイギリスでも授業中に携帯電話で音楽を聞いていたり、離れて座っていても携帯電話のメッセージで会話をし続けている人もいる。内容は授業が退屈だとか、放課後の予定や、異性の話など、急を要するようなことではない。授業中の携帯電話でのコミュニケーションの多くは「内容」よりもむしろ「つながり」に重きが置かれているようである。

シェリル　「授業中にはテキスト送ったり。あとは時々音楽を聞いている時もある。」

著者「授業中でも？」
ナンシー「うん。隠せるもんね（笑）」
著者「テキストも送り合うの？」
全員「もちろん！」
シェリル「だっていつも同じクラスというわけじゃないから何か話したい時はテキストを送るの。教室の端と端に座っている時もテキストを送る。」
著者「どんなメッセージを送り合うの？」
ナンシー「ただおしゃべりみたいな。」
ジェイン「全然重要じゃないこと。ただなんでも話してる。」
著者「例えば何？　先生のこととか？（笑）」
全員「そう。そのとおり！」
ジェイン「あとはすごいつまんないとか、放課後何するとか。」
トム「そういう話もしてるけど、女子が本当にテキストで話してるのはいつも男子のことだよ！」

（イギリス、15歳、高校生グループ、中産階級）

家庭空間からの脱－埋め込み：親のコントロールからの自由

このイギリスの高校生たちに夕食時の携帯電話の利用について聞くと、伝統的に家族のための時間であるため、夕食中の携帯電話の利用は禁止されていると答えた。しかし、実際は携帯電話が気になって、夕食を急いで食べたり、テーブルの下で親に隠れて携帯電話で返信したりしている。かつて日本で親指文化と呼ばれたように携帯電話を見ずにメッセージを打つ女子高校生もいる。

著者「夕食を食べている時、もしテキストが来たら……」
シェリル「テキストに返信することは許されてない。」
トム「僕は夕食の時、携帯電話に触ることを禁じられてる。」
シェリル「そう。夕食の時はお行儀が悪い。」
ジェイン「私は2階に携帯電話を置いて行く。」
ナンシー「うん。私も夕食に持っていくのは好きじゃない。食べている時は違う部屋に置いて来なければならないの。だって家族の時間だし、家族が一緒にいるための時間でしょ。それが伝統だし。」
著者「そう、わかった。でも携帯電話が気になってできるだけ早く夕食を済ませたりとか……」
ジェイン「そう、そうなの。」
トム「テキストが来たらすごく急いで食べる。」
著者「家族の時間は楽しくないの?」
ナンシー「ええ楽しい。」
ジェイン「私は楽しくない!(笑)」
シェリル「私はテキストしてないって言えるから。だって、見ないでテキストできるから。」
ジェイン「それはタッチスクリーンじゃない携帯電話のいいところだよね。私はタッチスクリーンだから見ないと……」
シェリル「そう。家族との夕食を楽しみながら、でも時々誰かと話したい時はテーブルの下でちょちょっとメッセージを送るの。」

(イギリス、15歳、高校生グループ、中産階級)

個人化した家族視聴

親たちは安全のために子供に携帯電話を与える一方で、子供たちは親のコントロールから自由になるために携帯電話を利用している。家庭空間における複数のテレビ受像機や、インターネットや携帯電話の普及によって、メディアのパーソナル化や家族の個別化が言われている。都内で楽器店を経営するある6人家族の「個人化された家族視聴」の様子を筆者のフィールドノーツから、再現してみたいと思う。


夕食後、祖母よね（73歳）は一人和室でテレビを見ながらいつのまにか眠っている。大学生の長男よしき（21歳）はアルバイトのため夕食は滅多に家で食べない。次男よしかず（19歳）は食事を済ますや否や自分の部屋へ行き個人視聴。この日はリビングのテレビと同じ月9（人気枠とされているフジテレビの月曜9時のドラマ）のジャニーズのドラマを一人で見ていた。父親のよういち（51歳）はよしかずがほとんど一緒にテレビを見ないことを私に説明しながら、母親が片付けたばかりのダイニングテーブルにノート型パソコンを乗せてインターネットにアクセスし始める。「ここからでもテレビが見えるんですよ」と半分言い訳のように言いながら、メールをチェックし始めた。テレビの前のソファーには長女よしこ（13歳）と母親よしえ（48歳）と私と愛犬のよんと。ところが月9のドラマが始まりタッキーが出るや否や、よしこの携帯電話に友達からメール。

「今日のタッキー、かわいくない？」

「うん。かわいい。かわいい。」

よしこは携帯メールを通じて瞬く間に家庭空間から脱埋め込みし、友人と創るサイバースペースに自らを埋め込む。「共視聴」から娘を失った母親は突然立ち上がりキッチンへ行き、キッチンのテレビをつけながら家事をこなしはじめた。家族5人が在宅しているにもかかわらず、私は愛犬のよんと「2人」この家庭空間に取り残されてしまったような気がした。（Takahashi 2009より）

携帯電話やパソコン、テレビなどのメディアの個人化により、「家族の脱伝統化」(Beck & Beck-Gernsheim 2002)が促進されている。この家族が例証しているように個人化した家族視聴から、家族の個人化が促進されていく。そしてこの個人化は家族の分散化へとつながるかもしれない。

アメリカのある女子高校生たちは、家庭空間という物理的な場を共有している家族とリビングで一緒に食事をするのではなく、夕食を自分の部屋に運び、パソコンの前でインターネットを介したメディア・コミュニケーションによって友達と一緒に夕食を食べている。

筆者「夕食はどこで食べるの?」
リン「ここ、私の部屋。夕食はコンピューターの前で食べてる……」
筆者「一人で? 家族と一緒じゃないの? 親と一緒に夕食は食べないの?」
リン「うん、そう、親はそれでいいって。親はテレビが見たいからリビングで食べてる。」
ウェイ「コンピューターの前で食べるのは正直嫌なんだけど、でも時間を節約できる気がする。食べながら友達としゃべれるし、ただ食べるだけで1時間過ごすかわりにもっとたくさんのことができるから。」
リン「そう……たくさんドラマが見れる(笑)」

(アメリカ、17歳、女性、高校生、アジア系)

フルタイム・インティメイト・コミュニティ

かつて若者は学校から家に帰るとすぐにテレビのスイッチを入れると言われたが、現在では家庭空間においても友達との絶え間ないつながりを保つため、テレビより先に、パソコンのスイッチを入れている。帰宅後、パソコンの前でチャットやソーシャルメディア、Skype、ゲームなどをしながら、就寝までの6、7時間をバーチャル空間で友達と一緒に過ごしている。例えば、先の女子高校生るりは帰宅後も友達とSkypeでつながっている。リビングでテレビを見ながら家族と夕食を食べた後、20時頃には自分の部屋に行き、親友とSkypeを始める。宿題も友達と一緒にSkypeでやり、深夜遅くまで一緒にチャットしたり、ビデオ通話をしたり、ゲームをしたりしている。部屋にいるときはSkypeをずっとオンにしたままにしており、途中でそのまま寝てしまったり、朝の4時までSkypeで話している時もある。るり同様、地方から東京の大学に来た人の中にはSkypeを通じて地元の友人や家族とつながっている人もいる。例えば、大阪出身で東京在住のはるこは絶えずSkypeをオンにしており、大阪の友達とほぼ毎日Skypeで朝3時頃までつながっている（はるこ、日本、19歳、女性、大学生）。

若者と携帯電話に関する早期の調査研究において、仲島一朗ら（1999）は、ごく親しい友人や恋人との人間関係の変化について次のように述べている。

> 都市化の中で匿名制を獲得し、ムラ的コミュニティの呪縛を逃れた都会人が、孤独感や疎外感を和らげるために、特別に親しく、普段からよく会っている仲間との絆を一層強め、心理的には24時間一緒にいるような気持ちになれる「フルタイム・インティメイト・コミュニティ」を創造しようとしている。（p. 90）

今日では、携帯電話、スマートフォン、Skype、ソーシャルメディア、オンラインゲームなど複数のメディアと同時に関わりながら、複数の「フルタイム・インティメイト・コミュニティ」を形成していると言えよう。日本で提示されたこの概念は、アメリカやイギリスでも若者たちがソーシャルメディアに「いつもオン（always on）」（Baron 2008）であることから、「オールウェイズ・インティメイト・コミュニティ」（boyd 2010）として言及されているのである。

社会・経済的制約

多メディア環境にいる子供たちが絶えずつながり、様々なコミュニティを形成している一方で、デジタル・ディバイドと言われるように、社会・経済的状況から携帯電話やスマートフォンの所有や利用に関して制約を受けている子供たちもいる。例えば、経済的要因からスマートフォンを所有することができないイギリスの労働者階級の子供は、友人とコミュニケーションを取ることができないという。

ティアラ「友達がみんな怒ってる。テキストくれたのに、3週間後くらいにやっと『テキストありがとう』って返事するから。あと、例えば、『私のパーティに来なかったでしょ』って言われて、『だって、携帯電話切っていたから』とか。これってひどいよね。でもお金かかるし……でもほんと私ってひどい。」

（ティアラ、イギリス、16歳、高校生、労働者階級）

イギリスの労働者階級の子供の中には携帯電話の料金を3ヵ月で5ポンド[1]しか払わない人もいる。女子高校生のニアは、お金がかかるため自分からはテキストを送らず、電話をかけることもしない。ただし友人から電話がかかってくるとたいてい1時間以上話している。友達がみなスマートフォンを持っているため、自分も欲しくてたまらない。しかし母親はあらかじめ前払いしている料金までしか使えないプリペイドの携帯電話しか買い与えず、スマートフォンが欲しいのなら自分で働いて買うように言う。

母親「黒人の子供はお金に厳しいから。」
ニア「そう。だってテキストを送るのに借金したくない。」
母親「だから私はみんな信じられないくらいお金を無駄にしているっていうの！　例えば私の友達は、娘の電話に10ポンドをチャージしたら2日で使っちゃったっていうのよ。『ばかじゃない』って言ったの。本当バカバカしいと思うのよ。で、何を話してたかっていうと、どうせくだらないことでしょ！」
ニア「私は5ポンドもあればずっともつ。」
母親「だってこの子、自分から電話をかけてくる時だって、『折り返し電話して』ってすぐ切っちゃうんだから。」
ニア「自分のチャージを無駄にしたくなくて、他の人の電話を使う時もあるし……」
（ニア、イギリス、16歳、高校生、労働者階級、アフロカリビアン系）

最新機種のスマートフォンを持ち、ソーシャルメディアやYouTubeなど、インターネットを制限なく使う子供たち。それに対して、プリペイドの「電話」しか持てず、通話どころかテキストすらお金がかかるために送れない子供たち。経済的要因によって明らかに携帯電話とのエンゲージメントは異なっている。また、経済的な理由ばかりでなく、親の教育方針から携帯電話の利用に関して制約を受ける場合もある。アメリカの中産階級に属している高校生ダニエルも、父親が携帯電話の長時間使用を懸念して、プリペイドの携帯電話しか買ってもらえない。

著者「携帯電話代は誰が払っているの？」
ダニエル「親が払ってる。だから僕が携帯電話で長電話するのをすごく嫌がるんだ。親はすごく厳しくって。」
著者「決められたルールはあるの？」
ダニエル「あるよ。パパはラップトップ（ＰＣ）を使うなって言う。メッセンジャーで友達と話すなって。やめろって。だけど、もちろん言うことなんて聞かずに使っているけど。友達とつるんでいるのが好きだから

〔…〕5時か6時に学校から帰ってきてから朝の2時頃まで自分のラップトップにいる。」
著者「何をしているの？　えっ9時間も？」
ダニエル「そう。Facebookにいつもいるでしょ、Gpop……ＭＳＮ、Gmail、Skype、大体いつもそんなところかな？　時間があっという間に経っちゃうんだ。」

（ダニエル、アメリカ、17歳、男性、高校生、アジア系）

ダニエルたちに、親に逆らってまで、なぜ友達と絶え間なくつながりたいのかと聞くと、「親はいつも一緒にいるわけではないが、友達はいつも一緒にいるため、友達の方が親より影響力が大きい」と答えた。そのため友達と同じことをしないと孤立してしまうと言う。

筆者「あなたのご両親は家でコンピューターを使うなって言っているのに、長時間使っているじゃない。」
ダニエル「そう。このことに関しては僕は両親に逆らってるんだ。」
ジム「一種の影響力の問題だと思う。もし自分が、コンピューターを使えば、友達もコンピューターを使うし。友達がFacebook上でこれいいよと言えば、僕もやりたくなる。たとえ、親がだめだって言っても。友達はいつも、親よりも影響力が強いんだ。」
ダニエル「ティーンエイジャーにとってはね。」
ケン「〔友達に〕従わないといけないんだ。」
筆者「友達は親よりも大事だから？」
ジム「大事という訳じゃない……」
ダニエル「〔親より〕もっと大事というわけじゃない。親は養ってくれるし、洋服も着せてくれる。住む所も与えてくれる。嵐から守ってもくれる。でも……」
ジェイコブ「仲間として。」
ダニエル「現代ではポップカルチャーや……一緒に出かける友達がいつも身近にいて、一緒に面白いことをする時、すごくいい思い出になる。親とは違う。」
ジェイコブ「親はいつも一緒にいれる訳じゃないけど、友達はいつも一緒にいるから。」
ジム「だから……もし同じことをしないと孤立した感じがする。」

（アメリカ、17－19歳、男性、高校生グループ）

このように社会・経済的状況や親の教育的方針などから携帯電話やスマートフォンの利用に制約を受ける若者たちは、パソコンからFacebookやSkypeなど無料のサービスにアクセスし、友達と絶え間なくつながろうとしている。

2　ソーシャルメディアとつながり——日本の文脈から

若者たちに見られる「絶え間ないつながり」は、携帯電話やソーシャルメディアが日常生活に入り込んだ社会において普遍的な現象と捉えられている。中でもソーシャルメディアは、現代の若者にとって欠かせないものとなっている。しかしこのような絶え間ないつながりについての普遍的な現象は、異なる文化に住む若者たちにとって同じ社会的欲求から引き起こされているのだろうか？[2]

ここでは日本の若者に注目したいと思う。なぜ日本人の若者たちはソーシャルメディアを用いて、絶え間ないつながりを求めるのだろうか？　日本人の対人コミュニケーションを捉えるために日本人論におけるエミック概念（文化的に特殊なローカルな概念）や「高コンテクスト文化／低コンテクスト文化」などの概念を用いて考察していく。

2-1　ソーシャルメディアとウチ、空気

ウチ

社会人類学者である中根千枝（1967）は、イギリスの構造機能主義の見地から、日本文化と人びとを日本のエミック概念を用いることによって分析している。中根は日本社会を分析してきた2つの方法について言及し、両方とも好ましくないと述べている。第1は西欧の概念を日本社会に適用し説明している点について。第2は日本の現象に特殊なものをさがす傾向がある点についてである。中根はこれら2つのアプローチが、両方とも西欧のモノサシを使っているために、日本社会の現実を捉えそこなっていると主張する。そして中国やインド社会との比較から、日本社会の構造を見出す試みをし、ウチとヨソの概念、タテの構造などを提示している。中根を含め日本人論の研究者たちは厳しく批判されている[3]一方で、日本におけるこれまでの筆者のフィールドワークから「ウチ」の概念は日本社会や文化の多様な局面を理解するために有効と思われる（Takahashi 2003, 2009）。そのため本書では中根が明治以降日本の近代化の過程において変わらないものとして提示した「ウチ」の概念を現代社会の中で再文脈化していく[4]。

中根（1967）は日本社会において職種や属性のような個人の「資格」よりも会社や大学のような枠である「場」が強調されていることを指摘している。

同質性を有せざるものが場によって集団を構成する場合は、その原初形態は単なる群れであり、寄り合い世帯で、それ自体社会集団構成の要件をもたないものである。

これが社会集団となるためには、強力な恒久的な絆——たとえば居住あるいは（そして）経済的要素による「家」とか「部落」とか、企業組織・官僚組織などという外的な条件——を必要とする。そしてさらに、この枠をいっそう強化させ、集団としての機能をより強くするために、理論的にも経験的にも二つの方法がある。

一つはこの枠内の成員に一体感をもたせる働きかけであり、もう一つは集団内の個々人を結ぶ内部組織を生成させ、それを強化することである。（p. 36）

中根によると、日本社会では資格の差異を越えウチの同質性を保つために「直接接触的（tangible）」で「感情的《エモーショナル》なアプローチ」がとられる。「絶えざる人間接触」によって、行動、思想、考え方など一体感を高めるために、あらゆる場面に集団の力が侵入し公私の区別があいまいになる。そして、接触の長さが個人の「社会資本」となり「日本人にとっては、『ウチ』がすべての世界となってしまう」（p. 50）のである。中根は言う。

なぜならば、場によって個人が所属するとなると、現実的に個人は一つの集団にしか所属出来ないことになる。その場を離れれば、同時に、その集団外に出てしまうわけであり、個人は同時に二つ以上の場に自己をおくことは不可能である。（p. 67）

このようにして日本人の社会集団は個人に全面参加を要求し、所属集団はただ1つとなると指摘する。もし場の共有と直接的コミュニケーションを通してウチの内部構造が創出するならば、中根が提示した「ウチ」の概念は、グローバル化やデジタル革命によってどのように変化したのだろうか？

現代では、ウチの構造は場における対面的相互作用ばかりではなく、バーチャル空間での絶え間ないソーシャルメディアを通した相互作用を通じて再創造されている。携帯電話やスマートフォンによって常時アクセス可能となったソーシャルメディアは、若者が時空を越えて「脱埋め込み」をし、バーチャルな空間で相互に結びつくことを可能にしている。若者たちは自分が現在埋め込まれている「ロケール（場）」から幾度となく脱埋め込みと再埋め込み（Giddens 1990）を繰り返し、現実世界とヴァーチャルな世界を行ったり来たりすることによって、複数のウチを維持しているのである。ソーシャルメディアによって創発するウチは、若者たちに家族や友達との親密性を与えている。しかしながら同時に、ウチを維持し、強化するためには、忠誠心とコミットメントが要求されるのである。

日本人の人間関係を理解するためのもう一つの重要なエミック概念として、「空気」の概念がある（本書第1章）。伊藤陽一（2010）は空気概念を次のように定義している。

「空気」は具体的な「場」あるいは「状況」のもとで「発生する」。すなわち、「空気」とは、自分は今、この状況のなかで、どのように振舞うべきか、特定の問題や争点に関してどのような判断をして、どのような発言をすべきか、といったことに対して働く圧力なのである。（p. 102）

以下ではウチと空気の2つの概念を用いて、かつて若者たちの間で最も人気のあった日本のソーシャルメディアであるmixiを例にとり、若者たちの「ソーシャルメディア疲れ」について詳しく考察していきたいと思う（Takahashi 2010; 高橋 2009）。

ブログが匿名性を保持できるのに対して、mixi上では、現実社会と同一の社会空間が構築されており、多くの人びとにとってもはや匿名性を保持することが出来ない空間であった。異なるウチの仲間をマイミク（自分のページを読める友人）として登録し増やし過ぎた結果、だれもが受け入れることのできることしか書けなくなってしまい、「mixi 疲れ」と呼ばれる心理的問題が生じた。伝統的なウチの中では、内部の同質性を保つために意見や信念、価値観や思想などが共有されていなければならない。しかし、ウチの閉鎖性が溶かされたことによって、mixi 上に1つの「想像の共同体」が創発し、どのウチの空気にも合うような日本社会の規範に応化しなければならなかった。mixi 上において若者は自己を表現するよりもむしろ、他者との結びつきの欲求などから、日記に日々の出来事（何を食べたかや今日何をしていたかなど）や感情（寂しさ、幸せ、退屈など）を吐露していた。ゆうさくも mixi 疲れを感じている一人であった。

ゆうさく「きょうは桜が満開だったとか。そんなどうでもいいこととか。桜きれいだなあとか。桜の写真載せたりとか、そういうのですよ。……ほんとはやめたいんですけどね。やめたらやめたで、また、みんな、結構やっているじゃないですか。それから、また、輪から外れちゃったりするんで。みんな一斉に mixi をやめてくれれば、僕もやめられるんですけど。みんなやっちゃってるんで。」

筆者「ああ、なるほど。」

ゆうさく「ケータイもみんなやらなきゃ、別にいいじゃないですか。みんなやってるから、おれもメールしなきゃいけないし、電話持たなきゃいけない。それと一緒じゃないですか。」

筆者「輪から外れる恐怖っていうのがあるのかしら？」

ゆうさく「そうですね。その勇気もないんで。」

（ゆうさく、日本、19歳、男性、大学生）

伝統的なウチの中で同質性を保つため、他者と同じ顔を見せていた若者たちは、現代社会において異なる複数のウチに属し、各々のウチに合わせて異なる顔を演じわけてきた。しかしmixiによってウチの壁が透明化し、演じ分けていた複数の顔が可視化されることを恐れ、異なるウチ（家族、以前通っていた学校や現在の学校、ローカル・コミュニティ、アルバイトの仲間、クラブや同好会など）が統合されればされるほど、若者は顔を失い、声を失った。若者たちはmixi上にオンラインの相互作用を通じて再構築された「想像の共同体」の中で自己主張をすることによって孤立、疎外されることに恐れを感じていた。

その後、mixiはマイミクをそれぞれのウチに合わせてグループ化出来るようにアフォーダンスを変えた。しかし若者たちは、ＬＩＮＥへ移行し、それぞれ閉じたコミュニケーション空間の中でウチを再構築し、各々のウチに応じたコミュニケーションをするようになった。ＬＩＮＥ上に数多く作られたグループの中には、単なる「群れ」で終わるものもあれば、感情の共有と絶え間ないつながりによって「ウチ」が創発する場合もある。ウチの中では、同調の空気が強化され、即座に「空気」を読まなければいけない。特に、ＬＩＮＥが提示する既読機能（読んだか否か知らせる）によって、すぐに返信をしなければいけないという、新たなプレッシャーが与えられ、「ＬＩＮＥ疲れ」を引き起こしている。日本生まれのＬＩＮＥのアフォーダンスは、「空気」や「ウチ」など日本の社会的規範を再構築し、強化しているのである。

一方、アメリカ生まれのTwitterでは、1対多のオープンなコミュニケーション空間の中で多様な人びととつながることが出来る。木村（2012）は、Twitterはケータイメールやmixiのようにすぐに返信する義務がなく、140字という限られた文字数は、「空気をよむ圧力が強い日本社会では、気遣う余地がないメディアであるとの認識は、ケータイメールと対比されることでプラスに働く」（p. 206）と述べている。また、津田大介（2009）は日本でのTwitter人気の理由の1つとして「『ゆるい』つながりと空気感」（p. 40）をあげている。次の節では、アメリカ生まれのTwitterと日本のＬＩＮＥについて、日本の文化的コンテクストとコミュニケーションの特徴から考察していきたいと思う。

2－2　ソーシャルメディアと高コンテクスト文化／低コンテクスト文化

高コンテクスト文化と低コンテクスト文化

１９７０年代にアメリカの文化人類学者エドワード・ホール（Hall 1976）は「高コンテクスト文化」と「低コンテクスト文化」の概念を提示した。この概念はインターネットや携帯電話が普及する以前に提示されたにも関わらず、現在でも異文化コミュニケーションや社会言語学、ビジネスなど多くの分野で言及されている。コミュニケーション研究の分野において、トーマス・スタインファット（Steinfatt 2009, pp. 278-279）は以下のようにまとめている。

高コンテクスト文化では、メッセージによって意図される内容は状況に大きく依存する。話し手の関係や信念や価値観、文化的規範によって規定される。〔…〕高テクスト文化は通常、率直さや直接さではなく、相手の感情を害することを避けるために、丁寧さや非言語的コミュニケーション、非直接的なフレーズが好まれる。個人よりも集団を強調し、集団に依存することが奨励される傾向がある。会話におけるメッセージは、多様な解釈が可能なあいまいなものである。〔…〕一方、低コンテクスト文化では、メッセージは意味を明快に表現するために注意深く選ばれる。〔…〕低コンテクスト文化では、集団よりも個人に高い価値が置かれがちである。

アメリカは低コンテクスト文化であり、その対極の最も高コンテクストに位置するのが日本、イギリスはその中間に位置すると言われている。以下ではこの概念を用いて、Twitter 上でのトラブルとＬＩＮＥの人気について、日本の文化的コンテクストの中で考察していく。

Twitterと高コンテクスト文化

低コンテクスト文化の代表であるアメリカ生まれのTwitterは、高コンテクスト文化の日本では、文化的コンテクストとコミュニケーションの違いから、思わぬトラブルを引き起こすことがある。19歳の大学生けんたは、フォロワーが1000人以上いるが、Twitter上で思ったことをつぶやいて、炎上した経験が幾度かある。コンテクストを共有できない、不特定多数の読み手の解釈によって、メッセージが批判され、炎上することがあると説明してくれた。

インターネットでは、年齢や学生／社会人などという立場などを超えた直接的なコミュニケーションが可能となる。Facebookが登場する以前は、日本におけるオンラインコミュニケーションの大半は匿名で行われていた。しかしFacebook登場以来、インターネット上でも、実名やステータスを出して、コミュニケーションが行われるようになった。コンテクストに大きく依存し、年齢やステータスなど、話し手の関係が重視される日本の社会では、若者がダイレクトな表現で自分の意見をいうことに対して、丁寧さが欠けると憤慨し、批判をする大人や専門家もいる。なぜなら、高コンテクスト文化では、相手の感情を害さないように、丁寧さや非言語的コミュニケーション、非直接的な表現が好まれるからである。

また、自分のフォロワーしか読まないと思い、閉ざされたウチの中でのコミュニケーションと同じ感覚で、仲間ウチでの会話（例えば、飲酒やカンニング、無賃乗車、悪口など）を不用意にTwitterでつぶやいたことが、知らない人にリツイートされ、突然ソトの世界からの侵入者たちに批判され、炎上する場合がある。そして過去の発言などからインターネット上の他のソーシャルメディアで身元を特定され、時には退学や解雇など実社会において社会的制裁を受けることもあるのである。[5]

Twitterと空気

低コンテクスト文化で生まれたTwitterは空気を読む必要がないことから、「mixi疲れ」を感じ始めた日本の若者たちの間で人気になった。しかしながら高コンテクスト文化における日本人のコミュニケーションにおいて、Twitterも例外とはならなかった。Twitter上であっても他のソーシャルメディア同様に空気を読むことが期待され、仲間ウチを強化するために使われている（本書第4章）。

ふじこ　「SNS疲れじゃないですけど、Twitterだと呟いた内容とか日本人はすごい気にしてるっていうか。『そういえばこの間こういうこと言ってたよね』とか全部知ってて、怖いなって思って。」

さきこ　「そうなんです。だから気にしちゃいますね。自分はあんまり差し障りのないことしか呟けなくて。」

筆者　「Twitterは空気を読まなくていいから始めたはずなのに、結局Twitterでも発言するときは空気読まないといけないし、友達のTwitterはチェックしないといけないっていうこと?」

ふじこ　「私の親友で結構Twitterで闇ツイート（後悔や不安など暗い気持ちを吐露するつぶやき）してる子がいて。『彼氏とうまくいかない』とか看護の専門学校行ってて『ほんと実習つらい』とか言って『やだ、もうほんと死にたい』とか。『え、大丈夫?』ってLINEで心配してあげないと……」

さきこ　「他の友達と遊んだっていうのをTwitterとかFacebookに載っけたいねって話はよくするんですけど、例えば誕生日会をしたとか。でもこの6人くらいでいつも遊ぶんですけど、その中に入ってはないけど結構仲良い子とかいると、その子が見てるとどう思うのかなって思うと……自分だったら嫌だなって。しかもみんな結構きっちり見てるから。だから多分そこだけ見ないとかないと思うし、何も言ってこないと思うんですけど、内心傷つくのかなって思うと、『今日のことはなかったことにしよう』って何も言わなかったりとか……」

（ふじこ、21歳、さきこ、20歳、日本、女性、大学生）

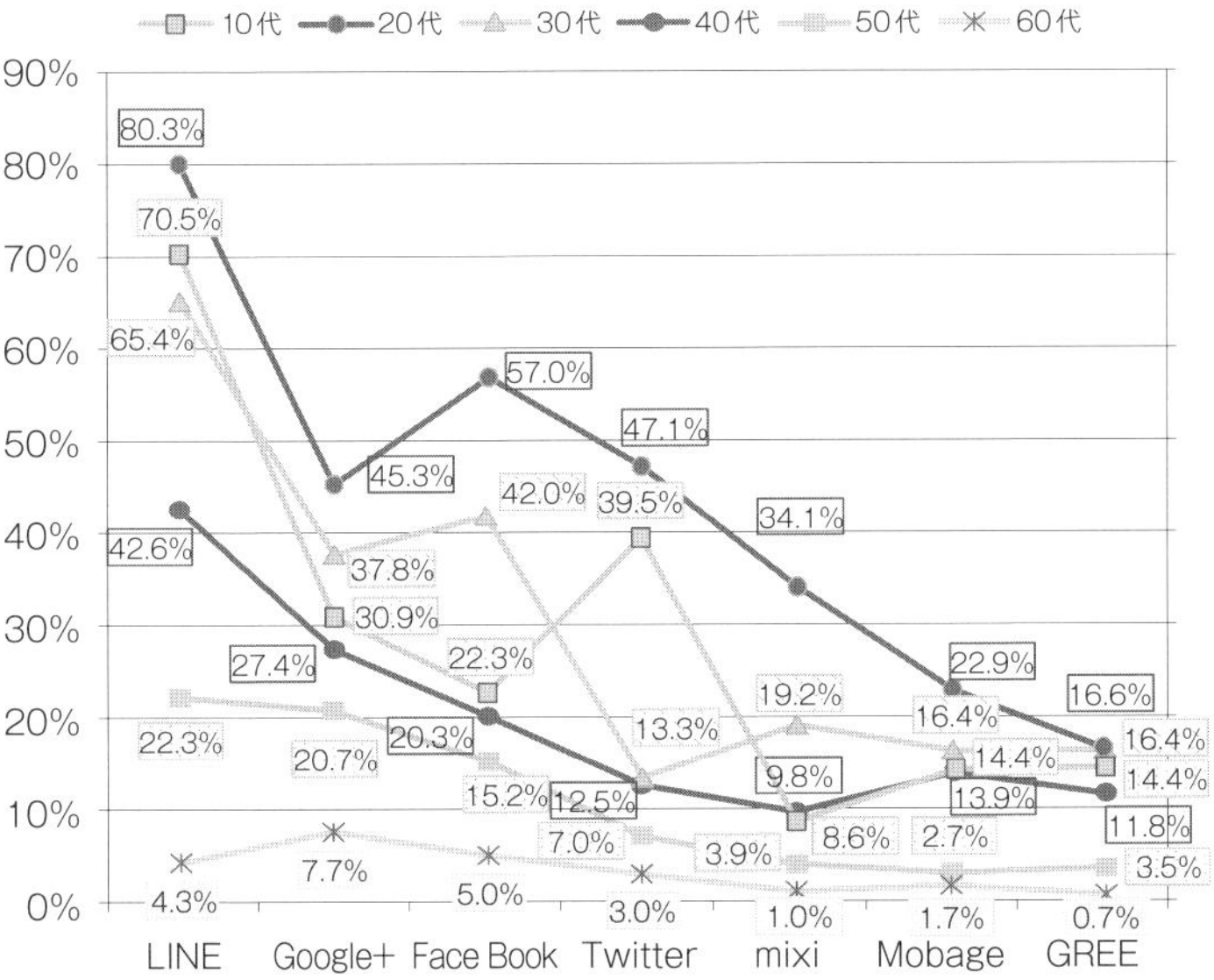

図 3-1 ソーシャルメディアの利用率
（総務省, 2014 より）

現代日本の若者たちは複数のウチに所属しており、またソーシャルメディアによってそれぞれのウチが可視化されている。そのため、低コンテクスト文化で生まれ、本来空気を読まなくていいはずのTwitterでも、高コンテクスト文化である日本で利用する場合、空気を読まなければいけなくなるのである。

LINE人気の3つの理由

現在日本で最も人気のあるソーシャルメディアはLINEであり、10代では7割、20代では8割が利用している（総務省 2014）（図3－1参照）。

LINEは親しい人との連絡や結びつきの強化などのために利用されており、友達や家族のようなウチを強化する役割を果たしている。閉じたコミュニケーション空間の中での絶え間ない接触とスタンプを交えた感情の共有によって親密性を強化している。複数のウチをマネジメントし、物理的空間を越えて社会資本を保つことが出来る。LINEでは、家族や親友など数名から10人程度の小さな親密なグループと、サークルやアルバイト、学年など所属集団による大きなグループなど、親密さや規模の異なる多数の異なるグループに同時に所属している。日常的にやり取りをする友人は、２〜３人が最も多く、５人までが74・１％である。[6] ＬＩＮＥでは１対１のコミュニケーション同様、それぞれ異なる集団内相互作用をリアルタイムのグループチャットのように行なうことを可能にしている。

　ＬＩＮＥの人気には３つの理由が考えられる。第１に無料、第２に閉じたコミュニケーション空間、第３にスタンプによる感情の共有。ＬＩＮＥは電話回線ではなく、Skype のようにインターネット回線を使用しているため、メッセージの送信や通話などすべて無料で利用できる。そしてＬＩＮＥのアフォーダンスの特徴から異なるレベルのウチを作り、絶え間なくウチの中でのコミュニケーションを行うことができる。Twitter のようにソトからの突然の侵入や攻撃を受けないため、閉じたコミュニケーション空間の中で安心感を得ている。

　筆者が２０００年から日本人の若者たちに行ったフィールドワークで、絵文字やデコメ、スタンプなどを交えて（時にはイメージのみで）、メッセージを頻繁に送り合うモバイル・コミュニケーションが多く見られた。もし絵文字やイメージがなく文字のみでメッセージを受け取るならば、友達が怒っているのではないかと心配したり、逆にメッセージを受け取る相手（自分）に対する配慮や愛情が足りないと怒ったりしていた。このようなコミュニケーションでは高コンテクスト文化に特徴的な曖昧さや多様な解釈を残し、短い文字では表せないイメージによる些細な表現や感情の共有を大切にしているように思われる。

　ＬＩＮＥ上では、即座に交換される短いメッセージにもかかわらず、メッセージや絵文字、スタンプを用いて、相手に対する気遣いや思いやりを伝え、その瞬間瞬間の感情を共有している。既読機能があるため、返信のプレッシャーを感じ、感情の共有を可能にするスタンプだけなどを送るなど、会話よりむしろつながりを求めているように見られる。しかしながら、短い即座のメッセージにもかかわらず、相手に対する気遣いや思いやりを伝えるため、文字を強調したり、絵文字やスタンプを用いて、感情を伝えようとしている。

　19才、女子大学生あいのＬＩＮＥによるスタンプ・コミュニケーションの２つの例が示すように（写真３-１、

写真3-1　集団内相互作用：スタンプによる「感情的《エモーショナル》なアプローチ」

テキストや絵文字の後にさらにスタンプを送り、感情を共有している。

写真3-1の文脈は、ゆりかが他のメンバーに「ダンスの発表会があるからこれから頑張る」というメッセージを送る。りさは、まずミニーマウスのスタンプを送り、「いいね。いいね」という気持ちを伝える。そして、その後に、「ゆりからぴゅ♡（ユリカ、ラブ。ハート）」とメッセージを送る。さきは、「がんばってててて！！！（連打、強調）」とメッセージを送り、ケンタッキーのスタンプを添えて、キラキラしたイメージを伝える。ケンタッキーのスタンプは、実際のスタンプの意味合いとは異なる形でイメージを流用している。

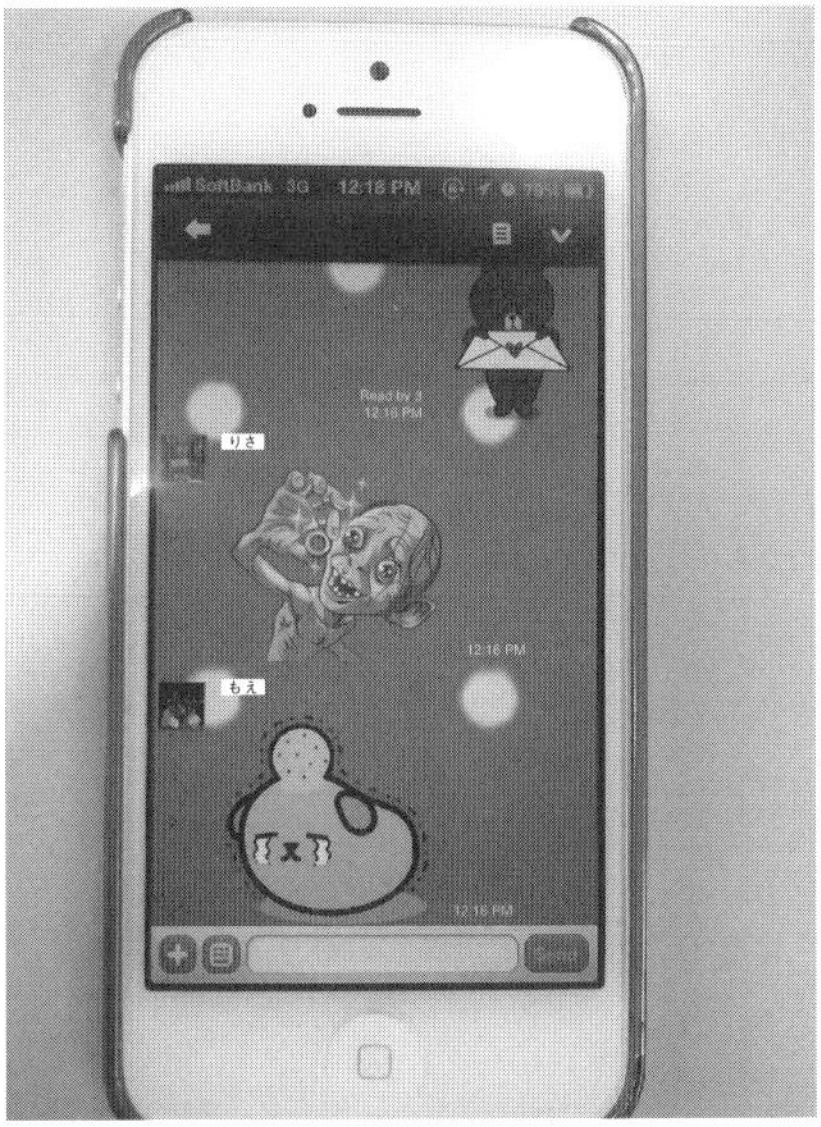

写真3-2　集団内相互作用2：スタンプによる同時コミュニケーション（19才女子大学生あいのスマートフォン）

写真3-2が示しているLINE上でのコミュニケーションにおけるコンテクストは、メッセージの絶え間ないやり取りによって、授業中に携帯電話がバイブし続けたことから、友達の一人が「うるさい！」とメッセージを送った。それに対して、スマートフォンの持ち主であるあいが「ごめんね。ごめんね。」とメッセージを送るとともに、「許してね」という気持ちを手紙に託したくまのスタンプを送った（写真の一番右上）。それに対して、先の友だちが映画『ロード・オブ・ザ・リング』に登場するホビットのスタンプを送り、「OK！」という非言語的コミュニケーションを用いて、「大丈夫、許すよ」という気持ちを伝える。そして別の友達もスタンプにより怒られて、悲しい気持ちを表している。これらのメッセージはすべて授業終了後の12時16分にほぼ同時に送信されている。

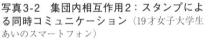

3-2）、LINEでは、コンテクストを共有し、限られた短い言葉では言い表せない些細な表現を、絵文字やスタンプなどイメージによる非言語的で、非直接的なコミュニケーションを用いて表している。そしてグループごとに、閉じたコミュニケーション空間の中で、リアルタイムな集団内相互作用を行なっている。日本の文化的な文脈において、密な集団内相互作用による頻繁なつながりと、「カワイイ」文化[7]に代表されるような、コンフリクトを避けた価値の共有により、仲間ウチの中で、感情の共有を大切にしているように思われる。

先のけんたは、Twitterを利用して情報発信を行い、その時々で、目的にあった多様な人とつながる一方、LINEを利用して閉じたウチの中で友人たちとの親密性を強化していた。

けんた「自分の悲しい気持ちを表すのにも、哀しいとか悲しいとか日本語にはいろいろな表現があるから。文章で的確な表現を考えるよりも、悲しそうな表情をしているいろいろなスタンプの中から、現在の自分の複雑な気持に最もあったスタンプを選んで、相手に自分の感情をわかってほしい。それに嬉しい気持ちを表すにも『ヤッター』と言葉で書くよりも、バンザイをしているキャラクターの方が、より感情が伝わりやすいし。」

（けんた、日本、19歳、男性、大学生）

このように現代の日本社会において若者たちは、FacebookやTwitterで同じ趣味やファンの人や海外の人などソトの世界とつながると同時に、LINEによって親密な複数のウチを維持するなど、複数の異なるソーシャルメディアをマネジメントしている（本書第6章）。

3　モバイル・メディアの機会とリスク

3-1　存在論的安心

最後に、モバイル・メディアの社会的な役割について考察したいと思う。「あなたにとって携帯電話やスマートフォンとは何ですか?」という質問をすると、「みんなが持っている」ため、「つながり」のために自分だけ持たないことは考えられないという。

はるこ「ケータイとは……自分の一部。なかったら、世間とつながらなくなるし、友達ともつながらなくなるし……みんながなくなるんだったらなくてもかまわないけど、みんなが持っているのになくなるのは不安になります。」

（はるこ、日本、19歳、女性、大学生）

ピーター「みんながすべてのものにアクセスできるスマートフォンを持っているから、スマートフォンがなくなるなんて想像できない。自分が持たないで他のみんなが持っているなんて想像できない。」

（ピーター、イギリス、23歳、男性、会社員、中産階級）

ではなぜ、みんなが携帯電話やスマートフォンを持っているのだろうか? 先に述べたように現代の若者が携帯電話を最初に所有する理由として、いつでも子供と連絡を取れるように、親が安心や安全のために持たせていることが多い。そのため若者たちも携帯電話やスマートフォンは、家族や友達といつでもつながることを可能にすることから、持っていること自体に「安心」を感じるという。

ジャスミン「すごく大事。家に置いてきたら取りに帰る。ケータイが無いと裸になっているみたい。正直言って私の右腕。」

（ジャスミン、イギリス、21歳、女性、大学生、アフロカリビアン系、労働者階級）

キャサリン「ケータイなしじゃ生きていけない。いつもケータイを持ってる。安心だから。何かあったら、いつでもケータイに頼れるから。」

（キャサリン、アメリカ、19歳、女性、大学生、イギリス系）

ジミー「いつでも一人じゃない。連絡を取れる人が誰もいないのは良くないことだから。いつもサポートシステムが必要なんだ。ケータイはサポートシステムを提供する。」

（ジミー、アメリカ、19歳、男性、大学生、アフリカ系）

若者たちは携帯電話やスマートフォンを「安心や安全のために必要」と答え、持っているだけで安心するという。しかしこのような強い心理的関与は、同時に依存を引き起こしている。

しげお「ないと世界から離された気分になる。つながりを切りたくない。」

しげお「携帯はとても大切で、無くなったら生きていけないと思います。」（しげお、日本、19歳、男性、大学生）

ともこ「無くなったら生きていけないと思います。」（ともこ、日本、19歳、女性、大学生）

なぜ携帯電話やスマートフォンがないと生きていけないのだろうか？　その答えは、デジタル社会において、モバイル・メディアが「存在論的安心」の役割を果たしているからではないだろうか。存在論的安心とは安心感の一形態である。ギデンズによると、「この存在の本質に関する安心とは、ほとんどの人が、自己のアイデンティティの連続性にたいして、また、行為を取り囲む社会的物質的環境の安定性に対していだく確信」のことである（Giddens 1990, p. 92 邦訳 p. 116より）。メディア研究においてテレビが果たす社会的役割の1つとして存在論的安心が考察されてきたが[8]、デジタル時代においては、携帯電話やスマートフォンが若者たちにとって存在論的安心を与える重要なメディアとなっているのである。

3-2　トランスナショナルなつながり

グローバル化に伴って、親の転勤のために幼少期を海外で送る若者たちが増えている。このような体験は子供たちにとって、時にアイデンティティの断絶による葛藤を与えてきた。しかし現代では、ソーシャルメディアによる時空を超えたつながりが、彼らのアイデンティティに連続性をもたらしている。例えば、子供のときシドニーで6年間過ごし、シドニーの日本人学校に通っていたとおるは、ソーシャルメディアで世界中に散らばっている友達と再びつながっている。ソーシャルメディアを使う前はシドニー時代の友人や経験は現在の日常生活とは切り離されたものであった。

とおる「オーストラリアに6年間住んでいたので、そのときに日本人学校で一緒だった友達とかはmixiでまた再会して。mixiがきっかけで連絡とるようになって〔…〕同窓会をやりました。」

（とおる、日本、19歳、男性、大学生）

とおるはソーシャルメディアによって、シドニー時代の友人たちと日常生活においてコミュニケーションを行い、情緒的きずなを維持している。

「日本人学校のやつらは、ちょっと遠いけれども、逆に近いというか、何かちょっと特別な関係なんですよね。本当にみんなの偶然が重なって、オーストラリアで集まって、いまだにつながりをずっと持っているから〔…〕高校時代とかは埼玉県と、そういうエリアじゃないですか。〔…〕日本人学校の友達は全国に散らばっているわけです。けれども、mixiの中では1つの共同体というか、それでつながっているというか。〔…〕だから、この上に浮いている感じですかね。（現在自分が所属している複数のウチのマップ（付録参照）を指さし、他のウチと同じ平面上ではなく、立体的だということを強調して）〔…〕気持ちの意味での距離は変わらないんだけれども、特別なきずなというか、そういう特別の何かでつながっている感じです。」

このようにとおるは途切れてしまったアイデンティティに継続性が与えられることによって、存在論的安心を得ている。

また、ロシアからアメリカに家族で移住してきた女子高校生は、友達も、他国へ移住してバラバラになってしまったという。そのためもはや物理的な「場所」に一緒にいることはできないが、モバイル・メディアのおかげで同じ「空間」にいつも一緒にいることができると言う。

ケイト「ケータイとはコミュニケーションに不可欠な物。友達が皆、遠いところに行ってしまったから。1つの場所にずっと一緒にいられるわけじゃないけど、1つの空間にはずっと一緒にいられるから。私はアメリカに移住したし、友達もみんな移住した。だから皆と連絡を取り続けるのは、必要不可欠だと思う。たくさんの良い友達を失いたくないから。」

著者「必要な物なのね。ケータイ無しでは生きていけないと思う?」

ケイト「うん、思う。モバイルメディアを持っていないと〔…〕選択の余地はない。知らなかったら無くてもいられたと思うけど、知ってしまったらケータイの中に吸い込まれていく……」

（ケイト、アメリカ、16歳、女性、高校生、ロシア系）

携帯電話やスマートフォン、ソーシャルメディアは、海外転勤や移住、留学、あるいは日常生活において家族や友達と離れている時、つながりのための道具として必要不可欠なものである。若者たちは、モバイル・メディアを肌身離さず持ち、親や友達など日常的に大切な人と絶えずつながったり、時空を超えてアイデンティティに継続性を持ったりすることにより、存在論的安心を得ているのである。

3-3　絶え間ないつながりによる新たな機会とリスク

若者たちは携帯電話やスマートフォンを「空気」や「心臓」、「体の一部」、「想像上の友人」、「お母さん」などと表現し、自分にとっていかに重要なものか語ってくれた。同様にスマートフォンによって常時アクセスが可能となったソーシャルメディアも、彼女たちにとってもはやなくてはならないものとなっている。アメリカの女子大学生はFacebookの重要性について次のように語る。

デビー「Facebookは友達とのコミュニケーションの1つの方法だと思う。例えばママは大学や高校時代の友達をもう見つけることは出来ないけど、私たちはFacebook上にいつもいるから、永遠に連絡を取り合うことが出来る。〔…〕Facebookの最大の利点はずっと友達でいたいと思う人を失わないこと。」

（デビー、アメリカ、19歳、女性、大学生、コケージョン）

現代の若者が異なるソーシャルメディアを利用して、時空を越えてつながることによって新たな機会を得ている一方で、新たなリスクも生んでいる。アメリカの精神科医シェリー・タークルは、モバイルコミュニケーションが与える精神的影響について批判的見解を提示して話題を集めた。絶え間ないつながりへの期待とともに育った最初の世代である10代の若者は、「（絵文字を濫用し、意見より即座の返信を期待しがちな）デジタル化された友情」（Turkle 2011, p. 17）によって、新たな不安を抱えているというのである。

彼らは一日中つながっている。しかしながら対話（communicate）をしているのかどうかは定かではない。〔…〕つながりに対する期待はだんだんうすれ、ついにはロボットとの友情だけで十分だというような考えを受け入れるようになる。（P. 17）

タークルは、若者たちは「対話」ではなく単なる「つながり」を求めており、つながらないことに対する新たな不安を抱えていると警鐘を鳴らしている。ソーシャルメディアへの依存のリスクはアメリカばかりではない。日本においてもＬＩＮＥの既読機能が「感情的《エモーショナル》なアプローチ」と「絶えざる人間接触」を加速させ、「ＬＩＮＥ疲れ」や依存など新たなリスクを生じさせている（本書第５章）。

このようにソーシャルメディアは、つながりや親密性の強化、ネットワークの構築など新たな機会を生んでいる一方で、依存や中毒など新たなリスクも生んでいる。そのためデジタルネイティブと呼ばれる若者であっても、機会を最大に享受し、リスクを最小にするためには、新たなデジタルリテラシー教育が必要とされよう。この点については、以下の章で詳しく述べたいと思う。

4　なぜ若者は絶え間ないつながりを求めるのか？

携帯電話によるモバイルコミュニケーションは、「ユビキタスで永続的なつながり（ubiquitous and permanent connectivity）」（Castel et al. 2007, p. 248）を可能にしている。この章では、日本、アメリカ、イギリスで行ったインタビューから「つながり」の様子について見てきた。いずれの国においても、若者はスマートフォンやソーシャルメディアとの絶え間ないエンゲージメントを行い、「いつもオン」という状況が観察された。

最後に「なぜ若者は絶えずつながりたがるのだろうか？」という問いについて考察したいと思う。この問いの答えとして、社会的行為者（social actor）である人間としての普遍的なコミュニケーションに対する欲求があげられるだろう。では、どういう社会的要因によって「絶え間ないつながり」という強いコミュニケーション欲求が生成されるのだろうか？　現代社会を生きる若者に関して次の３つの社会的要因が考えられる。第１に社会規範への適応、第２に仲間ウチの強化と相互依存による自己の存在証明、第３に若者文化の創造。

まず、第１の要因として、若者たちが所属する社会に対する適応から説明したいと思う。これまで考察してきた通り、集団主義や高コンテクスト文化、ウチ、空気などは、日本社会における社会規範を理解するために依然として有効な概念であろう。高コンテクスト文化である日本の若者たちは、ＬＩＮＥを用いて、異なるウチに応じた複数の閉じた空間を作り、スタンプを用いた非言語的コミュニケーションを多用し、既読機能によって、絶えず空気を読みながら絶え間ないつながりを保つことによって、社会規範に応化し、社会資本を得ている。一方、低コンテクスト文化であり、個人主義社会であるアメリカでは、明示的なコミュニケーションによって、文化や言語、宗教の違いを越えて、「個人中心のネットワーク」（Castel et al. 2007）を築くことが大切とされている。異なる文化的背景を持ったアメリカの若者たちは、社会規範に応化し、Twitter や Facebook によってそれぞれの日常生活を可視化し、絶え間なくつながることによって、人間関係の基礎となる信頼関係を構築し、社会資本を得ているのである。

第2に、一般に子供から大人に成長するライフコースにおける「社会化」の過程では、友達との強い相互依存の関係が考えられる。特に、デジタル化によって絶えずつながることが可能となった現代社会において、若者たちは、携帯電話やスマートフォンを利用して、学校や家庭など自分が埋め込まれている「場」から「脱－埋め込み」し、先生や親などのコントロールから自由になり、友達とつながっている。例えば、アメリカの若者たちは、家庭空間の中で、リビングで親と一緒に食事をするのではなく、自分の部屋でパソコンの前で友達とインターネットでつながりながら夕食を食べたり、親の言いつけに逆らってまで、インターネットで友達と絶えずつながっていたりしていた。日本の若者たちもまた、ＬＩＮＥなどソーシャルメディア上で友達と絶え間なくつながり、仲間ウチを強化していた。インタビューの中で若者たちは、自分にとっていかに仲間が大切であり、そのため仲間のためにどれほどコミットしているか、またお互いにどれほど気にかけているのかを語ってくれた。今日の変動の時代において、若者たちは友達と絶えずつながり、お互いに承認し合うことによって、自己の存在を証明していると考えられるのである（本書第6章）。

さらに、若者たちは、デジタル時代における多様な文化を流用することによって、参加型文化と呼ばれる若者文化を創造している。オンラインゲームやソーシャルメディア、リミックス、ボーカロイドなど、音楽や動画、ゲームやアニメなどのサブカルチャーを日常生活においてインターネット上で共有したり、共創したりしている。例えば、オンラインゲームでは、学校からそれぞれ帰宅するや否やゲーム上に再び集まり、仲間と協働してゲームを行うために「いつもオン」の状態が促進されているのである（本書第4章、第5章）。

このようにデジタル時代を生きる若者たちは、スマートフォンやソーシャルメディアを介した相互作用を通じて、日常生活における他者との絶え間ないつながりを保ち、相互依存しながら、自己アイデンティティや社会集団、若者文化を再帰的に創造／再創造しているのである。次のところでは、グローバル化とデジタル化における新たな機会を最大限に享受するためにデジタルリテラシーについて考察していこう。

■注

［1］1ポンド＝約184円（2015年10月19日現在）

［2］ニック・コードレイ（Couldry 2012）はメディア消費を社会的欲求とともに考察することの重要性について述べている。

社会的欲求は一般的な社会的コンタクトに対する欲求のことであり、メディア生産や消費を形作っている。〔…〕今日の携帯電話に基づいた若者文化は大変興味深い。しかしながら、それらは絶えずローカルなダイナミクスとともに理解されなければならないのである。（p. 175）

［3］日本人論はこれまで多くの批判を受け、その知見の妥当性を疑問視されてきた。日本人論に投げかけられた主な批判は次の3点にまとめられる。第1の批判はアメリカとの経済関係によって日本文化の評価がプラスになったりマ

イナスになったりしていることから研究の妥当性に対する批判（例えばSugimoto 1997）である。第２に多様性を理解する試みよりむしろ同質なものとして日本文化や日本人を仮定している点（Sugimoto 1997）があげられる。そして第３に日本の「独自性」を強調しながら、ナショナリズムの精神を高め、政治的に動機付けられていることから、その妥当性が疑われているのである（ベフ 1997）。日本のエミック概念の妥当性の検討については、Takahashi（2003, 2009）を参照のこと。

[4] 中根（1967）によって構造機能主義のパラダイムで発展された「ウチ」の概念を自己組織性に注目し、複雑系のパラダイムに転換している（詳細はTakahashi 2009を参照）。

[5] インタビューをしたアメリカやイギリスの若者たちはTwitterよりもFacebook上に印象管理のために投稿した飲酒やパーティの写真などによって退学などの処分を受けている（第５章参照）。

[6] インプレスR＆D「ＬＩＮＥ利用動向調査報告書２０１３」www.impressrd.jp/news/121127/LINE（アクセス：２０１５年８月29日）

[7] 横幹〈知の統合〉シリーズ編集委員会（2016）、櫻井（2009）、四方田（2006）など。

[8] シルバーストーン（Silverstone 1999）はギデンズの「存在論的安心」に関する議論を用いて、制度への信頼と日常生活の継続に対する信頼の構築と維持に関して、テレビが果たしている重要な役割について指摘している。

第4章　デジタルリテラシー

――新たな機会を最大限に享受するためにはどうしたらいいか？

1　なぜ今デジタルリテラシーが必要なのか？

なぜ今デジタルリテラシーが必要なのか？　その理由は、デジタル時代、グローバル世界において、私たちが恩恵を受けることのできる新たな機会を最大に享受するためである。ユネスコをはじめ世界各国は、グローバル社会を生きるために必要な力として、デジタルリテラシー教育を奨励している。日本でもグローバル人材に必要な能力の1つとして重複する要素のあるメディアリテラシーがあげられている[1]。

しかしデジタルリテラシーと一言で言っても、その定義は様々であり非常にわかりにくい。単にパソコンやスマートフォンが使えればいいのだろうか？　プログラミングができないとだめなのだろうか？　そもそもメディアリテラシーとは一体何であろうか。ここからはデジタルリテラシーの類義語である、メディアリテラシーという概念を探る。

２０００年６月、濱田純一氏を座長とする「放送分野における青少年とメディアリテラシーに関する調査研究会」（総務省 2000）は、メディアリテラシーを「メディア社会における生きる力」としている。

メディアリテラシーとは、メディアとの関わりが不可欠なメディア社会における「生きる力」であり、多様な価値観を持つ人々から成り立つ民主社会を健全に発展させるために不可欠なものである。(p. 2)

ここでのキーワードは、次の３つであろう。「メディア社会における『生きる力』」、「多様な価値観」、「健全な民主社会」。本章ではまず第１のキーワードを今日の急速なデジタル化に対応させて「デジタル社会における生きる力」と置き換えた上で、デジタルリテラシーの暫定的な定義として出発していこう。

１－１　メディアリテラシーが語られる社会的文脈

メディアリテラシーという言葉については、長年論争が続けられ、世界各地で多様な定義が与えられてきた。そのため英語圏では、１つのメディアリテラシーで捉えることは不可能であり、単数形の「literacy」ではなく、複数形の「literacies」ではないか、という議論が行われてきた。メディアリテラシーにまつわる複雑性は、メディアリテラシーという言葉やメディア教育が必要とされた時代や社会・文化的な文脈、研究対象としているメディア[2]や研究潮流[3]に由来している。

例えば、イギリスでは、20世紀初頭、大衆文化に対する危惧から、批判的な思考を子供に身につけさせるためにメディア教育が必要とされた。一方、カナダでは、アメリカのテレビの影響力の強さから、カナダの文化的アイデンティティを守るためにメディアリテラシーの必要性が言われた。またアメリカでは、70年代にテレビ全盛期においてテレビの暴力番組が子供に与える悪影響を懸念してメディア教育の必要性が言われた（菅谷 2000）。そして日本でも、地下鉄サリン事件などメディア報道に対する不信感からメディアリテラシーに関して本格的な取り組みが始まったのである（鈴木 1997）。

リテラシーという言葉は、「読み書き能力」を指すものとして知られているが、レイモンド・ウィリアムズ（Williams 1983）によると、かつては「読み書き能力」と「教養がある」の2つの意味を持っていた[4]。しかし、「読み書き」はできるが、文化資本が欠如し、「教養（literary）がない」人びとのことを指す「マスパブリック」が台頭してきた。そのためイギリスでは、文芸批評やカルチュラル・スタディズによる批判的解釈やメディア教育に関する議論が盛んになっていくのである。

このようにイギリス、カナダ、アメリカ、日本など、世界各国において、それぞれ異なる時代的背景・社会的要請に答える形で、「メディアリテラシー」は多様な定義を与えられてきたのである。次のところではメディアリテラシーに関する主な先行研究から定義について考察していこう。

1-2 デジタルリテラシーの定義

メディアリテラシー

鈴木みどり（1997）は、カナダの市民組織「メディアリテラシー協会（Association for Media Literacy ＝ＡＭＬ）[5]」とアメリカ、アスペン・インスティテュート「メディアリテラシー運動全米指導者会議[6]」による定義を参照して、メディアリテラシーを次のように定義している。

メディアリテラシーとは、市民がメディアを社会的文脈でクリティカルに分析し、評価し、メディアにアクセスし、多様な形態でコミュニケーションを創り出す力を指す。また、そのような力の獲得をめざす取り組みもメディア・リテラシーという。（p. 8）

ここでのキーワードは「クリティカル（分析・評価）」「アクセス」「コミュニケーションの創出」であろう。冒頭であげた「放送分野における青少年とメディアリテラシーに関する調査研究会」も、メディアリテラシーを、ほぼ同様の以下の３つを構成要素とする、複合的な能力として定義している。[7]

1．メディアを主体的に読み解く能力。
2．メディアにアクセスし、活用する能力。
3．メディアを通じコミュニケーションする能力。特に、情報の読み手との相互作用的（インタラクティブ）コミュニケーション能力。

また、水越伸（2002）も「デジタル・メディア社会」の中で、メディアリテラシーを1．メディア使用能力、2．メディア受容能力、3．メディア表現能力という互いに相関する3つの階層化された能力としている。

デジタルリテラシー

90年代以降、インターネットの台頭により、「デジタルリテラシー」という言葉が多く使われるようになった（Lankshear & Knobel 2008）。しかしながらこれらの多くはマルチメディア・リテラシーやサイバー・リテラシーなどのようにインターネットが従来のマスメディアとは異なることを強調している一方で、実態は単なるコンピュータ操作にとどまる傾向があった。そのためデジタルリテラシーという言葉もメディアリテラシー同様に「複数形で理解されるべき」（Lankshear & Knobel 2008, p. 2）なのである。

リビングストーン（Livingstone 2009）はインターネット・リテラシーの4つの要素として、「アクセス」、「分析」、「評価」、「創造」をあげている。そして個人的なスキルに注目したインターネット・リテラシー（Hargittai 2007）を、社会的なアプローチと統合させることの必要性を示唆している。「利用者は孤立した個人としてではなく、インターネットにより必要な資本的、社会的、文化的資源が不均衡に分配されている社会の成員である」（Livingstone 2009, p. 191）と述べ、社会と個人のレベルの両方を含んだ、メディアリテラシー欧州憲章（European Charter for Media Literacy）による7つの能力[8]を評価している。リビングストーンはデジタルリテラシーを、読み書き、計算についで人生の第3のスキルであり、情報社会に参加するための必要条件であると提唱している。

ここまで、メディアリテラシーに関する主な先行研究について考察してきた。まとめると、デジタルリテラシーとは、「デジタル社会において生きる力」であり、そのために必要な能力は「アクセス」「クリティカル（分析・評価・解釈）」「コミュニケーション能力（表現・創造・参加）」の3つに集約することができるだろう。以下では、日本、アメリカ、イギリスにおける若者とメディアのエスノグラフィーによって得られた5つのオーディエンス・エンゲージメント——アクセス、クリティカル、戦術的消費、協働、共有・参加——から、デジタルリテラシーに関する今日の課題について考察していく。

2　アクセス

2-1　情報検索

若者たちはスマートフォンやパソコンを用いて、インターネットにアクセスし、いつでもどこでも必要な情報を検索している。Googleによる絶え間ない情報検索行動を「ググる（Googling）」や「グーグル先生に聞く」など表現している。例えば、iPhoneを利用しているキャサリンは「自動的にGoogleに行く」という。

筆者「Googleを使うって言ったけど、よく使うの？」

キャサリン「うん。自分でも何を検索しているのかわからないんだけど。絶えずずっと使ってる。〔…〕自動的にGoogleに行っちゃう。」

（キャサリン、アメリカ、19歳、女性、高校生、イギリス系）

日本の大学生も「ネットを開くとGoogleから検索するのが条件反射になっている」と言う（ひかる、日本、24歳、男性、大学生）。今日のデジタル社会を生きる若者たちは、絶え間なく湧き出る情報に関する欲求にしたがい、スマートフォンなどからGoogle NowランチャーやSiriなどのアプリに絶えずアクセスし、情報を探索している。

それでは実際にどのような情報を探索しているのだろうか？　以下では情報探索行動の中身をさらに詳しく考察していこう。

2-2　ウチの強化のための友達情報の探索

第3章で述べたように、ソーシャルメディアを利用する主な目的として、絶え間ないつながりによる社会集団（ウチ）の形成／再形成や強化がある。若者にとって友達に関する情報を得ることは関係性の構築のために必要不可欠なことである。イギリスの会社員のボブは、Facebookを「友だちのオンライン・データベース」と呼び、絶え間なく更新されるニュースフィードから友達の情報を得ている。

ボブ「Facebookはすべての友達の有効なオンライン・データベースだから。だって、みんなが何をしているのか正確にわかるから。」

（ボブ、イギリス、23歳、男性、会社員、コケージョン、中産階級）

日本の若者たちもウチの絆を強化するために、ＬＩＮＥやTwitter、Facebookなどのソーシャルメディアに絶えずアクセスし、友達に関する情報を探索、収集している。

調査員「Twitterとかはしばらく開かないとすごい溜まるじゃない。全部読むの？」
じゅんぺい「読むね。〔…〕（Twitterでは）情報を得るっていうよりは、友達の動向が気になるから。」

（じゅんぺい、日本、21歳、男性、大学生）

2―3　ニュースのカスタマイズ

かつてニュースは、テレビやラジオ、新聞などのマスメディアから同じ情報が同じ時間に、一方向的に送られてきた。しかし現在では、ニュースのキュレーションアプリやYahoo！ニュース、ＬＩＮＥ ＮＥＷＳなどを利用してニュースをいつでもどこでも得ることができる。特に自分の関心のあるニュースについては情報源である新聞社や雑誌社、テレビ局、通信社などのサイトへアクセスして読んでいる。日本の大学生たちは、インターネットでニュースをカスタマイズしている。

筆者　「ニュースを最初に知るのは、テレビから？　それとも、パソコン？　スマートフォン？　新聞？」
こうじ　「スマホですね。Yahoo！ニュース見て、そこから新聞社のサイトの記事のもとの所に飛んで。」
（こうじ、日本、21歳、男性、大学生）
なつき　「だいたいニュースはネットで見てる。ＳＮＳも使う。ＮＨＫとかのアカウントをフォローすると流れてくるじゃない、情報が。あとＬＩＮＥニュースとか。」
（なつき、日本、21歳、女性、大学生）
ゆうま　「ニュースはやっぱりTwitterが一番早いかもしれない。Twitterで見て、『あ！　じゃあYahoo！トップ行こう』みたいな。」
（ゆうま、日本、21歳、男性、大学生）

イギリスでも、インターネット上でテレビ番組が無料で配信されているため、ニュース番組が放送される時間にテレビの前にいる必要も、放送中30分間ニュースを見続ける必要も無い。パソコンからアクセスし、関心のあるトピックについてオンデマンドで見ている。イギリスの大学生アンドリューは、毎朝、BBC-iplayerで天気予報やテレビ番組の情報を選択し、外出前に興味のあるビデオクリップを2、3分ずつ見ている。

筆者　「朝ごはんを食べている時テレビは見ているの？　あ、テレビは持っていなかったわね。パソコンで？」
アンドリュー　「いつも見ている。ＢＢＣを見てる。ニュースのビデオクリップをたくさん見ている。大体2、3分だから。〔…〕大体いつも30分もないから、テレビのニュースだと途中で見るのをやめたり、不便。だから出かける前に興味のあるニュースクリップをいろいろと見る方が好き。」
（アンドリュー、イギリス、22歳、男性、大学生、アメリカ系、中産階級）

テレビはもはや一方向的なマスメディアではなく、利用者の関心に合わせた情報を提供する「ビデオクリップ」として、いつでもどこでもパソコンやスマートフォンから検索されアクセスされている。家にいるときも外出するときも、スマートフォンやパソコンからインターネットにアクセスして、興味のあるトピックを検索してテレビニュースを見たり、新聞社のサイトで新聞を無料で購読している。

2-4　情報のオーセンティシティ

アニメやスポーツ、音楽情報などに関しては、専門サイトにアクセスしたり、海外の情報源からより信頼のある情報を探索している。例えば、mixiとMySpaceを利用していた大学生は、mixiからは友達に関する情報やニュースなど様々な情報を探索しているのに対して、MySpaceではより特定された情報、特に海外からの音楽に関する情報（例えば日本で未発売のアーティストのCDなど）を収集している。音楽サークルに所属しているまなぶは、mixiとMySpaceを使い分け、アニメは日本のmixi、海外の音楽はMySpaceというように「本場のサイト」から情報を得ている。

まなぶ　「MySpaceは音楽だったり、mixiはアニメだったり。」
著者　「MySpaceは、アニメはあまりないの？」
まなぶ　「MySpaceもあります。でも、外国人がつくっているサイトだから、当てにならないです。アニメはやっぱり日本の方が。」

著者「音楽のサイトは？」

まなぶ「音楽も、やっぱり海外の、本場の方が信憑性があります。」

（まなぶ、日本、19歳、男性、大学生）

また、FacebookやTwitter、Instagramで有名人をフォローすることによって、有名人本人から直接情報を得ている。マスメディアよりもいち早く情報を得たり、マスメディアからは普段入手できないような情報を得たりしている。[9]としき（日本、20歳、男性、大学生）はTwitterで有名人をフォローする理由について、「検索して情報を探したり、調べたりすることもできるけど、Twitterなら情報が自然とタイムラインに入り込んでくるから」と言い、受動的かつ継続的で手軽に情報収集ができる点をあげている。さらにTwitterで見た情報によって情報探索欲求が高まり、リンク先の情報を次から次へとネットサーフィンし、情報を探索、収集している人もいる。

つばさ「Twitterで何しているかというと、例えばVOGUEのアカウントがページを出してるでしょ。『秋のトレンドは』みたいな。そういうのを見てどんどん飛んでいく。」

（つばさ、日本、21歳、女性、大学生）

このようにソーシャルメディアで著名人や、新聞社やテレビ局などをフォローすることによって、自分の関心のある世界中の情報にアクセスしているのである。

また、海外旅行に行く前にInterpalsやMeetrip、Trippieceなどの国際交流のためのソーシャルメディアに登録し、現地の人から情報を集めたり、友達になり実際に案内をしてもらう人もいる。大学2年生のゆうみ（20才）は、初めての海外旅行で行くベトナムで、現地の人に案内してもらいたいと思い、Interpals に登録した。するとすぐに同い年のタイ人男性 Guitar から以下のメッセージが届いた。

「僕は5月下旬に初めて日本に行くから日本のお勧めの観光地を教えてほしい。もし夏にタイに来るようなら、タイについて何でも聞いてくれて構わないから。」

ゆうみは Guitar とメッセージをやり取りし、彼が東京に来た時には案内をしてあげた。そして9月に、ゆうみが友達と2人でタイ旅行に行った時は、現地を案内してもらうばかりではなく、家に一泊泊めてもらったという。[10]

ゆうみはまた、ベトナム旅行のために、年齢が近く、英語力も優れていたベトナム人女性 Rainy と頻繁にやり取りをし、親密性を強化していった。初めての海外旅行では、Rainy のバイクの後部座席に乗って、市場や美味しいフォーの店、博物館などホーチミン市内を案内してもらったという。

ゆうみ「せっかく外国に行くのに現地の人たちと触れ合わずに帰ってくるなんてもったいない。その国の魅力を最大限味わうためには、その国を一番よく知っている人、現地の人に聞くのが一番だから〔…〕観光化された、外国人で溢れ返っているような場所だけを見て回るなんて、本当にその国を満喫していると言えるのかなぁ。せっかく実際に足を運んだのに、その国についてよく知らないまま帰ってきてしまうなんて悲しい。」

（ゆうみ、日本、20歳、女性、大学生）

ゆうみは現地からの生の情報を得るばかりでなく、現地の人とソーシャルメディアを通してつながり、頻繁に相互作用することによって、親密性を増し、異文化理解を深めている。

3　クリティカル（分析・判断・利用・解釈）

これまで見てきたように若者たちは、日常生活において生み出される絶え間ない情報探索欲求から、絶えずオンになっている携帯電話やスマートフォンを利用し、インターネットにアクセスしている。そして友達に関する情報ばかりでなく、テレビや新聞の時事ニュースや、自分の好きな音楽やスポーツの情報など、インターネット上に溢れる世界中の多様な情報にアクセスしている。マスメディアやソーシャルメディアによって膨大に膨れ上がる情報を、若者たちはどのように利用し、解釈をしているのだろうか？　ここでは、メディアや情報に対するクリティカルな利用や解釈について見ていく。

3-1　ソーシャルメディアに対するクリティカルな解釈

インターネットの普及による市民ジャーナリズムの可能性が期待されてから久しい。ソーシャルメディアの普及により「アラブの春」など、民主化に大きく貢献している一方で、情報に関しては個人のブログよりも政府や大企業、マスメディアのサイトを信用する傾向があった。イギリスでは特にＢＢＣに対する信頼度が強く見られた。

ボブ「ＢＢＣは、とても信頼できるから、ブログもＢＢＣのを読んでる。〔…〕デイリーミラーや Sun や個人のブログのような、噂を多く書き込むものは信用しない。ＢＢＣは政府が資金を提供しているから、センセーショナルにストーリーを作り上げる必要は無いから、非常に信頼性が高いと思う。」

（ボブ、イギリス、23歳、男性、会社員、コケージョン、中産階級）

ダイアナ「どこから情報を得ているかによる。ＣＮＮやＭＳＮＢＣなどなら、正当な情報源からだから信頼する。でも Tumblr だったら疑う。まずその情報をググって、それが根拠があるかどうか調べる。」

（ダイアナ、アメリカ、18歳、女性、大学生、コケージョン）

日本の大学生の中にもブログやソーシャルメディアなどインターネット上の情報に対しては、必ず Google で検索し批判的に解釈している人もいる。

調査員「Twitter のタイムラインを見て、そこから飛んでネットの記事を見に行くって言ってたけど、Twitter そのものの情報って信用してる？」

つばさ「ううん、してない。」

調査員「すぐに自分でも調べたりする？」

つばさ「うん。ググる。気になったのはググる。Twitter とかＳＮＳとかは誰もが発信できる分、情報がすごい溢れてて質が低いと思ってるから。〔…〕多分ちゃんとそれを職業としてやってる人がいる分、新聞の方が質が高いと思う。一般の人が発信する Twitter よりは職業としてやってる人の情報の方が……」

（つばさ、日本、21歳、女性、大学生）

このようにBBCやCNN、NHKなど公共放送の公式サイトや、政府や大企業の公式サイトの情報に関しては、一般的に信用する傾向がある。その一方でソーシャルメディアや個人のブログなどの情報は、まずGoogleで検索して情報源を調べたりしている。

3-2 マスメディアに対するクリティカルな解釈

マスメディアをソーシャルメディアや個人のブログよりも情報源として信頼している一方で、マスメディアの情報をすべて鵜呑みにしているわけではない。他のマスメディアと比較したり、異なる国のマスメディアと比較、分析したりしている。例えばアンソニーはイギリスのBBCとアメリカのCNNを比較分析している。

アンソニー「BBCとCNNのようなアメリカのニュースと比較している。」
筆者「BBCとCNNのニュースの違いは何?」
アンソニー「ストーリーへのアプローチの仕方がかなり違う。〔…〕例えば、選択した映像。ストーリーに入れる映像が一番異なっている。CNNのニュースは通常、BBCニュースよりもっと感情的なものが多い。BBCは事件の場面が絵のようになるけど、アメリカのニュースは、もっと劇的にしている。」
筆者「アメリカはより多くのストーリーをつけるの?」
アンソニー「そう、その通り。より人間的要素を付け加える。BBCのニュースは事実のみだから。」

（アンソニー、イギリス、21歳、男性、大学生、中産階級、ドイツ系）

日本の大学生もマスメディアの情報をソーシャルメディア上の多様な情報や意見と比較して、批判的に解釈している。

調査員「メディアの中で信用性が一番高いのはなに?」

らん「インターネットかな。なんでかっていうと、そのニュースに対していろいろな解釈の記事があって、そういうのを全部すり合わせて情報として自分の中で消化するのが一番いい。テレビだと、その番組のニュースしか頭の中入ってこないけど、ネットだといろいろなニュースを一気に見れるから、ここの部分は一致してるから多分本当なんだなっていう。」

調査員「どのサイトってわけじゃなくて色んなサイト?」

らん「そう。検索かけて色々みる。テレビで言ってたことをネットで調べたりする。でもNHKは除く。NHKは一番信用してる。事実だけを報道してるから。」

(らん、日本、21歳、女性、大学生)

彼女同様に、日本の若者たちも2011年3月11日東日本大震災が起きたとき、原発事故の経過や放射性物質の人体への影響など情報に対して、より信頼出来る情報を求めて、Twitter上で専門家をフォローし、マスメディアの情報と比較し、評価していた(執行 2011)。

このようにマスメディアの情報に関しても、他のテレビや新聞の情報、異なる国のマスメディアやソーシャルメディアなど他の情報源と比較して、批判的に解釈、判断している。より多くの情報を集めながら、比較することによって、インターネット上の情報をクリティカルに解釈している。

3-3 Wikipediaの批判的利用

集合知であるWikipediaは若者たちに人気があり、ほとんどの人がWikipediaを利用していると答えた。はたして若者たちはWikipediaの情報を信用しているのだろうか？ 女子高生のるりは、学校で使用しないように習ったため、使用をやめたという。

筆者「インターネットの情報は信じる？」
るり「Wikipediaの情報は〔…〕信じない。」
ゆうた（兄）「僕信じちゃいますけどね。」
筆者「それは学校で習ったの？」
るり「そうですね、情報の時間に念を押すようにいわれて。」

（るり、16歳、高校生、兄ゆうた、21歳、日本、大学生）

Wikipediaは学校で信用しないように習っているため、多くの若者たちがWikipediaの情報は信用しないと答える一方で、実際にはほとんどの人が基礎情報として利用している。

筆者「Wikipediaを信頼していますか？」
アンソニー「いいえ。」
筆者「いいえ？（笑）でもWikipediaをよく見るって？」

アンソニー「漠然としたアイデアを得たい時は。それについて何も知らない時。例えば、友だちとインドについて話していた時、ぼくは何も知らないから、基礎的な情報を得るためには非常に便利。あまり信頼できる情報ではないけど。自分の専門分野について Wikipedia で読んだ時、情報が古くなって、事実を正しく説明していなかった。だからあまり良くないことは知っている。でも、実際かなり多く見てる。〔…〕でも Wikipedia を信頼してないけど。」

（アンソニー、イギリス、21歳、男性、大学生、中産階級、ドイツ系）

りょうこ「Wikipedia をどの程度信頼しているかと聞かれると『あまり信用していない』と答えますが、月に3回くらいは使用していると思います。漠然としたアイディアや心象を得たいときにまずアクセスしています。信憑性は低いですが、Wikipedia の中でどのように扱われているか確かめることで、その後の情報探索が変わってきます。」

（りょうこ、日本、21歳、女性、大学生）

ダイアナ「Wikipedia は信用しています。編集ができないようになっているページ以外は全部、割り引いて考えるから。でも、もし参考文献がないページだったら、それは使えないから見ない。学校の課題では使わないし。トピックに関する基礎的な理解を得るために、リンクに飛んで他のサイトでより深い知識を得る。」

（ダイアナ、アメリカ、18歳、女性、大学生、コケージョン）

ここまでは、マスメディアやインターネットの情報を受動的に鵜呑みにするのではなく、他の情報源と比較し、批判的に解釈、判断している様子について見てきた。多様な情報の中から情報の正確さや信頼性を確かめるために、情報源のサイトに行って確認したり、Googleで検索して他の情報と比較したりしている。インターネットの普及によりテレビや新聞がなくなるという議論が繰り返しなされてきた。しかしながら、若者たちは、ブログやTwitterなど多様なソーシャルメディアから情報を得ている一方で、情報源としてのマスメディアへの信頼度は依然として高いものであった。またYahoo！ニュースやキュレーションアプリなどにより、ニュースが断片化して送られて来ているが、送られてくるニュースの中でもマスメディアからのニュースの信頼度が高くなっている。情報過多のデジタル社会においては、マスメディアの情報を受動的に鵜呑みにするのではなく、他の情報と比較し、「クリティカル」に判断、解釈しているのである。

一方、Wikipediaに関しては、ほとんどの若者が学校では利用しないように言われているにもかかわらず頻繁に利用している。ただしWikipediaの情報を鵜呑みするのではなく、参考文献のリンク先に行き、情報源を確かめ、情報の信頼性を確認するなど、批判的に利用している。

4　戦術的消費（Tactics）

社会学者のミシェル・ド・セルトー（Michel de Certeau 1980）は、受動的な消費者像に対して、能動的で「主体的な消費者像」を提示している。ただし、メディアと消費者との力関係は対等なものではなく、強力なメディアの前では、人びとは「ゲリラ戦の戦術（tactics）」に頼らなければならない。メディアの戦略（strategies）に抵抗しながら、日常生活の中で自分の目的のために商品を「密猟している（poach）」のである。人びとは日常の中で押し付けられる商品を送り手によって意図されていない方法で、自分なりに利用することによって支配的な秩序を拒絶している。ここでは、メディアの戦略（strategies）に対する人びとの戦術（tactics）について述べていく。

4-1　時-空間の構造化

第3章では、若者が携帯電話やスマートフォンを利用して、家庭空間や学校空間から脱-埋め込みし、親や先生からのコントロールから自由になっている様子について述べた。ここでは、テレビ側からのコントロール（戦略）に対するオーディエンスの戦術について見ていく。テレビは人びとの日常生活において時間と空間を再構造化している（Silverstone 1994）。しかしながら今日のデジタル時代において、オーディエンスは、インターネットやスマートフォンを利用して、日常生活の再構造化のために次に述べるような様々な戦術を行っている。

タイム・シフト、プレース・シフト、プラットフォーム・シフト

タイム・シフトとは、オーディエンスがテレビ番組を視聴する時間をシフトすることである。これまでテレビ局が編成する放送スケジュールに合わせていたのに対して、録画などして視聴時間を自分のスケジュールに合わせてコントロールしている。また、プレース・シフトとは、視聴する場所をシフトすることである。これまで家庭空間やリビングなどテレビ受像機が置かれていた場所で視聴していたのに対して、モバイル端末などを利用して、視聴する場所を自由にコントロールしている。そして、プラットフォーム・シフトとは、時間と空間の両方を自由にコントロールすることである。例えば、iPodや携帯電話など異なるプラットフォームにテレビ番組のコンテンツを移動させ、自分の見たい時に、見たい場所で見ることを言う。橋元ら（2010）は、デジタルネイティブである若者たちは「時間軸も移動し空間軸も移動して動画を見る視聴スタイル」（p. 104）であるプラットフォーム・シフトを行っていることを指摘している。

イギリスやアメリカでは、テレビ番組が無料でオンデマンドで見られることからテレビをパソコンで見るとい

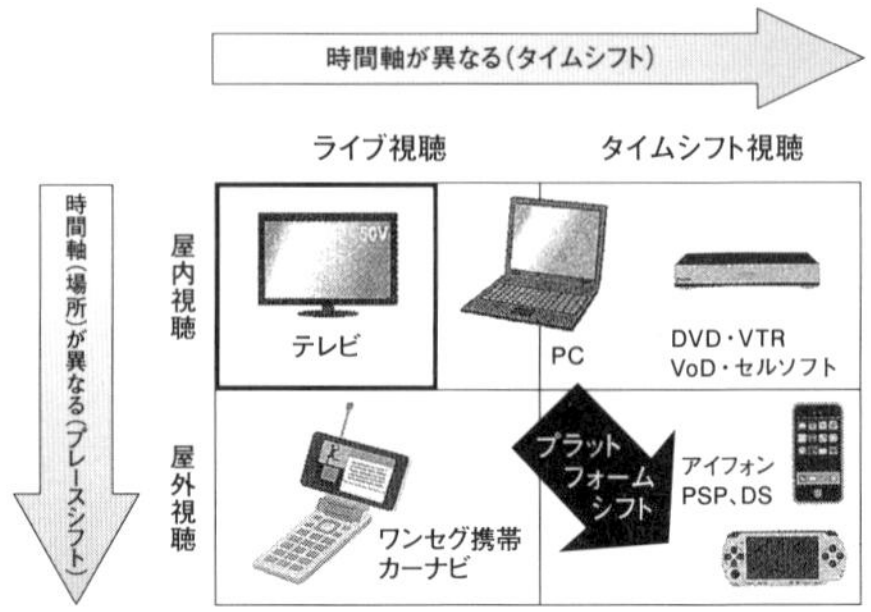

図4-1　タイム・シフト、プレース・シフト、プラットフォーム・シフト
（橋元ら, 2010, pp. 102–103）

う傾向はかなり強い。自分の部屋にテレビがない場合や、寮や一人暮らしなどでテレビがない場合、パソコンでテレビを見ている。アンソニーは、パソコンのことをテレビと呼んでいる。

アンソニー「テレビを見ながら友だちと夕飯を食べるのが好き（笑）」
筆者「えっ、テレビって本当のテレビ？」
アンソニー「違う違う、インターネット。」
筆者「あっ、それもテレビって呼ぶのね」
アンソニー「あっそうだね（笑）」
（アンソニー、イギリス、21歳、男性、大学生、中産階級、ドイツ系）

イギリスではBBC i-playerやITV Player、E4などのアプリ、またアメリカでもHuluでテレビ番組を見ている。無料でありながらパソコンで見た方がダイジェスト版を見ることができたり、自分の好きな時に見ることができるためだという。

ウェイ「インターネットで（テレビ番組を）見る方がいい。見逃した番組を見れるし、いつもその時間に合わせて見なくてもいいし、テレビの前にただじっと座って時間を取られなくていいから。」
（ウェイ、アメリカ、17歳、女性、高校生、アジア系）

さらにiPhoneなどのスマートフォンの普及により、自らプラットフォーム・シフトをしなくても、いつでもどこでもオンデマンドでテレビ番組を見られるようになった。

ジョン「Hulu は iPhone を利用してる人に人気があるんだ。ぼくの家族はいつも忙しいからパソコンの前に座ってオンラインでテレビを見ていられない。Family guy とか Simpsons〔ともにアニメ番組〕とか。携帯で Hulu が見られるからいいんだよ。」

（ジョン、アメリカ、17歳、男性、高校生）

日本の若者たちもまた、テレビで何か見逃した時やテレビの前にいない時、YouTube やニコニコ動画などの動画共有サイトでテレビ番組を見ていた。

るり「YouTube では見逃した番組とか、アーティスト専門チャンネルとか見てる。」
筆者「テレビの代わりになってるの？」
ゆうた（兄）「そう、やっぱり見逃したっていうとＴＶではやらないじゃないですか。でもそういうのアップしてくれる人もいるので、どうせアップされるからっていう安心感が僕らの中にはありますね。」

（るり、16歳、高校生、兄ゆうた、21歳、日本、大学生）

日本にも Hulu や Netflix が普及してきたことから、アメリカやイギリスと同様にパソコンでテレビを見ている。ひかるは、テレビのチューナーがネットワークに繋がっていて、タブレットやスマートフォン、パソコンのすべてで見られるようになっているため、「外出先から録画した番組を見たり、録画予約したり、Hulu や Netflix だといつでも見れるし、広告もないしすぐに次の話が見れるからストレスがない。」と言う（ひかる、日本、24歳、男性、大学生)。

このようにテレビはかつて「空間と時間の両方を媒介する存在であり、また、空間と時間のなかで生産され消費される存在」(Silverstone 2000 邦訳 p. 78)であった。そしてオーディエンスの日常生活の時間と空間を再構造化していった。しかし、インターネットとテレビの連携や融合によって、テレビによって再構造化された日常生活を再びオーディエンス自ら構造化しているのである。

4－2 広告に対する戦術

テレビ番組をインターネットで見るもう1つの大きな理由は広告に対する戦術である。インターネットに慣れた若者はテレビの前で「待つのがいや」という。そのため広告による中断の入らないインターネットでテレビ番組や映画を見ている。

スティーブ 「テレビはあんまり見ない、だって広告が入るから。」
ジョン 「時間を取り過ぎるし。」
スティーブ 「ソファに座ってテレビを見るのは好きじゃない、時間を取り過ぎるから。」
ケイト 「すごく時間の無駄だし。番組を録画してコマーシャルを飛ばせれば、すごく時間を節約できるけど……。」
ジョン 「ぼくはパソコンをテレビに繋ぐだけさ。」

(アメリカ、16－18歳、高校生)

キャサリン「夜映画を見るのが好きだからパソコンで映画を見て、それから寝る〔…〕ニュースは時々見る。テレビ番組もたくさん見る。でもいつもコンピュータで見る。だって広告が入らないから。コマーシャルがないからコンピューターの方がいい。」

（キャサリン、アメリカ、19歳、女性、高校生、イギリス系）

Facebookは現在、世界で最も人気のあるソーシャルメディアであるが、若者たちははたしてFacebookを信用しているのだろうか。他のソーシャルメディアと比較して公開設定が細かく、プライバシー設定ができるため信用していると答える人が多かった。

「〔Facebookは〕信用してる。プライベートにできるから。だからもし誰かに見せたくなかったら、そう設定出来るから。」

（エリー、イギリス、21歳、女性、大学生、労働者階級）

しかしながら、アメリカやイギリスでインタビューをした若者たちの中には、Facebook上に現れる広告に対して不安を感じ、Facebookの持つ強大な力を恐れている人もいる。プライバシー設定や広告など多くをコントロールしていることから、自分の個人情報がどんどんパブリックにされていくことに不安を感じている。たとえプライバシー設定をしたとしても広告主やFacebookに関わっている人たちが、自分の情報にアクセスできることに不安を感じていたり、個人情報を売ったり、企業側がコントロールしたりするため、信頼できないという人もいた。

筆者　「Facebookは信用している？」

ルーシー　「全然。だからあんまり書かない。個人情報を売るのを知っているから〔…〕広告が出るから自分の情報を売っているって分かるし、だから何を載せるか気をつけてる。」

（ルーシー、アメリカ、18歳、女性、大学生、チェコ系）

アメリカの高校生ジョーは、Facebookを「巨大な個人情報貯蓄タンク」と呼び、批判的に利用している。

ジョー　「Facebookはまるで『巨大な個人情報貯蓄タンク（Giant Personal information storage tank）』みたいだ。皆の情報が蓄えられているから。プロフィールや友達との会話もすべて蓄えている。利用すればするほど、Facebookはすべての情報、すべての会話、膨大な情報を蓄えるから。自分が誰で、どんな友だちがいて、何に興味があって、何を話しているかや、よく見るウェブサイトもすべて知っているから。」

彼は、以前Facebook上で複数のグループの管理人をしていたが、Facebookにとって都合の悪い発言をしたために10ヵ月間利用できなくなってしまったという。この経験以降、自分の写真や投稿をまず別のソーシャルメディアにアップし、ここからリンクさせるような形でFacebookを利用している。

ジョー　「僕は以前Facebook上でたくさんのグループの管理人だった。ネットニュートラリティとかインターネットの公平なアクセスについてすごく興味があって〔…〕。でも、そのせいで10ヵ月間Facebookにアクセスできなくなった。その間はFacebook上に貯めた情報にもアクセスできなくなって〔…〕。Facebookが言うには僕が規約に反したって言うんだけど、実際に何をしたかは言わないんだ。Googleで調べたら、僕と同じような人たちがすごくたくさんいて〔…〕それ以来、Identi.caやpicasaなど他のサイトからFacebookに投稿するようにしている。」

（ジョー、アメリカ、19歳、男性、高校生、コケージョン）

若者たちはGoogleやFacebookなどのＩＴ企業によるコントロールやプライバシーポリシー、広告主への情報開示や、インターネット広告などに対して、不快に思ったり、不安を感じたりしている。しかしながら、多くの若者が、広告の仕組みや対処方法がよく分からず、仕方ない物として我慢して利用し続けている。

著者「誰があなたが書き込んでいることを実際に見ていると思う？」

キャサリン「広告主たち。本当に怖い〔…〕Facebookを作っている人たちがそうさせているんだけど、本当にプライベートにはならないよね……」

（キャサリン、アメリカ、19歳、女性、高校生、イギリス系）

著者「Facebookを信用してますか？」

フィリップ「会社としては信用していない。力を持ちすぎているから。広告には本当に腹がたつ。ガールフレンド欲しい？　なんていう広告が出て、Facebookにそんなことを言って欲しくないね。車の広告が出ても僕は車乗らないし車について知りたくもない。Facebookはたくさんコントロールできる。プロフィールの設定の仕方やプロフィール上に何を書かせたいかなど、決めることが出来る。」

（フィリップ、イギリス、21歳、男性、大学生、中産階級）

みき「ブログの下のほうにバナー出てくるんだけど、結構どのブログ見てても merryjenny とか honeysalon とかはバナーででるわけ。それって私が見てるからなの?!」
調査員「そうそうそう」
みき「うそでしょこわっ！　私偶然だと思ってた。自分が見るようなサイトは同じようなの好きな人が多いのかなって思っちゃってた。」
調査員「いや、もう戦略的に……」
みき「こわっ！　だからあんなに merryjenny 出てくるの？　こわい……」

（みき、日本、21歳、女性、大学生）

インターネットの普及によりいつでもどこでも欲しい情報にアクセスでき、動画配信サービスによってスマートフォンから見たい動画が見られるようになった。このようなデジタル環境で生まれ育った若者たちは、テレビを見ながら複数のソーシャルメディアを利用して異なる友達と会話をしていたり、後に述べるように同時に複数のことを行う、マルチタスクをしている。テレビ番組をスマートフォンやコンピューターを用いてインターネット上で見ることによって、日常生活の時間と空間を自ら再構造化している。しかしながら、今や世界的に強大なメディアとなった Google や Facebook などＩＴ企業の戦略に対しては、個人情報や広告などに関して、若者たちが出来ることは、セルトーの言う「ゲリラ戦の戦術（tactics）」でしかないように思える。この点については、第５章のリスクのところで詳しく述べたいと思う。

4-3 インフォーマル／フォーマル・ラーニング

若者はインターネットを利用してどのようなことを学んでいるのだろうか？ インタビューを行ったアメリカのある高校では、生徒がインターネットにアクセスできることを前提としており、インターネットを利用して授業を行い、宿題もすべてオンラインで指示されるという。そのため、夕方までアップしてくれない先生の授業では、いつ出るのかいつ出るのかと生徒たちはくり返しアクセスしなければならない。インターネットを用いて学校教育を行うことによる先生のコントロール（帰宅後もくり返しアクセスしなければいけない。先生がメール、Facebook、携帯電話などありとあらゆるアカウントに連絡をしてくるなど）に対して不満を感じている一方で、生徒たちはインターネット上でマルチ・タスクしながら、Skypeなどで友達と協働して宿題を行なっている。

トニー「最近僕の学校のほとんどの人は、教科書をオンラインで使ってる。〔…〕本を持ち歩くかわりにオンラインで使ってる。」
ケイト「ほとんどの本はオンラインにある。」
筆者「教科書はオンラインでもいいの？」
スティーブ「いいよいいよ。」
トニー「僕的には、ずっといいな。インターネットだとマルチタスクできるから。ウェブ上でいろんなタブを開いて使うことができる。最近先生はEdLineに載せるんだ。宿題のオンライン。先生は宿題をオンラインに載せるだけ。だから僕は、家に帰ってそれをあけて、見て、タブをもう1つ開いて、必要なテキストを探して、戻って、他に必要なテキストを探して、いくつかタブを開いて、宿題をやるんだ。時々宿題をタイプする。

なぜかっていうと、手で書くよりタイプしたほうがいい気がして。それに、手で書くと、指が疲れるから。」

（16－18歳、アメリカ、高校生）

学校におけるオンライン教育など、フォーマル・ラーニングに加え、YouTube上に投稿されたエンターテイメントのビデオから、歴史や文化を学んでいる人もいる。

アンドリュー「世界中から、こんなに多くのビデオがあがってるサイトは他にはないから。YouTubeで日本の音楽も見てる。例えば政治とかトヨタについてのビデオとか。いろいろ学ぶこともできる。テレビとかビデオと同じように。YouTubeはたくさん選択肢があるからいい。」

（アンドリュー、イギリス、22歳、男性、大学生、アメリカ系、中産階級）

ひかる「英語の勉強のためにアメリカのドラマの『フレンズ』を見てる。内容も面白いし、日常的な会話が多く、Netflixで見ると英語の字幕も付けられるから勉強になるから」

（ひかる、日本、21歳、男性、大学生）

他にも、楽器の弾き方や、歌の歌い方、ダンスの踊り方、お化粧の仕方など自分が学びたいことに関しては、YouTubeのハウツーもののビデオを利用して学んでいる。

エルザ「暇な時に、いろんなものを探している。例えば、お化粧のいろんな方法を探している。アイシャドーの陰影のつけ方とか。すごいたくさんハウトゥーものがある。」

（エルザ、アメリカ、18歳、女性、高校生、ヒスパニック系）

ダニエル「YouTubeにはすべてがある。やり方を教えてくれるようなDo it yourselfのビデオとか。例えば、料理の仕方を教えてくれる。例えば、この間ママがコリアンバーベキューの作り方を見てた。みんなそれぞれいろんな物を探してるよ。この間僕は、楽器の弾き方とか、ブレイクダンスの仕方を探してた。」

（ダニエル、アメリカ、17歳、男性、高校生、アジア系）

このように若者たちはYouTubeでエンターテイメントのビデオやハウツーものビデオを利用して、英語や、歴史、文化、音楽など様々なことについて学んでいる。また、学校でも電子教科書の利用やオンラインでの宿題など、インターネットを教育に活用しているのである。

5 協働

デジタル時代、グローバル時代を生きるために、多様な人びとと協働することが求められている。ここでは、ヘンリー・ジェンキンスがデジタル時代を生きるためのスキルとして提示した11次元のニューメディア・リテラシー[11]（Jenkins et al. 2009）を参照しながら、フィールドワークから得られた協働に関するエンゲージメントについて考察していく。

5-1　マルチタスク

第3章のつながりでも見たように、日本、アメリカ、イギリスにおいて、若者たちは学校から帰るやいなやまずパソコンの電源を入れ、寝るまで、ほぼ7時間あまりをパソコンの前で過ごしていた。パソコンには、絶えず多くのウィンドウが開かれ、同時にたくさんのことを行っている。

リリー「学校の方がもっと集中出来る。家にいるとリラックスして、たるんじゃう。Facebook とか Skype を始めてチャットとかしてる。」
筆者「宿題をやってるときもたくさんのウェブサイトを開いてるの?」
リリー「そう。タブ、タブ、タブ、タブ……」

（リリー、アメリカ、21歳、女性、大学生、アジア系）

特にアメリカの教育システムでは宿題はパソコンを使わないと出来ないため、宿題をやっている時もパソコンがつけられ Facebook や Skype、MSN、Google など多くのウィンドウを開き、マルチタスクを行なっている。日本でも帰宅後自分の部屋で Skype をずっとオンにして、寝るまで友達と一緒にゲームをやったり、宿題をやったりしている様子が観察された。若者たちは帰宅後、自分の部屋から脱-埋め込みし、様々な人とヴァーチャル空間でつながり、マルチタスクをしながら、宿題やゲームを一緒に行っているのである（本書第3章参照）。

5－2　プレイ、パーフォーマンス、シミュレーション

若者たちがインターネット上に絶えずいる理由の1つとして、参加型文化と呼ばれる若者文化が挙げられる。オンラインゲームやソーシャルゲームでは、仲間と協働してゲームを行っている。はるこは恋愛シミュレーションゲームに心理的に強く関与している。

はるこ「仲いい友達同士でハマっているのが恋愛シュミレーションゲーム。一人主人公選んで、相手を選んでやっていくんですけど、友達の親密度とかもわかって、その子の彼氏ともしゃべれるみたいな。」
筆者「この親密度ってどうやるの？」
はるこ「いっぱいやるとどんどん上がってく。とりあえずラブボタンを押しまくって……みんながどれくらい進んだって見れて、アプリ更新が出るんですよ。『ファーストキスできました』とかメッセージが出て、それがみんなに教えられるみたいな。」

（はるこ、日本、19歳、女性、大学生）

アメリカでもオンラインゲームは人気があり、学校からそれぞれ帰宅後も一緒にゲームをしながら話している。

ウェイ「一緒にゲームしてチャットも同時に出来るサイトで、私たち7人でゲームしてる。グループで競いあえるの。」
リン「とても楽しい。一緒に話しながら皆のリアクションも見れるから楽しい。参加する人も選べるし。」

（アメリカ、17歳、女性、高校生、アジア系）

こうじもオンラインゲームで、いろいろな人と協働して城や畑を作ったり、話し合いながら他のチームとの交渉術を学んだりしている。

こうじ「ゲームはもうこまめにやってないとだめなんで。三国志があるので、シミュレーションゲームみたいなもので、他の人と色々組んだりして、他のチームを獲ったりするっていうゲームです。」
筆者「友達と一緒にオンラインゲームをやってるの？」
こうじ「いや、オンラインゲームの人は、その中で友達になった人で、ゲーム時間と現実時間が一緒に進んでいくんですよ。〔…〕いろいろ畑とか、城とかいっぱいあるわけですから、資源が必要なんですよ。その資源を有効利用するために個人のあれでやってたら、もう資源ばっかり減っててっちゃうんで、次はこうやろうとか、ここは資源は石しか必要ないから、今度はあそこやろうみたいな感じで、相談したり、今度はあそこの同盟に攻めるぞみたいなことをしますね。〔…〕できるだけ、戦争にならないようには気を付けてますけど。」
筆者「向こうから戦争をしかけてきたりすることもあるの？」
こうじ「そういう時は、メールみたいな機能が中にあるんで、メールを送って、戦いにならないようにするんです。で不可侵条約とかを結んだりするんです。」
筆者「でもそんなことをやってると、気になるわよね確かに。」
こうじ「そうなんですよ。いつも気になりますね。」

（こうじ、日本、21歳、男性、大学生）

オンラインゲームは、ゲームの途中で抜けにくいため、インターネット中毒を引き起こす原因として批判されている。その一方で、プレンスキィやジェンキンスも指摘しているように、若者たちはオンライン上で他の人と一緒にプレイすることを通して、交渉術やチームワークも学んでいる。

トニー「スキルじゃない、スキルじゃない。他のグループの人に殺されそうになった時、助けに行かないといけない。じゃないと殺されちゃうから。もし助けに行かなければ裏切り者だから。」

（トニー、アメリカ、16歳、男性、高校生、ロシア系）

このように若者たちは、恋愛ゲームやシミュレーションゲームなど、ソーシャルゲームやオンラインゲームなどでキャラクターと同一化したり、擬似社会的相互作用[12]を行うなど強く心理的関与している。オンラインゲームは個人的効用ばかりでなく、ゲーム上の役割になりきり（パフォーマンス）、複数のプレイヤーと話し合いながらプレイすることによって、協働し、交渉術を学ぶなど社会的効用も与えている。

5－3 擬似的共視聴

インターネット上での協働の例として、Wikipedia は有名であるが、日本の動画共有サイトであるニコニコ動画も協働の1つと考えられる。世界的に人気がある YouTube と日本で若者に人気があるニコニコ動画の違いは何であろうか？　若者たちに両者の差異について聞くと、YouTube はテレビやCD、ライブなどを自分の部屋で一人で視聴している感覚に近いのに対して、コメントが画面に流れるニコニコ動画は、皆で一緒に見ている感じがするという。

あけみ「YouTubeは自分の部屋で一人でテレビを見てる感じなんですけど、ニコニコ動画はコメントがあるので、友達同士で意見交換をしてるって感じです。ファン同士しか分からない、ここがいいんだよーとか、あーよく分かるねーってすごい共感できるので、仲良い気分になれるというか。」

（あけみ、日本、19歳、女性、大学生）

あやの「最近好きなのは、ゲームをプレイしながら実況するんですけど。一人暮らしだと寂しいので、誰かの声が聞きたいと思ったら実況見て。それでコメントもみんなと一緒に見てる感じがしますね。」

（あやの、日本、19歳、女性、大学生）

けんたは、YouTubeは完成されたビデオであるのに対して、ニコニコ動画は、オーディエンスが参加して一緒に作る作品という。

けんた「YouTubeはそれ自体がもうできてる作品なんで、ニコニコ動画はある程度ものはできてるんだけど、そこに書かれるコメントによってできてるものとは全く違ったものになる、そこに観客、オーディエンスが参加することによって、さらなる作品になっていく。まだ作れる、変われる作品になるって感じですね。」

（けんた、日本、19歳、男性、大学生）

アメリカ生まれのYouTubeでは完成された作品を個人視聴しているのに対して、日本生まれのニコニコ動画では未完成な作品を他のオーディエンスと協働して製作し、擬似的に共視聴していると言えよう。

6 共有・参加

最後に家族や友人などの親密圏への参加と、政治や社会など公共圏への参加について考察していこう。

6-1 親密圏の強化

テレビの社会的効用の1つとして、学校のお昼休みなどにテレビ番組についての話題を提供し、コミュニケーションが促進されることが見出されてきた（Lull 1990; Takahashi 2009）。昨今では若者のテレビ離れが言われて久しいが、高校生や大学生は、お昼休みに何を話しているのだろうか？ インタビューに協力してくれた高校生や大学生たちは、YouTubeで見たドラマや音楽、ブログなどについて話したり、実際に見せ合ったり、一緒に視聴したりしていた。

るり「あれ見たー?みたいな感じで、アーティストのブログが更新されてるのを見せたり、変な画像あったって見せたり。」

（るり、日本、16歳、女性、高校生）

ジミー「Facebookの話とかYouTubeの話とか。YouTubeで時々面白いビデオも皆で見る。Facebookについては、皆で誰かのFacebookページを見て、ルームメイトがどうしたとか、いろいろ話している。」

（ジミー、アメリカ、19歳、男性、大学生、アフリカ系）

お昼休みや放課後など一緒にいる時、YouTube上で自分が見つけた面白いビデオや、友達がFacebook上で紹介しているビデオなどを一緒に見ることによって友達との親密性を強化している。また一緒にいない時もソーシャルメディア上での頻繁なやり取りによって、写真やイメージを共有し、親密性を強化している。アンソニーはYouTubeを、Facebookを媒介として友達との関係を強化するものとして利用している。

アンソニー「YouTubeはFacebook上で関係性を強めるための単なる手段にすぎない。僕が興味があるものを見せるため。〔…〕絆を強めるために僕が使ってる主な手段の1つ。」

（アンソニー、イギリス、21歳、男性、大学生、中産階級、ドイツ系）

このように若者たちは、iPhoneやスマートフォンからHuluやYouTubeなどにアクセスして、友達と動画を共視聴している。また写真やイメージの共有に加えて、友達に関する情報を探索、収集したり、LINEやFacebookのメッセンジャーで頻繁にメッセージをやり取りしたり、絶えずつながることによって、友人や家族とのコミュニケーションを促進し、親密性を強化している。さらに、国内ばかりでなく、海外の友達ともトランスナショナルなつながりを保ちながら、親密性を強化している（本書第3章）。

6－2　公共圏の創造と参加

政治参加　Political Participation

ハーバーマス（Habermas 1989）の公共圏の概念からオーディエンスのメディアへの参加について経験的な考察が行われてきた（cf. Livingstone & Lunt 1994; Scannell ed. 1991）。日本においてもこれまで放送やインターネットと公共圏について盛んに議論されてきた（花田 1996; 阿部 1998; 水越共編 2003; 鈴木 2007; 遠藤 2004 ほか）。そして日本でもソーシャルメディアにおける公共圏の創造と参加の可能性が期待されている[13]。

しかしながらインタビューに協力してくれた日本の若者の間では、政治に関して知識不足のため、発信することがない、政治に関して自分の意見を言ったり、参加すること自体意味がないという意見が多く聞かれた。

調査員「社会問題や政治についてＳＮＳで投稿しないのはなんで？」
つばさ「そもそもそういうことを考えてないから。」
調査員「言うほどの深い意見がない？」
つばさ「うん。知らないから。」

（つばさ、日本、21歳、女性、大学生）

また、政治に興味を持っているにもかかわらず、ソーシャルメディア上で政治的な意見を発信しない理由として、バッシングを受けることへの恐怖や発信すること自体に意味を感じないという意見が聞かれた。

ひろし「僕は自分の思ってる世界を作りたくて、政治家になりたかったんです。」
筆者「オンライン上で政治について発言しないの？」
ひろし「なんか、その先で誰が聞いてくれるんだ、って思って。（オンラインで発言するのを）止めました。」
かず「僕も書いたところでこれを見たところで別になぁって思っちゃいます。自己満足のために書くわけではないし。」

（かず、18歳、ひろし、17歳、日本、男性、高校生）

じゅんぺい「口は災いのもとっていうからね。発信自体をあんまりしないようにしてる。」
調査員「政治的なこととか、つぶやいたりする？」
じゅんぺい「しない。自分の中で考えを持ってるだけ。発信はしない。だってむかつくじゃんそんなことツイートしてる友達がいたら。いまの日本の政治はだめだとか。ツイートしてる人がいたら、そっこーミュートするもん。」

（じゅんぺい、日本、21歳、男性、大学生）

筆者は以前日本における政治参加への動機の欠如の要因として、会社や学校、近所や世間一般から孤立、疎外されることへの恐れと、日本の政治や社会に対する失望感や諦めの2つの理由をあげた（Takahashi 2009）。若者においても、政治に対する知識不足や、バッシングや仲間からの疎外への恐れ、発言することによって何かが変わると思えないことから意味を感じないなどという意見が聞かれた。そしてこのような政治に関する若者の無関心は日本ばかりではなく、イギリスやアメリカでも指摘されている（Buckingham 2000）。

筆者「政治的なグループに参加したり、政治問題や社会問題、環境問題について話したりチャットしたりする?」

フィリップ「あんまり話したりしない、興味ないし。僕は人生を音楽に捧げているんだ。だから音楽やコンサートについて話す。政治については、若い人は〔…〕僕ぐらいの年代はあんまり関わらない。若い時は興味がないんだ、ただ楽しみたいだけ。年をとってからは仕事やお金に影響してくるから……」

（フィリップ、イギリス、21歳、男性、大学生、中産階級）

ボブ「政治については議論しないよ。ほんとに直接的に僕個人に関わるようなことでなければ。議論しない。僕の年代は絶対的に〔…〕父親の年代とは全然違うから。」

（ボブ、イギリス、23歳、男性、会社員、コケージョン、中産階級）

政治に関して興味のある若者も政治について話す時は、話す相手を選んでいる。

アンドリュー「皆あんまり政治については話したがらない。〔…〕どの友達が政治について話すのが好きか知っているから、その人たちとだけ話して、他の人とは話さない。」

（アンドリュー、イギリス、22歳、男性、大学生、アメリカ系、中産階級）

メアリー「友達とは話さないけど時々ボーイフレンドと。彼は政治学を専攻しているから。ママも政治に興味があって、政党のキャンペーンとか地域政治にたくさん関わっている。だから、ボーイフレンドとかママとは話すけど他の友達とは話さない。」

（メアリー、アメリカ、18歳、女性、大学生、カナダ系）

社会参加

政治に関して興味がないと語っていた人たちも、自分が関心のある社会問題に関しては、ホームページを作成したり、Facebook上にグループを作ったりして、積極的に参加している。イギリスの大学生フィリップは、クリスチャンの活動に関しては、自らFacebook上にグループを作ったり、Facebook上で参加や署名を求めるなど積極的に活動している。

フィリップ「僕が作ったり、参加したりしているクリスチャンのグループがあるんだけど〔…〕BNPっていうイギリスの人種差別の政党があって、亡命を求めている人や、外国人や白人でない人には出ていって欲しい人たち。すごく人種差別をしているから、強く反感を覚える。〔…〕だから、Facebook上で皆に署名や、グループへの参加を求めたんだ。」

（フィリップ、イギリス、21歳、男性、大学生、中産階級）

アメリカの大学生ジミーはFacebook上に黒人のフォーラムを立ち上げて、黒人に対するステレオタイプを廃止して、黒人のプロフェッショナリズムを訴えている。

ジミー「黒人のフォーラム〔…〕アフリカ系アメリカ人男性のグループ。だけど誰でも承認する。毎週月曜日に黒人の問題について話をする。時々パーティーもする。毎週月曜日はネクタイの日といって、みんなでネクタイを締める。」

筆者　「なぜ？」

ジミー　「一種のプロフェッショナリズムを示すために。僕たちは黒人のフォーラム（Black Men's Forum）でアメリカにある黒人のステレオタイプなイメージを変えようとしている。だからみんなにも同じことをするように勇気づけてる。」

（ジミー、アメリカ、19歳、男性、大学生、アフリカ系）

ひであきも、Facebook上に国際会議をする団体を立ち上げ、国際会議に参加する学生をFacebookで告知し募集している。

ひであき　「今まで計4つ国際会議をしてきたんですけど、例えばタイでタイ×カンボジアの文化交流、歴史問題についてと経済会議みたいなのを開いて〔…〕『どうやったら経済を回復させていけるんだろうね』っていうのを日本人が仲介することで、多少の軋轢は緩和できるかな、というのでやったりとか。あと上海大学に行って、日中で同じような国際会議をしたりとか、後の2つは日本なんですけど、ついこないだの6月28日から30日まで、そういう活動をしてて〔…〕去年は、28ヵ国くらいから人を呼んで、日本人も1000人くらい応募があった中から、50人くらいに選別して、合計100人くらいで国際会議を開きました。」

ひであきは、絶えずFacebook上に、国際会議に関する情報や活動報告、参加者の募集などの投稿をしてきた。また1000人の応募者から50人に選抜する過程においても、応募者のFacebookのページを調べて、信憑性を確認している。

ひであき「名前をFacebookで打ち込んで、Facebookで調べて。やっぱりTwitterとかそういうのより信憑性あるんで。」

実際に国際会議が開催されている間は、オリンピックセンターなどに世界の人と一緒に泊まり、寝食を共にすることによって、異文化理解を図ることを目的としている。

ひであき「やっぱり一緒に泊まるって、表の国と国の対話じゃないところが知れるんですよね。最終的な目標として僕の中に根本的にあるのが、友人関係っていうのがあって。人って、人と人だとすごい仲良くなるんですよね。中国人も日本人も韓国人も。ただそれが国家間の会議になって国を背負うと、一瞬でダメになっちゃうんですよ。国と国の会話も、友達と友達との会話のようにできたら一番いいなあと思ってて。そのためにやっぱり泊まるっていうのが一番対話をスムーズにさせるんじゃないかなって。相手への気遣いにもなるので。それで泊まりで国際会議やっています。」

（ひであき、日本、20歳、男性、大学生）

ひであきによると、政治的に対立しているタイやカンボジアのような親日国に対して、日本人が間に入って寝食を共にすることによって、国と国の対立を越えて、友情関係を築くことができるという。そして会議が終わり、それぞれの国に帰った後もFacebookによって参加者同士がつながることによって、親密性を強化し、新たな活動の輪を広げているという。

フィールドワークを通じて、日本、アメリカ、イギリスとも政治に関して日常的に意見を書いたりする若者はほとんどいなかった。しかし、自分たちに身近な問題や関心が高い社会問題（例えば、ボランティア、ローカル、エコ、宗教、人種差別、不平等、異文化理解など）に関しては、ウェブサイトを作ったり、Facebook 上にグループを作ったり、参加したりするなどして新たなコミュニケーション空間を創造していた。彼らは、「自らの思想や意見、感じていることなどをメディアによって構成的に表現し、コミュニケーションの回路を生み出していく」（水越 2002, pp. 92-93）力、デジタルリテラシーを持っていると言えよう。そしてこのような力は、冒頭にあげたメディアリテラシーに関する残りの２つのキーワード――「多様な価値観」と「健全な民主主義」――を保つために重要であろう。

7　グローバル時代、デジタル時代において、新たな機会を最大に享受するためにはどうしたらいいか？

7－1　デジタルリテラシーとオーディエンス・エンゲージメント

本章の冒頭で見た通り、メディアリテラシーは、イギリス、カナダ、アメリカ、日本など、世界各国において、社会の要請によって多様な文脈において議論されてきた。本書では、メディアリテラシーに関する先行研究への考察および、日本・アメリカ・イギリスでのエスノグラフィーから、デジタルリテラシーに関する以下の５次元のエンゲージメントが明らかになった。

1．アクセス（情報検索欲求、ウチの強化のための友達情報の探索・収集、ニュースのカスタマイズ、情報のオーセンティシティ）

2．クリティカル（ソーシャルメディアに対するクリティカルな解釈、マスメディアに対するクリティカルな解釈、Wikipedia の批判的利用）

3. 戦術的消費（時－空間の再構造化（タイム・シフト、プレース・シフト、プラットフォーム・シフト）、広告に対する戦術、インフォーマル／フォーマル・ラーニング）
4. 協働（マルチタスク、プレイ・パーフォーマンス・シミュレーション、擬似的共視聴）
5. 共有・参加（親密圏の強化、公共圏の創造と参加）

7－2 グローバル人材とデジタルリテラシー

「グローバリゼーション」という言葉

ここまで無批判に使ってきたが、グローバル人材に必要なデジタルリテラシーについて考察する前に、現代社会を捉えるための重要なキーワードである「グローバリゼーション」という言葉について検討しておこう。

「グローバリゼーション（globalization）」という言葉を聞いて何を思い浮かべるだろうか？「欧米化？」「アメリカ化？」と答える人も少なくないだろう。「グローバリゼーション＝欧米化」。この答えはＹＥＳでもありＮＯでもある。なぜならば現代社会において、政治や経済、ビジネスなどアメリカが依然として強力な立場にあり、グローバル・スタンダードとなっていることは事実だからである。しかしその一方で、単にアメリカのやり方をそのまま押し通しても世界の多くの地域では成功しないということもまた事実である。[14]

グローバリゼーションとは、多様な社会や文化が相互に関係し、影響を及ぼし合いながら進んでいくプロセスのことである。例えば、コカコーラやマクドナルド、ハリウッド映画は私たちの日常生活の中に深く入り込み、「アメリカ化」の象徴とされている。その一方で、人口が13億人を越え、ＧＤＰも世界2位となった中国の世界的な影響力を感じ始めている。中国人観光客の増加による経済的な効果や、電化製品や洋服など多くの中国製の商品に囲まれて暮らしており、「中国化」とも言えるだろう。また、人口が12億人を越えるインドが世界のテクノロジーセンターになることによって、「インド化」しているとも言えるのである。

英語のglobalization【グローバライゼーション】という言葉はポジティブな響きを含んでいる。なぜならばその語源であるglobe【グローブ】が「球体、地球」を意味し、世界全体を丸く包み込むというイメージを人びとに与えるからである。すなわち「グローバル」という言葉は、国境を超えて世界は普遍的な価値のもとに1つに統合されうるという「グローブ（地球）」や「グローバル・ビレッジ（地球村）」のような意味あいを含んでいる（Ruano-Borbalan Allemand 2002 邦訳 p. 126）[15]。

私たちが今日直面している1つの国だけでは解決できないような多くの問題、例えば地球温暖化などについては、自国の利益を優先的に考えるのではなく、国という枠組みを超えて、同じ地球村に住む市民として一緒に解決をしていかなければならない。トムリンソン（Tomlinson 1999）は「グローバリゼーション」という言葉を「世界の異なった部分の相互結合を増す、相互作用と相互依存の複雑な形を引き起こす過程」（p. 149）としている。現代世界では私たちは日常生活に不可欠な食糧や燃料をはじめ、様々な製品の生産、政治や経済活動、文化など多様な局面において、国境や人種を超えて互いに結びつき、依存しながら生きている。

「グローバル」「インターナショナル」「トランスナショナル」の違いは?

「グローバリゼーション」という言葉を理解するために、類似する3つの概念、「グローバル（global）」「インターナショナル（international）」「トランスナショナル（transnational）」の違いについて考察しよう。

グローバルとインターナショナルはどう違うのだろうか?　「インターナショナル（international）」の接頭語のinter-は「相互に、〜の間」を意味する。nationalは「国民の、国家の」であるから、インターナショナルとは「国家間の、国際的な」関係、すなわち、2つ以上の国と国の関係を意味している。例えば、日本とアメリカの2国間の日米関係や日本、中国、韓国の3国間の日中韓関係など、「インターナショナル」という概念は、2

つまたはそれ以上の国家が関与しているが、「グローバル」とは異なり、世界のすべての国家を統合する必要はないのである。[16]

それでは「トランスナショナル（transnational）」とはどう違うのだろうか？　トランスナショナルの接頭語のtrans-は「超えて、横切って、超越して」という意味であり、national（国民の、国家の）と結びついて、トランスナショナルとは「国という枠組みを超えた」関係を意味している。「インターナショナル」では国家が主体となるのに対して、「トランスナショナル」では国家を超越した個人や集団、社会運動、企業などが行為主体となる。社会人類学者のハナーツ（Hannerz 1996）やアパデュライ（Appadurai 1990）は、「グローバリゼーション」という言葉がしばしば世界全体を覆っている現象ではない、単なる国境を超えた関係を表すのに用いられていることを懸念し、「トランスナショナル」という言葉の方がより適切であると指摘している。[17]

しかし「トランスナショナル」という言葉にも問題がないわけではない。なぜならばこの言葉がナショナルな枠組みでは捉えられない国境を超えた人びとの活動や文化の流れを捉えようとしている一方で、２つの概念――トランスナショナル、インターナショナル――にはすでに「ナショナルなもの」が前提として含まれているからである。ハナーツ（Hannerz 1996）は「『トランスナショナル』という言葉は、皮肉にもこの言葉が否定しようとしているものに注意をひきつけている。――すなわちそれはナショナルなものの継続的な重要性である。」（p.6）と述べている。例えば、日本のアニメは、ハリウッド映画、ＢＢＣなどと並んで、世界の中で有力なトランスナショナルなメディア商品となっている。しかしこれらのトランスナショナルなメディア商品には、「アメリカ」のハリウッド映画や「イギリス」のＢＢＣ、「日本」のアニメなどのように、アメリカ、イギリス、日本各国の社会・文化規範やイデオロギーが含まれているのである。

このようにグローバル、インターナショナル、トランスナショナルという言葉は、現代世界の異なった側面を捉えている。[18]簡単にまとめると、グローバルは「地球全体の」、インターナショナルは「（国家を主体とした）国家間の」、トランスナショナルは「（個人や団体を主体とした）国境を越えた」関係を表していると言えるだろう。

さてこのように見てくると、私たちが今生きている現代社会を表す言葉として最もふさわしい言葉はどれなのであろうか？　グローバルなのか？　それともトランスナショナルなのか？　それともインターナショナルなのか？　そして、21世紀、若者に求められている「グローバル人材」とは、一体どのような人たちなのだろうか？

グローバル時代のデジタルリテラシー

本章の冒頭で、「グローバル人材」に必要な能力として、「語学力・コミュニケーション能力」や「異文化に対する理解と日本人としてのアイデンティティ」など多様な要素とともに、メディアリテラシーもその1つとしてあげられていることについて述べた。今日のデジタル時代、グローバル社会において新たな機会を最大に享受するためには、デジタルリテラシーを身につける必要があるだろう。以下では、本章のまとめとして、デジタルリテラシーにおける今後の課題と定義について再考したいと思う。

デジタルリテラシーは、論じられてきた時代的・社会的背景から多様性があり、単数形の「literacy」ではなく、複数形の「literacies」で理解されるべきであると議論されて来た。このような多様性があるにもかかわらず、デジタルリテラシーには重要な共通点がある。それはデジタルリテラシーが目指すものである。鈴木みどりは「いずれの国の理解でも、メディア社会を主体的に生きることのできるクリティカルな『読み手』になること、また、そのような市民の育成にある、という点で共通している」（鈴木 1997, p.8）と述べている。そして、鈴木が依拠しているレン・マスターマンは、メディアリテラシーの目的を「多くの人が力をつけ（empowerment）、社会の民主主義的構造を強化すること」（Masterman 1995, p. 297）としている。第3章、第4章を通して見てきたように、今日のデジタル時代を生きる上でつながりと情報へのアクセスは、読み書き能力と同様、基本的な能力となっているのである。

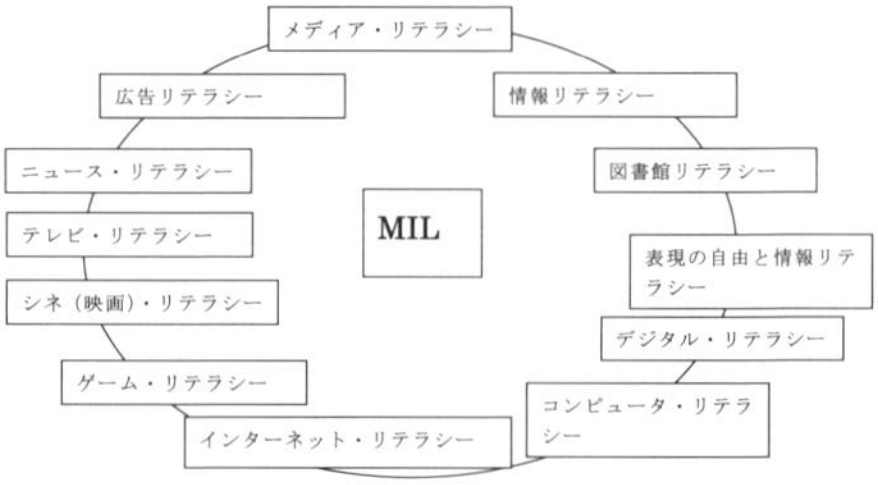

図4-2　MILの認識
The United Nations Educational, Scientific and Cultural Organization, 2011, 邦訳p. 20より

加速するグローバル化、デジタル化において、貧困や教育・情報格差などから子供の権利を守るために、ユネスコは２００８年6月、「情報（ＩＣＴ）教育」と「メディア・リテラシー教育」の概念を統合し、「メディア情報リテラシー」教育[19]を掲げている。

> すべての人びとが人生において個人的、社会的、職業的、教育的目標を効果的に達成するために情報を探し、評価し、使用し、創りだす力を身につける。これはデジタル世界における人間の基本的な権利であり、すべての国家において社会参加を推進する。（The United Nations Educational, Scientific and Cultural Organization 2011 邦訳 p.17）

村上郷子（2009）は、ユネスコの「メディア情報リテラシー」教育には、「世界各国・地域の一人ひとりがメディアにアクセスし、批判的《クリティカル》に分析・評価し、様々な形態のコミュニケーションを創造することにより、民主主義社会を構築し支えていくための人材を育成するという考え方が裾野としてある」（村上 2009, p.68）と述べ、ユネスコが提唱している3つの概念（批判的《クリティカル》思考（Critical Thinking）、メディアの応用（Media Appropriation）、公共圏への関与と参画（Intervention and Participation in the Public Sphere））を参照して、日本のメディアリテラシー教育の３C（批判的《クリティカル》思考（Critical Thinking）、創造《クリエイション》とコミュニケーション（Creativity & Communication）、シティズンシップ（Citizenship）とエンパワーメント）をあげている。同様に、坂本（2013, pp. 162-163）も、異文化間コミュニケーションを中心としたメディア情報リテラシー教育[20]の5つのキー概念として、創造、批判的思考、コミュニケーション、協働、グローバルなシティズンシップをあげている。中で

も、グローバルなシティズンシップを中心に位置付けている。（図4-3）

このようにデジタルリテラシーの最も重要な目的は、今日のグローバル社会において、あらゆる国と地域の人びとがみな平等に情報にアクセスし、国境を越えてつながり、共にグローバル社会を創造することであろう。グローバリゼーションという言葉が含意するような世界を創るために、「新しいICTを利用して新しい知識にアクセスし、採用し、創造する能力が、今日の時代における社会的包含に重要なのである」（Warschauer 2003, p. 9）。

本書においてエスノグラフィーから得られた4つの能力――「アクセス」、「クリティカル」、「戦術的消費」や「協働」――に関しては、デジタル先進国である日本、アメリカ、イギリスの若者たちにとって、従来のメディアリテラシー教育や日常生活におけるメディア経験の中で身につけることは、比較的容易であろう。しかしながら、「共有・参加」のエンゲージメントに関しては、ソーシャルメディアによって親密圏でのつながりは強化されている一方で、公共圏や国境を越えたつながりについては、いずれの国においても重要な課題として残されているのではないだろうか。村上や坂本があげたグローバルなシティズンシップとエンパワーメントは、日本人が真の「グローバル人材」となり得るために今後、重要な課題となるだろう。この点については、終章で考察したいと思う。

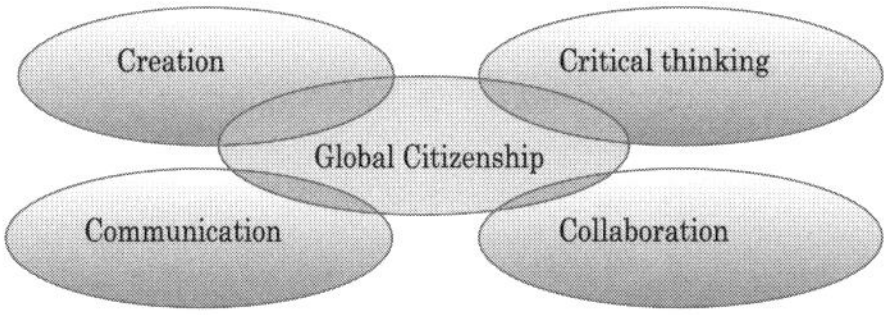

図4-3　異文化間コミュニケーションを中心としたメディア情報リテラシー教育の5つのコンセプト（坂本, 2013, p. 163より）

結論として、本書ではデジタルリテラシーを、デジタル社会を生きるための力だけではなく、「世界とつながり、グローバル社会を共に創る力」と再定義したいと思う。言い換えるとデジタルリテラシーとは、「グローバル社会に参加する基礎的な力」なのである。だからこそ、グローバル化、デジタル化が進む今、新たな機会を最大に享受するためにデジタルリテラシーを身につけることが必要とされているのである。

■注

［1］２０１１年6月に提出された「グローバル人材育成推進会議中間まとめ」は、「グローバル人材」を以下のように定義している。

Ⅰ．語学力・コミュニケーション能力

Ⅱ．主体性・積極性、チャレンジ精神、協調性・柔軟性、責任感・使命感

Ⅲ．異文化に対する理解と日本人としてのアイデンティティ

（その他、幅広い教養と深い専門性、課題発見・解決能力、チームワークとリーダーシップ、公共性・倫理観、メディア・リテラシー等の能力）

http://www.kantei.go.jp/jp/singi/global/110622chukan_matome.pdf　（アクセス２０１6年4月1日）

［2］フィルムリテラシーやテレビリテラシー、広告リテラシー、コンピュータリテラシー、ゲームリテラシー、ネットワークリテラシーなど。

［3］例えば、人類学の口承文化や人文科学のビジュアルリテラシー、文芸批評やカルチュラル・スタディズ、教育学、公共政策など。

［4］ウィリアムズ（Williams 1983）は、この点について次のように指摘している。

literature は、おもに literacy が現在もっている「読み書き能力」という意味にあたる語だったのである。Literacy のほうは、19世紀末に「読み書き能力」をさす新しい語として出てきたが、それは「学がある」という古い意味がすっかりなくなっていたからであろう。古い意味で使われていた時代、literacy は読む能力と、多くを読んで物知りである状態と、両方の意味をもっていた（邦訳 p. 182）。

［5］「メディア・リテラシーとは、メディアはどのように機能するか、メディアはどのように意味を作りだすか、メディアの企業や産業はどのように組織されているか、メディアは現実をどのように構成するかなどについて学び、理解と楽しみを促進する目的で行う教育的な取り組みである。メディア・リテラシーの目標には、市民が自らメディアを創りだす力の獲得も含まれる」（鈴木みどり 1997, pp. 6–7）。

［6］「メディア・リテラシーとは、市民がメディアにアクセスし、分析し、評価し、多様な形態でコミュニケーションを創り出す能力を指す。この力には、文字を中心に考える従来のリテラシー概念を超えて、映像および電子形態のコミュニケーションを理解し、創りだす力も含まれる」（鈴木みどり 1997, p. 7）。

［7］http://www.soumu.go.jp/main_sosiki/joho_tsusin/top/hoso/kyouzai.html（アクセス：2016年1月3日）

［8］メディアリテラシー欧州憲章（European Charter for Media Literacy）による7つの能力とは以下の7つである（Livingstone 2009, p. 200）。

1. 個人やコミュニティのニーズや利益にあったコンテンツにアクセスしたり、蓄えたり、取り戻したり、共有するためにメディアを効果的に利用する
2. 異なる文化的・制度的資源から幅広いメディアの形式とコンテンツにアクセスし、情報選択をする
3. どのように、そしてなぜメディア・コンテンツが作られたのかを理解する
4. メディアによって使われているテクニックや言語、慣例やメッセージを批判的に分析する
5. アイデアや情報、意見を表現したり、コミュニケーションするために積極的にメディアを利用する
6. 不快で有害なメディアのコンテンツやサービスを特定したり、避けたり、挑戦したりする
7. 民主主義的な権利や市民の責任の実践のためにメディアを効果的に利用する

［9］例えば、ライブ情報や掲載雑誌、試合情報などのオフィシャル情報や、有名人のライフスタイルや人間関係、どんな本を読んでいるか、どんな映画を見ているか、どんな音楽を聴いているか、着ている服や使っている化粧品、今どこで何をしているかなど、プライベートな情報も収集している。

［10］リスクマネジメントとして、ゆうみは約1ヵ月間、頻繁なメッセージのやり取りを行い、大学生活や専攻について詳しく聞いたり、お互いの写真や学生証、パスポート、航空券の写真を送ってもらうなどした。また、Facebookで友達になっている人や過去の写真をチェックしたり、ＬＩＮＥで頻繁にメッセージをやり取りしている。

［11］プレイ、パフォーマンス、シミュレーション、流用、マルチタスキング、ディストリビューティド・コグニション、集合知、判断、トランスメディア・ナビゲーション、ネットワーキング、交渉。

［12］擬似社会的相互作用は「利用と満足」研究（Horton & Wohl 1956; Levy 1979）によって最初に見出された「オーディエンスの能動性」である。フィールドワークでもテレビのタレントやスポーツ選手、ゲームのキャラクターなどと強く「心理的に関与（involvement）」している様子が見られた。

［13］例えば、選挙権が18歳以上に引き上げられる日本では、２０１５年8月2日、大学生の団体「SEALDs」によるソーシャルメディアの呼びかけに賛同した高校生たちが、安全保障関連法案反対を訴えるデモに参加し関心の高さが大きなニュースになった。8月23日にはこの若者たちによるデモは日本全国に広がり、60ヵ所以上で繰り広げられた。デモに参加した若者たちは、自撮りした写真をTwitterなどのソーシャルメディアに投稿し、そのリツイートの数の多さに驚いたり、知らない人からの批判的なコメントやいつもコメントをくれる友達からのスルーなど、その反応に一喜一憂したという（朝日新聞、２０１５年8月24日朝刊、34頁より）。

［14］例えばマイク・フェザーストーン（Featherstone 1995）は、ソニーをはじめとする日本企業の「スタンダードな商品やイメージを押し付けるのではなくて、ローカルなマーケットの要求に合わせたグローバル戦略」（p.9）から「グローカリゼーション（glocalization）」（Robertson 1995）という言葉が誕生したことをあげ、グローバリゼーションにおける「日本化（Japanization）」を指摘している。「グローカリゼーション」とは、「グローバルなローカリゼーション」すなわち「グローバルなるものとローカルなるもの、あるいは、より抽象的なもの――普遍主義と個別主義〔…〕の相互浸透」（Robertson 1995, p. 30）のことを指す。

［15］ジャン・リュアノ＝ボルバランとシルバン・アルマン（2002）によると、フランス語の「モンディアリザシオン」という概念は英語の「グローバリゼーション」を意味する。しかし両者の間には相違があるという。多くのフランス人にとって「モンディアリザシオン」という言葉はアメリカのヘゲモニーを含み、ある種のネガティブな感情をもたらしているという。（Ruano-Borbalan & Allemand 2002）

［16］伊豫谷登士翁（2002）は、著書『グローバリゼーションとは何か』の中で次のように述べている。

「国際」と名のつく分野の枠組みは、分析単位として国家＝ナショナルな存在を前提としており、国家領域を越える問題は国家間の関係としてとらえられます。〔…〕それに対して「世界」は、国家間関係のたんなる集合ではありません。国内と世界の問題は区別しうるものではなく、相互に交錯して現れます。研究の分析単位は世界であり、個々の国家はこの構成要素の一つです。〔…〕グローバリゼーション研究とは、ここでいう「世界」を対象とした研究領域に近いように思われます。(pp. 36-37)

[17] 例えばハナーツ(1996)は次のように述べている。

グローバリゼーションという言葉が、単に国境を越えた過程や関係をあらわすのに使われていることに幾分戸惑いを感じている。なぜならば、そのような過程や関係の多くが明らかに世界中に行き渡っているわけではないからである。「トランスナショナル」という用語はある意味より謙虚でより適切な概念なのである。(p. 6)

[18] 現代世界をあらわす概念には、この他にもモンディアル、世界、マルチナショナル、グローカルなどがある。これらの概念は異なった意味やイデオロギーを内包し、多元的なグローバリゼーションの異なった局面を捉えている。なぜならばグローバリゼーションのプロセスは決して単一で一方向的なものではなく、多次元的で複雑なものであるからである。グローバリゼーションの多次元的アプローチとして、マンフレッド・スティーガー(Steger 2003)は経済、政治、文化、イデオロギー的次元からそれぞれ分析している。またデビッド・ヘルド(Held 2000)は文化、政治、経済の次元に関して、グローバリゼーションに対する3つの異なる理論的潮流――グローバル主義、伝統主義、変容主義――の立場から批判的な検討を行っている。さらに伊藤(2007)はグローバリゼーションの概念について整理を行うとともに、国際情報交流の視点からその現状や問題点について考察している。

[19] http://www.unesco.org/new/en/communication-and-information/media-development/media-literacy/mil-as-composite-concept/

[20] 坂本旬(2009, p. 2)は、ユネスコを参照し、次のようにメディア・リテラシーの定義を与えている。

第一に、メディアリテラシーはメディアに対する批判的《クリティカル》な読み書き能力であり、批判的《クリティカル》思考能力は主権者として生きる上で必要不可欠な能力である。

第二に、メディアリテラシーはメディアを創造し、発表し、コミュニケートするスキルや能力である。単にメディアを利用する能力ではなく、多様なコミュニケーションへとメディアを活用する能力を含んでいる。

第三に、メディアについての基本的人権や社会責任を自覚し、多様なメディアを活用し、メディアが作り出す新しい公共圏に参加して、コミュニケーションする能力を民主主義社会の形成に寄与する力である。

第5章　リスク

——リスクを最小限にするにはどうしたらいいのか？

「プライバシーを持ちたいなら、インターネットは最適の場所だとは思わない。絶対に違う。インターネット上に何かを投稿したら、いつもインターネット上にあって消すことは不可能だ。」

（トニー、アメリカ、16歳、男性、高校生、ロシア系）

「インターネットで危険なのは、たとえ何をしようとも決して消すことができないこと。インターネットは本当に怖い。なぜならすべてのものは見えない場所に行くだけで消すことは出来ないから、本当に怖い。」

（ナンシー、イギリス、15歳、女性、高校生、中産階級）

1　リスク社会を生きる若者たち

私たちが生きている現代社会は、デジタル化、グローバル化が急速に進み、「リスク社会」（Beck 1986）と呼ばれている。例えば、原子力発電や地球環境問題、インターネットなどに対するリスクマネジメントは、政府や企業ばかりでなく、個々人にとっても重要な課題である。科学技術は私たちの暮らしを便利にしている一方で、リスクをもたらす諸刃の剣なのである。デジタル技術も例外ではない。「リスク社会」に生きる私たちは皆、身近にあるリスクに関する情報を他者と共有するとともに、リスクに関わるすべての人が双方向にコミュニケーションをとれるような「リスクコミュニケーション」の機会を持つことが重要とされているのである（今田編 2007）。

今日のデジタル革命、グローバル時代を生きる若者にとって、Twitter や Facebook、ＬＩＮＥなどのソーシャルメディアは、これまで考察してきたように重要な役割を果たしている。グローバルなソーシャルメディアは、国境を超えたつながりや社会運動などこれまでにない新たな機会を提供している。しかしその一方で、ネットいじめや個人情報の流出などリスクも多い。昨今では、ＬＩＮＥ疲れや、若者による「笑える冗談」「軽い馬鹿」のつもりの逸脱的行為を Twitter で公表してしまい数百・数千人以上の批判を起こすという事件[1]が相次いで起きている。

本章では、メディアとのエンゲージメントによって引き起こされる4つのリスク――いじめと誹謗中傷、個人情報とプライバシー、ストーカーとオンライン上での出会い、中毒と依存――について考察していく。日常生活において若者たちが実際に出会ったリスクとその対処法について考察した後、デジタル社会におけるリスクマネジメントについて考察したいと思う。

2　いじめと誹謗中傷

2－1　ネットいじめのニュース報道

ネットいじめの問題は、インターネットが日常生活の中にある国ではどこでも共通の問題となっている。いじめは以前から存在していたものの、携帯電話やインターネットの普及により、新たなタイプのいじめに発展している。かつては教室内などの限られた場で行われていたいじめが、携帯電話やインターネットによる「脱－埋め込み」によって時間も空間も拡大しているのである（本書第3章参照）。例えば、現代の子供たちは携帯電話により、24時間、学校から帰宅後も執拗な誹謗中傷のメッセージを受信することによっていじめから逃げ場がなくなっている。また、学校裏サイトや電子掲示板、チャット、ソーシャルメディアなどの利用によって、個人情報や写真を悪意のあるコメントとともにネット上に流出し、拡散させる「ネットいじめ」が顕在化している。時間的、空間的に拡大されたネットいじめは、時として自殺や暴行事件、殺害事件にまで及ぶ場合がある[2]。そしてインターネットやソーシャルメディアを利用したいじめは、テレビ報道などでセンセーショナルに報じられ、子供や親、先生など社会の不安を駆り立てているのである[3]。

2－2　いじめと個人情報をさらす

テレビニュースとなったのは氷山の一角と言われているが、インタビューをした多くの人が多かれ少なかれ何らかの嫌な思いをしたことがあり、自分あるいは友達が受けたいじめについて話してくれた。ソーシャルメディアの普及によって個人情報や仲間内の会話をインターネット上のオープンなサイトにさらし、誹謗中傷することがある。女子高校生のるりは、学校の友達が個人情報をさらされたことについて次のように語った。

るり「『またさらしあったみたい、怖い』とか。」
著者「自分の個人情報をさらされることはこわい？」
るり「怖い……ですね。授業でも習ったし、一回中2くらいのときに、友達が仲良かった友達をさらしたことがあって。それが本当に問題になったことがあって、学年の保護者会みたいなの開かれるくらい。それで怖くて。」

（るり、日本、16歳、女性、高校生）

女子高校生のゆかとかなは、ネット上でのいじめについてLINEとTwitterの違いから次のように語った。

ゆか「Twitterでのいじめは少ないよね。」
かな「実際、そんなにない。それやったら一発で学校にバレて、自分たちが怒られるってわかってるから。」
ゆか「もっといじめをやるんだったら、陰湿。LINEとか。」
かな「LINEだよね。Twitterはないよね。」
ゆか「LINEだと個人に送れるんで集中砲火とか、グループ作って叩きまくるとか。」
著者「でもそういうのわかっちゃうじゃない。」
ゆか「いや、周りから見ればわからないんで。第三者がいない状態なんで。どっちかっていうとそっちの方がいじめやりやすい……って言っちゃうのもあれだけど。Twitterもそうだけど、第三者がいるかいないかだね。」

かな　「外から見えるか見えないか。」

（ゆか・かな、日本、ともに15歳、女性、高校生）

インタビューにおけるＬＩＮＥいじめの例としては、中高生たちが、ＬＩＮＥグループ内で気に入らない人を強制退会させるケースがある。ターゲットの人を追い出した後、グループＬＩＮＥで、「あーやっぱり◯◯ちゃんがいない方が落ち着くね」といった会話をし、仲間意識を確認し合っているという。こうしたＬＩＮＥ外しが繰り返し行われることによって、空気を読めなければいつでも強制退会させられるという恐怖心が芽生え、ＬＩＮＥ上に「新村社会」が創発する（本書第1章）。

このようなあからさまな例ではなく、表のグループＬＩＮＥとは別に、裏のグループＬＩＮＥを本人が知らない間に作っているケースもある。

まい　「みんなＬＩＮＥやってるんですけど、ＬＩＮＥのグループをクラスで2つ作って、いじめられてる子は、片方の方に入れられて、みんなそっちでは発言せずに、こっちでは発言して盛り上げるみたいな、えげつないことしてる。〔…〕夜中まですごいクラスＬＩＮＥで会話が出ちゃうから全然眠れなくなって〔…〕次の日昨日ＬＩＮＥでさぁ、みたいになるから……」

（まい、日本、14歳、女性、中学生）

このようなＬＩＮＥ上でのトラブルが実際のいじめにつながり、睡眠障害を招く危険性もある。今日の子供たちの世界では、些細なことで誰もがいじめの標的となり得るのである。

しかしSNSいじめは、LINEの登場によって引き起こされたわけではない。2000年代後半に流行した「前略プロフィール」という自己紹介ページを作成できるサービスにおいても、すでに同じようないじめが行われていた。女子大学生のさきこは、自分の中学時代を振り返って次のように語ってくれた。

さきこ「前略やってない子が日によって標的になるので。だから私も〔前略を〕やってたんです。標的になる子も地味なタイプじゃなくて、結構言ってる子と一緒にいるような子なんですよ。そのときの態度が気に食わなかったって、その日の標的にされてて。」

筆者「本人は気がつかないの?」

さきこ「全然気づいてなくて、次の日も言ってた子の中に入っていこうとするんですけど、ちょっと冷やかな目で見られてるというか。その子が『わかんないけど……』って言ってて。でも『前略で書かれてたんだよ』なんて言えないし、『大丈夫だよ』とか言いながら、こっちは原因知ってるけどその子はまったく気付いてないので。怖いなあって。」

(さきこ、日本、20歳、女性、大学生)

2-3 保護者の介入

ソーシャルメディア上に存在しているリスクがすべて子供を傷つけるわけではない。子供をリスクから守るためには、親や先生など周りにいる大人が重要な役割を果たす必要がある。ヨーロッパ諸国で行われたEU Kids Online 調査と同じ質問項目を用いて、筆者の研究室で2014年に都内の高校を対象として行ったフィールドワークでは、イギリスと日本の各項目を同じ属性で比較した場合、日本の保護者は、子供のインターネットの安

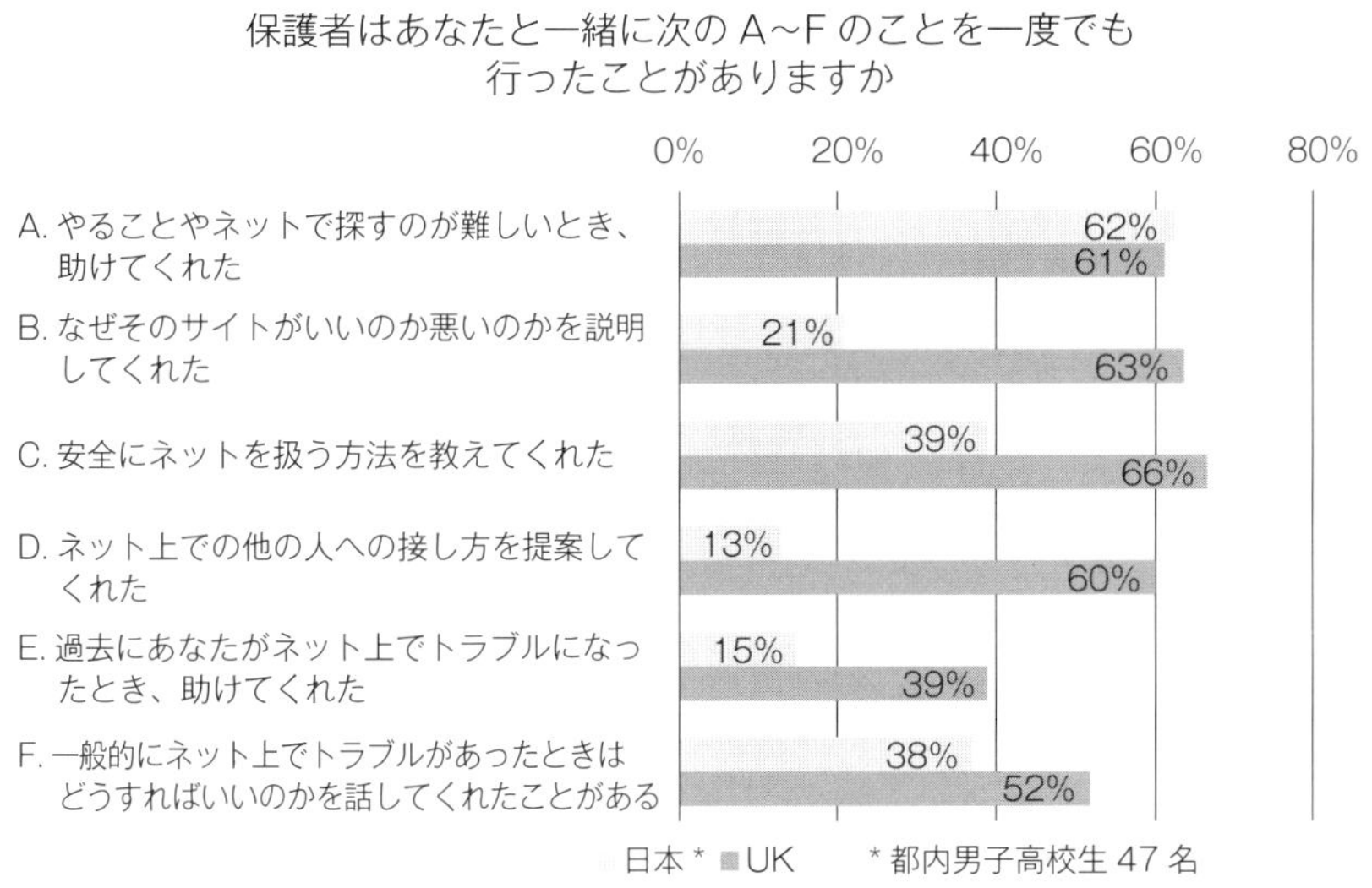

図5-1　子供のインターネット利用に対する親の介入に関する日英国際比較の一例
イギリスのデータはEU Kids Online調査による同じ属性を比較している。http://eprints.lse.ac.uk/33730/ （アクセス：2016年5月30日）

全面に関する介入がヨーロッパ諸国よりも消極的なのではないかという仮説が立てられた。

この仮説の妥当性を支持するような結果が、NTTドコモモバイル社会研究所が行ったヨーロッパ7ヵ国との国際比較調査[4]（2015）において以下のように考察されている。

「インターネットの利用について子供に尋ねている親は、日本ではたった32％に対して、ヨーロッパ7ヵ国では大半の親（63％）が子供に尋ねている。同様に、ヨーロッパでは、日本の親（21％）のほぼ2倍である40％の親が、子供がインターネットを使う時に隣に座っている。日本では半数の親が、ソーシャルメディアのプロフィールや誰とメッセージをやり取りしているかについて、子供に聞いたことがない」（NTTdocomo 2015, p. 32）。

都教育委員会が小中高生に実施したインターネット利用に関する調査でも、ネット上でのいじめなどへの対処法として「我慢した」が38％と最も多く、次いで「友達に相談した」が17％、「家族や親戚に相談した」は16％しかいなかった。インターネットに関するルールを決めている家庭も、小学生で49％、中学生は31％、高校生は11％であった。[5] このような調査結果を見ても、保護者による介入が子供たちをリスクから守ると言われている一方で、日本では保護者による子供へのインターネット教育やインターネット利用への介入が積極的に行われているとは言えないのではないだろうか。

この理由として、1つには日本と欧米社会における親子関係におけるコミュニケーションの違いがあげられよう。例えば、正高信男（2003）はアメリカに比べて、日本では子育てにおいて、非言語的接触が多いことを指摘している。

> 日本ではことばでもってものごとを教えるという姿勢が稀薄なのだ。もっとも、それは日本だけが例外なわけではない。〔…〕地球規模で見ると、むしろ欧米の方が例外に属する。近代啓蒙主義以降の、ことばすなわち理性という主知主義的人間観によって、今日の西洋の子育てのパターンは影響を被っているのだろう。むしろスキンシップ・非言語接触中心の子育て方の方が、人類の歴史から見れば本来の姿に近いかもしれない。（p. 28）

日本の子育てにおいて「なぜ携帯電話やインターネットを利用することが悪いのか」「携帯電話やインターネットにはどういうリスクがあり、どういう利点があるのか」などを子供に言語的に説明をするのではなく、ただ使用を禁止しようとしたり制限しようとしたりしているのではないだろうか。

また、親子関係におけるコミュニケーションの文化的な差異の他に、もう1つの重要な理由として、保護者自身がデジタルリテラシーをあまり身につけていないことも考えられよう。平成25年度に行われた内閣府の「青少年のインターネット利用環境実態調査」（2014）によると、インターネットに関する啓発や学習を受けた経験についての項目で、小中高、男女合わせた総数1817名においても「学校で教えてもらった」と回答したのは83％、「親（保護者）から教えてもらった」と回答したのは24％に留まった。さらに「自分のほうが子供よりもインターネットが詳しい」と回答した保護者の割合が、小学校では7割、中学校では4割、そして高校生になるとわずか約2割しかいなかった。学校種が上がるにつれ、保護者よりも青少年の方がインターネットに詳しいと回答する傾向が顕著にみられた。このことから保護者は、「子供を信頼しているから」、「みんなやっているから」、「言っても効かないから諦めている」などと言って、子供のインターネット利用に関与していないのではないだろうか。そのため、学校にデジタルリテラシー教育を任せ、保護者自らが家庭で子供に教育をしなければならないという意識があまりないのではないだろうか。ある中学校の教師は生徒の親から「学校がきちんとデジタルリテラシー教育をしてもらわないと困る、という苦情の電話がかかってくるが、学校も授業日数は決まっているし、情報の時間を多く割く余裕もない」と言う。学校におけるデジタルリテラシー教育の改革とともに、親に対するデジタルリテラシー教育や意識改革も必要とされるであろう。

2－4　いじめの対処法

先生に相談する

それでは実際に学校でいじめにあった子供たちはどのように対処しているのだろうか？　ネットいじめへの対処法としては、いじめや中傷を受けたとき、まず、特定の人をブロックしたり、「友達」から外したりしている。さらに自分の個人情報がインターネット上にさらされたり、写真がソーシャルメディアによって拡散されたりするなど多くの人を巻き込みエスカレートした場合は、保護者に相談している。もし保護者が解決できない場合は、アメリカやイギリスでは、先生や学校長、警察に訴えて解決を図っている。

トム「ネットいじめはたくさんある。インターネット上では誰でも標的になりうる。友達でいじめられた人を何人も知ってる。」
シェリル「そう。昔の友達もいじめをたくさんやってた。」
著者「本当？」
シェリル「うん、Facebookでひどいコメントを書いてた。その子たちが最初にひどいことを書いて私たちを挑発してくるの。だから反応したくなくて。それでもひどいことを書き込み続けるの。」
ジェイン「結局先生に言いに行ったのよね。」
ナンシー「そう。だって彼女たちを信じてみんなが同じようなコメントを書き始めたから。反論し続けるのは嫌だし……でも反論しなければ、みんなが私たちが悪いって信じると嫌だし。本当に辛かった。」
（イギリス、15歳、高校生グループ、中産階級）

アメリカの女子大学生ダイアナは、中学時代、執拗なネットいじめに対してすべて印刷して校長に訴えたという。

ダイアナ「私が8年生（中学2年生）の時、友達がインターネット上で本当にひどいいじめにあってた。私の学校ではネットいじめがたくさんあったから。〔…〕いじめは学校で昔からよくあることだけど、それをオンライン上でやる。でも校長に言って、結局いじめの犯人がわかったの。」
著者「本当？　もう少し詳しく教えてもらえないかしら？」
ダイアナ「うそのアカウントを作って、ブスだとか馬鹿だとか。〔…〕でもＩＰアドレスをたどれるでしょ。私たちも馬鹿じゃないから、誰が送ったかわかる。この口調は彼女っぽいとか。それですべて印刷して校長に持って行ったの。〔…〕私にも似た様なことが起きた。だからチャットを全部印刷して校長に送った。理由もなく攻撃してくる。何でかわからないけど、ひどい。」

（ダイアナ、アメリカ、18歳、女性、大学生、コケージョン）

ソーシャルメディアといじめ

イギリスやアメリカでは、いじめにあった子供たちが学校長に直接訴える一方で、日本では直接学校長に訴えるケースは少ないだろう。ここでは日本における1つの事例としてフィールドワークで遭遇した、中学2年間、いじめにより不登校になった女子生徒ゆかが、どのように克服したのか見ていきたいと思う。

不登校になったきっかけは、休みがちのゆかが自宅で猛勉強して成績が1位になった時、同じクラスで優等生のひろしにひどいいじめにあったという。教科書をすべてトイレの便器に入れられて、グショグショになった教科書を自分で拾い上げて学校の前にあるセブンイレブンのゴミ箱に泣きながら捨てたこともあった。ゆかはいじめについて先生には相談しにくいという。実際にひろしの執拗ないじめに耐えかねて訴えても、みんな優等生のひろしの言うことを信じて自分がいじめられているという事実を誰も信じてくれなかったという。

著者「今まで相談とかしたことある？　先生に。」

ゆか「ない……ですね。周りはみんな知ってるんですけど、いじめてたのって、学年10位とか5位とかには入る子だったんで。先生からの信頼がすごく厚かったんですよね。だから言っても疑われなかったんで、学校行かない、めんどくさいって。」

著者「先生には言えない？」

ゆか　「先生には言っても、信じてくれないって感じで。」
著者　「そのときはつぶやかなかったの？」
ゆか　「証拠がないから。だからネット上でいじめられると、反撃しやすい。」
かな　「スクショして。」
著者　「じゃあ、自分の体験から言うと、ネットいじめのほうが……」
ゆか　「反撃しやすい。証拠が残るから。」

（ゆか・かな、日本、15歳、女性、高校生）

ゆかによると、ネットいじめの方が、相手が書いたひどい言葉や執拗なやりとりをスマートフォンのスクリーンショット機能で保存しておいて、先生に見せたり、逆にオープンなソーシャルメディアでさらしたりするなどいじめられた側が対処できるという。ソーシャルメディア上でのいじめや誹謗中傷は、いじめの規模を拡大する一方で、いじめの証拠をインターネット上に残し、多くの人の目に触れることにより対処法をもたらしている。ソーシャルメディアによるいじめの可視化についてダナ・ボイドは次のように述べている（boyd 2014 邦訳 p. 246）。

ソーシャルメディアはいじめの力学を劇的に変えたわけではなく、こうした（いじめっ子といじめられっ子の）力関係をより多くの人々の目に触れるようにした。私たちはこの可視性を、厳罰化を正当化するためにではなく、実際に気付いてほしがっている若者を助けるために利用しなければならない。テクノロジーを責めたり、テクノロジーの利用が最小限になれば衝突はなくなると仮定するのはばかげている。

ウチの大切さ

ゆかは絶えずスマートフォンでＬＩＮＥやTwitterを利用し、オンライン上の友達ともオフラインで気軽に会っているインターネットのヘビーユーザーである。しかしいじめから実際に彼女を救ったのは、ネット上の友達や同じ悩みを抱えるオンライン上のコミュニティではなかった。行きたい時に気軽にいつでも立ち寄ることができ、親身になって話を聞いてくれる保健室の先生と保健室という物理的空間であった。

ゆか「保健室だった。私は。私が保健室行ってたときって、基本的にサボりたい不良たちと、ただサボりたい人たちが居て、みんな本当に具合が悪いわけじゃないんですけど、みんなベッドにこうやって座って話してて、その時の内容もけっこう興味深いものがあったんで。普段教室でもいきがってるやつもなんか、リーダー格のやつがいない空間だと、意外と性格が違ったりして面白いなあって。」

著者「そうなんだ。保健室の先生が話しやすい人でいろいろ話を聞いてくれれば、ネットいじめでも一人にならずに……。一人になっちゃうのがまずいのよね。」

ゆか「んー。わたしけっこう周りにいたんで。それもよかったのかな。今になって思えば。」

（ゆか、日本、15歳、女性、高校生）

ゆかによるとネット上のサイトやコミュニティは、多様な人が集まっているように見えても結局同じような人が集まっているため、現実の問題の解決にはならないという。

著者「不登校の人のためのサイトとかは……」

ゆか「そういうのって自分かわいそうって思ってる典型的なやつじゃないの。」
著者「そう？　でもそこに書き込むと僕も同じ思いをしてて……って……」
ゆか「だから傷の舐め合いじゃん。自分かわいそうってなって終わりだよね。そういうサイトに書き込んでいる人に、いじめに打ち勝つ強い心を持っている人はいないわけだから、お互いに傷なめ合って終わり。」
著者「じゃあ保健室は？」
ゆか「普通にいろんな人が来る。具合悪い人も急に会話に参加してきたりだとか〔…〕うちの中学の保健室は基本的に不良がいっぱいいる感じだったんですけど、なぜか不良がいっぱいいる空間だったのに、アットホームだったり。普通の人が入ってこれるっていう。急に身長計とか設置して、ここを通るものは身長を測っていくんだみたいに。そんな感じだったんで。集会場でした。」
著者「ネット上にそういう集会場はできないのかしら。やっぱり現実の……」
ゆか「だからごちゃまぜじゃないとだめだよね。同じ意志で入ってきたら、同じ考え方しかしてないから。いろんな考え方を聴けるって意味では、オープンな方が。」
著者「それはTwitterでもだめなの？」
ゆか「Twitterはおんなじ……。基本的に集まるのは同じ趣味、同じ意志だから。となるとやっぱり保健室っていうかそういうランダムで集まれるところがいいのかなって。」

（ゆか、日本、15歳、女性、高校生）

インターネットの利点として、「多様な見解」が大量に得られ、また、匿名で語り合える他人だからこそ本音を言うことができ、インターネット上の友人に救われたという人も多くいる。しかし実際にゆかをいじめから救ったのは、「趣味や関心が同じで、多様なネットの人びと」ではなく、学校という同じ社会集団に所属し同質に扱われがちではあるが、実際は多様な背景や考えを持つ人びとであった。インターネットが普及するデジタル社会においても（あるいはデジタル社会であるからこそ）家族や親友、保健室の先生のような身近にいて相談できる人が重要や役割を果たすこともある。ネット空間だけではなく、保健室のような物理的空間（ゆかの言葉では「集会場」）の中で、直接的な相互作用をすることによって、自己を対象化することも重要なのである。

3　個人情報とプライバシー

かつて日本ではインターネット上の情報発信の多くが匿名で行われていた。しかしながら、ソーシャルメディアの登場によって、インターネット上の匿名性に関して変化が起きた。２０００年代後半に中高生を中心に人気を博した前略プロフィールでは、自分のプリクラの写真を貼ったり、学校名などの個人情報を出したりした。その後Facebookの登場によって、実名で登録し、様々な写真を日々投稿するようになった。ここでは、写真や個人情報の流出によって、若者たちがどのようなトラブルにあい、どのように対処し、何に不安に感じているのか見ていきたいと思う。

3-1　投稿写真によるトラブル

ソーシャルメディア上に飲酒や喫煙などの写真を投稿することによって、実社会において様々な問題を引き起こし、制裁を受けるケースもある。例えば、Facebookに大学生の未成年者が飲酒している写真を投稿して、所属サークルが活動停止になったり、Twitterに高校生が大学合格祝いのパーティと称して飲酒している写真を投稿して入学が取消になった例がある。また、2歳の長男に火を付けたたばこを吸わせた動画をFacebookに公開したことから、24歳の父親と交際相手の16歳の少女が逮捕された事件もある。[6]
アメリカでも同様にFacebook上の1枚の写真から、高校の部活動を退部させられたり、退学させられたり、大学の入学を取り消されたり、大学で専攻を変えさせられたり、就職ができなかった人もいる。そして、Facebookでは、自分が投稿しなくても、知らない間に友達によって写真を投稿され、タグ付けされ、問題になることがある。

デビー「教育学部の4年生の子の友達が酔っぱらった写真をインターネットにあげたの。そうしたら大学の人がその写真を見つけて専攻を変えさせたの。子供を教えるのに向いていないって。たった1枚の写真が完全に彼女の人生を変えたの。4年生で専攻を変えなければならないなんて。もし就活の時に、企業が名前を検索して、そんな写真がでてきたら、雇わないよね？」

（デビー、アメリカ、19歳、女性、大学生、コケージョン）

アメリカの高校生たちは、パーティの写真をFacebook上にあげたことから、警察がパーティ会場に駆けつけて、退学処分になった人もいるという。

トニー「1年前パーティに行った時、警察が来たんだ。僕のFacebookのせいなんだけど。」
ケイト「たぶんお酒を飲んだりタバコを吸ったりクレイジーなことをたくさんしたからじゃない？」
スティーブ「最近皆Facebookについて深刻に考えないよね。」
ケイト「そう、なんでも載せたいこと載せてるし……」
スティーブ「何を書くかとかあげるとか考えてない。だから僕は友達も知ってる人だけ。プライベートにしてるんだ。」
トニー「でも名前をGoogleで検索すればFacebookが出てくるよね。自分がやっていなくても、プロフィール欄とか誰と友達かとかは見ることができるし。だから、先生は……」
ケイト「先生はこの人と関係してるから悪い人って思っちゃう。」
トニー「そう、ハロウィンの時に大きなパーティがあって1年生の終わりに退学になったやつがいた。保護監察士と一緒に学校に戻るために2回目のチャンスを与えられたんだけど、でもそいつがビール瓶を持ってドラッグを吸ってる写真をアップしたんだ。Facebook上で警官が2人友達にいるからその後どうなったんだろう……」

（アメリカ、16-18歳、高校生グループ、コケージョン）

3-2 Twitter——教室の遊びの延長

日本の高校生たちも学校の教室の延長としてTwitter上で遊ぶことがある。筆者の研究室でフォーカス・グループ・インタビューを行ったある高校2年生のクラスでは、Twitter上でクラスの人気者（リーダー的存在で、クラスメートを笑わせることができる生徒）のbotを作る「遊び」が流行っていた。具体的には「〇〇（苗字）bot」[7]というアカウントを作り、その生徒がそれまでに発した名ゼリフや面白い発言、さらには本人の変顔写真（見た人を笑せるためにつくった滑稽な表情）などをツイートしていた。中には本人が上半身裸の写真や寝顔の写真、下着を脱がされそうになっている写真もアップされていた。そして交際相手の彼女のtwitterアカウントにまで反応し、彼女のツイートをリツイートしたりリプライを返したりしていた。

としのり（16才、男子高校生）も自分の bot を友達に勝手に作られたのだが、「bot を消してほしい」とは言えないという。なぜならばフォロワーが１００人を超えており、みんながこの遊びを楽しんでいることを認識していたからである。また、どんなにふざけたツイートをされても、恥ずかしい写真をアップされても、それが周りの友人の目にしか晒されないものだと信じているようだった。おそらく友達も、としのり本人も、「bot のツイートの内容は、『としのり本人が発信したメッセージではない』と分かったうえで受け取られる」という根拠のない確信をもってこの遊びを楽しんでいたのだろう。しかし、実際としのりの bot アカウントは検索すれば誰もがツイートを見られる状況だった。そのためもしこのアカウントを、家族や親戚、先生、高校以外の友人が見つけた場合、大きな誤解が生じるだろう。

この遊びは仲間ウチの遊びであり、明らかにソトを意識していない。本人たちは教室や学校という閉ざされた場における内輪の遊びの延長ととらえているが、投稿されたツイートや写真はすべてソトの目にさらされる危険性を持っている。これらの情報や写真は、第三者に間違った文脈の中で解釈されて大きな誤解を生む可能性もあるし、悪用される可能性もある。将来、としのりの大学受験や就職活動などにおいて不利益を及ぼす可能性も十分に考えられるのである。

3-3　プライバシーの問題に関する対処法

個人情報のコントロールの限界

新しいソーシャルメディアを初めて利用するとき、プライバシー設定の仕方がわからず、電話番号や個人情報が流出したり、見知らぬ人からメッセージを受け取ったりすることもある。このような失敗から、若者たちは、プライバシーの問題に関する対処法として、設定を変更したり、写真を消去したり、タグをはずしたり、特定の人をブロックしたり、検索にかからないようにしたり、削除したりしている。

ソーシャルメディアのプライバシーの設定を変更することにより、自分の個人情報に関してある程度コントロールすることはできても、他者によるFacebook上での写真のタグ付けやTwitterでのつぶやきなど、完全にコントロールすることはできない。

調査員「自分の情報を全部自分でコントロールできてる?」

つばさ「無理。だって一緒にいた友達が、私の知らない所でＬＩＮＥで他の友達に写真送るかも知れないし。私の居ない所で友達が他の友達に私の写真を見せるかもしれないし。そういうのはわからないから、無理。あと恨まれてる友達に変なの流されるかも知れないし、リベンジポルノみたいなのもあるかもしれないし、無理。」

（つばさ、日本、21歳、女性、大学生）

調査員「自分の情報について管理しきれてると思う?」

あつこ「思わない。特に一個気になるのが、いろんなサイトとかネット上の登録の時にある利用規約が卑怯だなって感じてる。あんなの誰も読むわけないし、ましてや利用規約に同意しない限り絶対利用できないってところが嫌な感じがする。」

（あつこ、日本、20歳、女性、大学生）

デジタル化への応化：パブリックな空間としてのインターネット

私たちは果たしてインターネット上で自分のプライバシーを保つことは出来るのだろうか？　若者たちの中には、たとえプライバシーの設定をしても、インターネット上では、いかなる情報もパブリックな情報になると答える人もいた。

ジミー　「インターネット上にあげたものは何でも実際パブリックになる。」

著者　「それでも［Facebook の公開範囲を］『友達のみ』に設定したいの？　もしすべてパブリックになるならプライバシー設定しても……」

ジミー　「変えられることもある、でもそれにもかかわらず一度インターネットにあげたら、永遠にネット上にあってパブリックな情報になる。ただアクセスできないだけ。」

（ジミー、アメリカ、19歳、男性、大学生、アフロアメリカン系）

ジョーは、Facebook によってより多くの情報がパブリックに設定させられていき、プライベートにすることができなくなっているという[8]。

ジョー　「Facebook はプライバシーポリシーをアップデートしつづけている。例えばあなたの情報を広告主と共有するかもしれないとか、あなたの年齢をプライベートにできなくなるかもしれないとか。プライベートに出来ることをどんどん減らしている。以前はプロフィール上のものは何でもプライベートにできたのに、今は秘密にできることはほとんどない。どんどんパブリックにされて行く。」

（ジョー、アメリカ、19歳、男性、高校生、コケージョン）

デジタル・タトゥー

そして「デジタル・タトゥー」と言われているようにインターネット上の情報は半永久的に消えることはない。インターネット上にあげられた写真や自分の個人情報は、完全に削除することは不可能である。インターネット上のどこかに存在し続けるのである。

トニー「皆オンライン上で安全だと思ってるし、いつでも消せると思ってるけど、一度オンライン上に何かを載せたら、例えばJessie Slaughter[9]のように〔…〕彼女は消したんだけど、他の人は投稿し続けている。」
ケイト「情報は驚くほど早く行き交う。」
スティーブ「インターネットに例えば写真をあげた時、どこに投稿しようとそれはそこにあっていつもたどることが出来る。」
トニー「今高3だけど、昔の写真を削除してから大学に入りたい。大学が見ると……」
スティーブ「Facebookを検索するんだよ、大学は。」

（アメリカ、16－18歳、高校生グループ、コケージョン）

アメリカの高校生スコットは、個人情報の管理権限を失うことは「人生を失う」ことだという。

スコット「自分が何をするかとか、テクノロジーをどのように使うかとか、注意深くならなければならないと思う。もし気をつけてないと悪いことになりうるから。」
著者「悪いことって？」
スコット「自分のアイデンティティを皆にさらせば、自分の人生を失いかねない。」

（スコット、アメリカ、16歳、男性、高校生、ドイツ系）

私たちはソーシャルメディアやアプリなどを、個人情報の提供に同意をした上でダウンロードし、日々利用している。しかし私たちが利用しているスマートフォンやソーシャルメディア、電子マネー、アプリなど、インターネット上での活動（例えば、検索履歴や位置情報、どのサイトのページにいつどのくらいの時間滞在し、どのブログや記事のどの部分を読んでいたかなど）は、ビッグデータ（インターネット上に蓄積された大量のデータ）として様々な形で利用されている。みんなが使っているから、便利だからと安易に考えずに、プライバシーが侵害されるリスクについて意識した上で、インターネット上で利用するサービスや投稿する内容や写真などを選択する必要があるだろう。ビッグデータやＩｏＴなど、日々加速するデジタル化に適応するためには、一人一人が自分のプライバシーの権利について考える必要があるのである。

4　ストーカーとオンライン上の出会い

4－1　Facebookストーキング

FacebookやTwitterなどのソーシャルメディアに自分の居場所やプライベートな写真、予定など次々と投稿することは、自分のプライバシーが侵害されるリスクばかりでなく、ストーカーなどの犯罪に出会うリスクもある。

初めて会った人や気になる人の名前をGoogleやFacebookで検索することは、いまや多くの人がやっていることだろう。例えば、ひかるは、飲み会などで新しい誰かの友人の話が出てくると誰とはなしに「Facebook見せて」と言って、その人のページをスマートフォンで回し見たりしている。時にはその人の恋人や友達のページまで見ることもあり、勝手に会ったことのない人の人間関係まで品定めをしているみたいで自分自身違和感を覚えるという（ひかる、日本、24歳、男性、大学生）。

また、イギリスの大学生の中には、自分や友達がFacebookをストーカー行為のために利用しているという人もいる。

エリー「とくに自分がストーカーしてる男の子のFacebookページはよく読む。だけど私が彼をただストーキングしているだけで彼が私のことを知らない場合は、彼のニュースフィードには書かない。気味が悪いだろうから。」

（エリー、イギリス、21歳、女性、大学生、労働者階級、コケージョン）

ボブ「ぼくの知ってる女の子は男の子の写真を見てかっこいいと思ったら、友達に加えている。一種のFacebookストーキング。イギリスではよく知られてるんだけど。」

（ボブ、イギリス、23歳、男性、会社員、コケージョン、中産階級）

ジャスミン「元カレがFacebookでパーティに出席するかどうかチェックする。Facebookはとってもオープンでプライバシーはないから。」

（ジャスミン、イギリス、21歳、女性、大学生、アフロカリビアン系、労働者階級）

さらに、アメリカの高校生たちはFacebookを「ストーカーのプログラム」と呼ぶ。

ダニエル　「正直言って Facebook は完全にストーカーのためのプログラム。」
ジェイコブ　「すごく簡単にストーカーできる。」
ダニエル　「完全にストーカーのプログラム。例えばジムのページに行って何か書く、例えば『後で出かけようぜ』と書く。そうすると他の奴も彼のニュースフィードに書いてるのが見えるから読む。気がつくと3ページも読んでる。彼が誰と話してるとか、何を言ってるかとか。それで僕はこいつを見てみようって、クリックして、そいつを見てみる。あっ、こいつは知らないとか。で、またクリックをして読んでる。」
ジェイコブ　「その通り。ホームボタンを押すと、他の人がその人について書いてることがリストアップされてる。誰かが、ガールフレンドについて会話をしてる時に自分も見て、あっ、この人知らないって、会話を見てるんだ。すごく変だよね。」

（アメリカ、17歳、男性、高校生グループ、アジア系）

実際に Twitter でストーカーされた日本の女子大学生もいる。なつきはこの経験以降アカウントを変更し、新しいアカウントに鍵をつけるようにしたという。

なつき　「ネトスト〔ネット上でのストーカー行為〕されたことはあるけど〔…〕だから Twitter のアカウント変えたんだけど。〔…〕過去のツイートさかのぼってＤＭで来たんだけど。なんか巫女さんのバイトしてたんだけど、それで巫女さんやってたんだね～みたいな。ツイートさかのぼってぼこぼこ出してくるから、きもって思って。誰かになんかしたかな。謝るからやめてくれって。」

（なつき、日本、21歳、女性、大学生）

また彼女の友達も、小学校の同級生にソーシャルメディア上に載せた写真から家を特定され、家の近くまで来るなどストーカー行為をされたという。このようにストーカーなどによるトラブルから、ソーシャルメディアのアカウントを削除したり、警察に対処を依頼したりする場合もある。

レイ「私たちの学校である女の子がストーカーにあって、その男のコンピューターに彼女の写真がたくさんあったって。知らない人だったらしい。それで警官がそのコンピューターを見つけて、その男を知ってるかどうかって学校が全員に聞いたの。」
ハンナ「私は知らない人からの招待は承認しない。」
ウェイ「それを聞いて本当にすごく動揺した友達がいる。その子 Facebook のアカウントを削除してそれから使ってない。」

（アメリカ、17歳、女性、高校生グループ、アジア系）

エルザ「私が〔ソーシャルメディアを〕やめたのは今のボーイフレンドと出かけ始めた時。元カレやその友達が私にコンタクトを取ってきて、〔…〕それですごいいろんなことがあってもうそれ以上関わりたくないと思ったから。だから削除した。」
著者「削除しても、友達を失うとか何かを失うとか思わなかったの？」
エルザ「思わない。〔ソーシャルメディア上の友達は〕本当の友達じゃなかったから。」

（エルザ、アメリカ、18歳、女性、高校生、ヒスパニック系）

しかしアカウントを削除しても、写真はインターネット上に残り続けるのである。

ジャスミン「私のストーカーがいる。カリブ出身のミュージシャンで私にメッセージを送り続けて来る。最初はフレンドリーだったんだけど、だんだん下品になってきて、私にしてほしいことを言ってくる。問題はその人を削除してもメッセージを送り続けることができるでしょ。それがFacebookだから。アカウントを削除しても写真は残ってるのを知ってる？ 参加するのはとても簡単だけど、プライバシー設定するのはとても複雑。」

（ジャスミン、イギリス、21歳、女性、大学生、アフロカリビアン系、労働者階級）

4-2 オンラインでの出会い

インターネット上では、見知らぬ人と簡単に出会うことができるため、トラブルにあう危険性も高い。このようなトラブルは、個人では対処することが難しく、ソーシャルメディアを削除したり、別のソーシャルメディアに移行したり、警察に訴えたりしている。警察庁（2015）によると、２０１５年は日本でコミュニティサイト[10]を通じて被害にあった18歳未満の子供が過去最高であり、そのうち85%がスマートフォンによってアクセスしていたという。

ゲームやファンサイトなど、自分の好きなサイトでは、共通の話題に関して話が弾み、警戒心が解け、実際に会う場合も多い。あけみは「ミスチルのファンに悪い人はいない」と思い、オンライン上の人と直接会っている。

あけみ「ファンサイトで知り合ったミスターチルドレンの昔からのすごいファンで、何月何日にやるよーとかってメールくるので、『じゃあチケット取ってください』って一緒に行ったりして。」

著者　「怖くないの？」

あけみ　「普通だったら怖いんですけど、ミスチルのファンに悪い人いないっていう変な意識みたいのがあって、もう3年くらいチケット取ってもらったりしてますね。」

（あけみ、日本、19歳、女性、大学生）

Twitterやゲームサイトで知り合った人と実際に会ったり、家に泊まったりしている人もいる。

さわこ　「Twitter上で知り合ったミュージカル好きの人とLINEを交換して、その後、実際に会って公演を観たり、仲良くなった人とはミュージカルだけではなく、お泊りやディズニーランドなどにも行きました。」

（さわこ、日本、21歳、女性、大学生）

こうじ　「ゲームの攻略サイトで、知り合った人たちですね。そこのリンク先の人とかと仲良くなったりして〔…〕そのゲームに興味がなくなった今でも続いてる感じですね。家にも泊まったこともあります。」

著者　「そうなの。いくつの時？　恐いとは思わなかったの？」

こうじ　「思わなかったです。最初が高校生の時で、もう1回が、高校卒業した次の年くらいです。」

（こうじ、日本、21歳、男性、大学生）

アメリカの高校生ハンナは、オンラインゲーム上では偽名を使い、知らない人と会う場合はFacebookをチェックしメッセンジャーでやり取りをしてから、友達と一緒に会うという。

ハンナ　「オンライン上の友達と実際に会う時、友達に一緒に行ってもらった。ショッピングセンターみたいなたくさんの人がいる所で会った。」

ウェイ　「オンライン上で会った友達とはいつもは会いたくないけど、長年知ってたくさん話してる人も中にはいるから〔…〕。Facebook上で誰かに成り済ますのは本当に難しいから。実際にニュースフィードを見れば分かるし。」

（アメリカ、17歳、女性、高校生、アジア系）

インターネットによる新たな機会として、同じ趣味や考えを持つ人との出会いや、新しいネットワークの構築がある（本書第4章）。オンライン上での新たな出会いは世界を広げる一方で、年齢を偽って子供になりすましたり、ファンを装って関心をひいたり、男性が女性になりすましたりして裸の写真を送らせたり、恐喝したりするなど、様々なリスクも伴っている。とりわけ若者たちが信用しやすい共通の趣味やファンのサイトでは、十分な注意が必要とされているのである。インタビューに協力してくれた若者たちは、相手の身元や情報の信ぴょう性を確認するために、メッセンジャーやＬＩＮＥで頻繁なメッセージのやり取りを行いながら大学生活や専攻について詳しく聞いたり、Facebookなどで友達になっている人や過去の写真をチェックしたり、複数のソーシャルメディアで身元を確認したり、会うときは友達と一緒に人の多くいる所で会ったり、親や友達に相談するなどしていた。しかしながら、プライバシーや関係性のトラブルは対処することが難しく、リスクを知った上で最終的には自分の選択に委ねられている。

ナンシー　「Bebo〔Facebookが登場する前に若者の間で最も人気を博したＳＮＳの１つ〕にはプライバシーが

ないの。ネット上で名前をタイプするとBeboのページが出てくる。だから、誰でも簡単に情報にアクセスできちゃう。」
トム「いつも弱いのは僕たちなんだ。」
ジェイン「でも、やるかやらないかは自分の選択よね。」
（イギリス、15歳、高校生グループ、中産階級）

5　中毒と依存

5－1　中毒

第3章で見てきたように、子供や若者が肌身離さず持っている携帯電話やスマートフォンは、つながりや安心という新たな機会を与えると同時に、中毒や依存などの新たなリスクも与えている。日本ばかりでなく、アメリカやイギリスでも多くの若者たちが、携帯電話やスマートフォン、ソーシャルメディアなどへの依存や中毒を訴えている。

エリー「冗談じゃなくて本当に中毒。Facebookなしでは一日も生きられない。」
（エリー、イギリス、21歳、女性、大学生、労働者階級、コケージョン）

ジャスミン「携帯はいつもオンにしてる。携帯に取り憑かれてる、中毒。面と向かって話さなくなる。携帯でもいつもしゃべらないでBBする〔Blackberryのメッセンジャーでメッセージを送ること〕。それってひどくない?」

（ジャスミン、イギリス、21歳、女性、大学生、アフロカリビアン系、労働者階級）

ダニエル「どのくらいFacebookを使うかって? 一日中ずーっといる。他のことをやったりもしてるんだけどでもずーっと開いている。中毒だよ。」

ケン「僕もおんなじ。」

ジェイコブ「僕もほとんどおなじ、でも他になにか集中しなきゃいけないときはログオフする……たぶん。」

（アメリカ、17歳、男性、高校生グループ、アジア系）

こうじは中学1年生の時に家にブロードバンド回線が導入されてから、インターネット中毒になり、陸上部を退部し、半分ひきこもりのように過ごしてしまったことを今、後悔しているという。

筆者「あなたにとって携帯とは何ですか?」

こうじ「邪魔なものですね。」

筆者「邪魔なの? なんで? ずっとやっているじゃない。」

こうじ「いや、もう普通の人間として、生活していこうと思ったら、そもそも携帯とかパソコンとか、ない方がいいと思ってるんですよね。」

筆者「そんなにやっているのに?」

こうじ「やってるんですけど、頭の中では、そういうこと思ってて、本当はない方がいいと思ってるんですけど〔…〕携帯がなければ、いじってる時間でもっと他のことができたはずなんで、そういうのいっつも後悔してるんで〔…〕後悔しつつもやっぱ結局やっちゃうんですけど、そういうので邪魔ですね。」
筆者「いじっていないと落ち着かない感じ?」
こうじ「そうですね。たばこと一緒なんですね。ちょっと禁断症状が……パソコンに触ってないと、気分が落ち着かないというか……」
著者「何をそんなに見るの?」
こうじ「自分でも分からないんですよ。高校生の時とかも、家帰ってきて、せいぜい6時くらいだとするじゃないですか。パソコンいじってると、もう気付いたら12時なんですよ。」
（こうじ、日本、21歳、男性、大学生）

5-2 ソーシャルメディア疲れ

インタビューに協力してくれた多くの日本の若者たちは、スマートフォンやソーシャルメディアによる絶え間ないつながりや、空気を読み即座に返信しなければならないプレッシャーから、「ソーシャルメディア疲れ」を感じていた。

らん「LINEがいっぱいたまってるときは、今いっそ携帯を捨てたら私は楽になるのではと思うけど……」
（らん、日本、21歳、女性、大学生）

ゆうま　「〔返事を〕返さなきゃ的な。それと、会話のやめ時がわからない。これいつやめればいいのかなみたいな。」

（ゆうま、日本、21歳、男性、大学生）

ソーシャルメディアのヘビーユーザーであるゆいは、日々のソーシャルメディア用のコミュニケーションに憂鬱になるという。

ゆい　「コメント面倒だなって思っても書いてあげなきゃ、みたいな。支配されてる感じですね。携帯に時間を取られてるというか。現実とはまた違うコミュニケーションな気がするんですよね。今の大学生は。なんかすごい気を遣って疲れちゃったりするんですよね。そのソーシャルメディア用のコミュニケーション方法をしなくちゃっていう。」

（ゆい、日本、18歳、女性、大学生）

ともこは、ソーシャルメディアを見ていると病んでくるのでやめたいと言う。自分の調子の悪い時に皆の楽しそうなコメントや写真を見ていると嫌になるという。

ともこ　「なんかずっとやっていると病んじゃってて〔…〕なんか周りもみんな言ってて。『人のブログとか見てると病んでこない？』みたいな。例えば、自分のコンディションが悪い時に、他の人が楽しそうなの見ると、嫌になっちゃったり。この人楽しそうなのに自分は……みたいな。」

（ともこ、日本、19歳、女性、大学生）

あきこ「なんだろう。なんかほかの人の生活ばっか見て、自分の生活と比較して、リア充だなとか思っちゃったりすると、もうなんか見たくなくなったりだとか。」

（あきこ、日本、20歳、女性、大学生）

Facebookを開くと、みんなが恋人や友達と出かけた楽しそうな写真を載せたり、様々な「意識の高い」活動に参加したことを投稿したりしていて（「リア充」に印象管理：本書第6章）、自分と比較して虚しくなるという。しかしそれでもFacebookを見ることをやめることができない。

5-3 支配

現代の若者たちにとって、携帯電話やインターネットなどがない生活はもはや想像することは難しい。イギリスの大学生たちはデジタル社会において人間関係はすべて携帯電話と共に信頼を築いているため、もはや携帯電話から離れることはできないという。

ボビー「すべての物を1つの、携帯の中におさめる。人間がそういう世界を作ったんだ。もし持っていなければ、生きていく事はできない。一度使い始めると、信頼関係を築き始めて、携帯から離れられない。社会がそうさせたんだ。」

（ボビー、イギリス、21歳、男性、大学生、労働者階級）

アンドリュー「今は皆もっと社交的になる必要があると思う。」

筆者「なぜ?」
アンドリュー「なぜならそうできるから。便利になりすぎて、皆ついていかなければならなくなった〔…〕依然として、ある種の競争がある。もしFacebookを使わなければ、連絡をとることができないし、たくさん友達も持つことができない。〔…〕情報がより早く飛び交うので見つからなかったとか、言い訳をすることができない。〔…〕大きくなった時には、もうインターネットがあったし、ネットを使って友達とつきあい始めていたから。ない時代のことを知らないから、実際ネットがないことを想像するのはすごく難しい。」
（アンドリュー、イギリス、22歳、男性、会社員、アメリカ系、中産階級）

第3章で考察したように、携帯電話やスマートフォンによる絶え間ないつながりや依存は個人だけの問題ではなく、社会構造の力によって引き起こされている。デジタル化や社会規範、個人が所属するウチやコミュニティからもたらされるプレッシャーによって、スマートフォンに依存し、支配されてしまうリスクがある。アメリカの高校生たちは、iPhoneを「パラサイト」や「ブラックホール」と表現する。スマートフォンとの関わりに多くの時間を費やしており、底なし沼に落ちていくように自分も飲み込まれると言う。

著者「スマートフォンはあなたにとってなんですか?」
トニー「パラサイト。絶対にパラサイトさ。一度スマートフォンを持ってしまうと、日常生活の一部となって、もう持たずにはいられなくなる。なぜなら、一度やめると、すべてのソーシャルネットワークから遠ざけられる。」
ジョン「iPhoneはブラックホールのようなものだと思う。すごい長い時間使ってる。もちろん、便利だけど〔…〕例えば、宿題をしなきゃいけない時、iPhoneがコンピューターになる。メールもチェックできるし、宿題もダウンロードできる。YouTube のビデオも見ることができる。一度 YouTube を観ると関連の動画が出てきて、それで、クリックし続ける。そうすると5分経って、次に時計を見たら、あっという間に1時間経ってた。だから本当に……」

トニー「底なし沼のように。エンドレスのトンネルの中に落ちていくような、ただやり続ける。終わりが無い。ただただ落ちていくだけで、決して地面にたどり着くことはできない。」

（アメリカ、16–18歳、高校生グループ、コケージョン）

そして自分の人生がインターネットや携帯電話によって支配されているという。

フィリップ「ある意味、インターネットがなかった人生の方が良かったんじゃないかと思う。なぜなら、もっと多くのことができるし、もっとくつろげたり心配をしなくていいから。メールでさえもメールボックスにたくさん来ると読まないといけないとか、返信しなきゃいけないとか〔…〕インターネットが人生を支配している。インターネットに支配されなければもっと人生を楽しめると思う。」

（フィリップ、イギリス、21歳、男性、大学生）

ゆい「携帯とは……私を支配するもの。なんか重いんですよね。」

（ゆい、日本、18歳、女性、大学生）

加速されるつながりや社交性への要求は、同様にソーシャルメディアやモバイル・メディアへの中毒や依存を引き起こしている。アメリカの高校生は、絶えず社交的にならなければならないプレッシャーから「インターネットが人生を吸い取る」という。

ダニエル「インターネットは人生を吸い取る。ぼくを支配する。」

ジェイコブ「インターネットとFacebookをやる前は、ぼくはもっといい市民だったと思う。でも今はずっとイライラしている。もっとたくさん社交的にならないといけないから。絶えず社交的にさせられるから。」

（アメリカ、17歳、高校生グループ、アジア系）

世界の異なる場所で、それぞれの社会構造から受ける力（図2－7α_n）によって、スマートフォンやソーシャルメディアへのエンゲージメントが促進され、心理的関与が強められている。デジタル時代を生きる若者たちは、絶え間ないつながりによる存在論的安心や自己実現などの、メディアによって与えられる新たな機会と、メディアによる支配やリスクとの狭間で自己アイデンティティを保っているのである。この点に関しては、次の章で詳しく述べていきたいと思う。

6　リスクを最小限にするためにはどうしたらいいのか？

これまで見てきたように、今日私たちの日常生活に入り込んでいるスマートフォンやソーシャルメディアとのエンゲージメントによって、新たな機会が得られると同時に様々なリスクも生じている。このような新たなメディアがもたらす多様なリスクに気づかずに、日々利用している人もいる。気づいていても、無料だから、便利だから、皆が利用しているから、と敢えてリスクを取る人もいる。私たちは今日のデジタル社会においてどのようにリスクマネジメントしたら良いのだろうか？

本章の冒頭でも述べたように、リスクマネジメントにとって重要なのは、リスクに関する情報を共有し、リスクに関わるすべての関係者が双方向にコミュニケーションをとるような、リスクコミュニケーションの機会を持つことである。ソーシャルメディアに関して言えば、最大のヘビーユーザーである10代、20代の若者と、その保護者や教員、そしてサービスを提供しているＩＴ企業や政策を決定できる政府などがリスクコミュニケーションの関係当事者となるだろう。

本章のまとめとして、ソーシャルメディアに関するリスクマネジメントについて、個人レベル、家族や友達などの「ウチ（社会小集団）」（本書第3章）レベル、政策やビジネスなどの社会レベルに分けて述べたいと思う。

個人レベルでは、ほとんどの人が多かれ少なかれ、自分あるいは家族や友達がリスクにあっていた。例えば設定の仕方が分からず個人情報を一般公開させてしまったケースがある。その後、プライバシーの設定を変更したり、個人情報を削除したり、見せたくない写真のタグをはずしたり、検索できないように特定の人をブロックしたり、グループに分けたりしている。そしてより閉じたソーシャルメディアに移行し、最後にはアカウントを削除する人もいた。

しかしながら、ソーシャルメディアを利用する前に、まず、ソーシャルメディア上に、閉じたプライベートな空間など存在しないということを認識すべきであろう。ネット上のいじめにおいて、ＬＩＮＥ上のクローズドなグループの中で発言を、スマートフォンのスクリーンショットの機能により、Facebook や Twitter などよりオープンなソーシャルメディア上にさらすこともある。このことから明らかなように、インターネット上ではすべてがパブリックな空間（パブリックになりうる空間）であることを認識すべきである。逆にこのことを利用して、ネットいじめの対処法としては、クローズドなＬＩＮＥでいじめられた場合でも、証拠として先生や保護者に提示することができるのである[11]。

そして、実際に起こりうるリスクを知った上で、最低限のリテラシーを身につける必要があるだろう。例えば、新しいソーシャルメディアのサービスを利用する以上、プライバシーの設定の仕方やアーキテクチャーの特徴を理解することは不可欠であろう。日々更新されるソーシャルメディア側のポリシーに対応するためにも、多様な情報へのアクセスやクリティカルな解釈や判断、評価なども身につける必要があるだろう。共通の趣味や親しみのあるものに対して盲目的に信頼してしまわないことが重要である。個人情報を交換したり実際に会ったりする前に、複数のソーシャルメディアで相手を確認したり、友達や親に相談したり、実際に会う時は一緒に来てもらうなど、自分の周りの人とコミュニケーションを取ることが大切である。

誰もがいじめやネット被害の対象となりうる現代社会において、まずは自分に起こりうるリスクを知り、そして万が一リスクに遭ってしまった場合に備えて今まで以上にストレスに対する対処能力を身につけなければならないだろう。

ソーシャルメディア登場以来、若者はオンラインでもオフラインでもコミュニケーションを絶え間なく行っている。このようなソーシャルメディア時代において、最も大切なのは、リスクの媒介要因となる家族や先生、友人など小集団である「ウチ」との親密な関係をしっかり築くことであろう。インターネット上の友人が親身に相談にのってくれ、精神的に身近な存在となることもあるだろう。しかし、今回インタビューを行った中学時代に不登校であった女子高校生は、インターネット上で多くの友達を持ち、オフラインで個人的に付き合ったりもしていた。にもかかわらず、いじめから実際に彼女を救ったのは、家族や保健室の先生や保健室の仲間など日常生活にいる身近な存在であった。

保護者や先生は、子どもたちが遭遇するリスクを知り、自らが媒介要因となるべく、自分が果たせる役割について意識的になるべきであろう。塾帰りの夜道が危ないからと言って、ただスマートフォンを買い与えれば親の責任を果たせるわけではない。子どもたちが肌身離さず持っているスマートフォンの中には、彼女らが実際に歩く夜道よりも多くのリスクが存在しているのである。そのことを認識した上で、子どもたちとソーシャルメディアやスマートフォンの利用に対して、より多くのコミュニケーションの機会を持つべきである。親自らデジタルリテラシーを身につけ、ヨーロッパ諸国のように親が子供のメディア利用により多く関与し、メディア教育を学校任せにしないで、自分の子供を守るためには自分が子供にメディア教育をしなければならないという意識改革も必要であろう。

生まれた時から流暢に言葉を話す子供はいないだろう。言葉や社会のルールは、家庭や学校で教わったり、友達や社会と関わりながら、徐々に身につけたものである。同様にデジタルネイティブと言われている若者であっても、生まれながらにしてデジタルリテラシーを身につけているわけではない(本書第1章参照)。子どもたちも日々失敗を繰り返しながら、リテラシーを身につけているということを、大人たちは知るべきなのである。

個人化の進む現代社会においては、「社会的な問題であるにもかかわらず、リスクが自己責任という美名の下に個人に転嫁されてしまう」(今田編 2007, p.3)。急速に進化し続けているデジタル技術を、親や先生が子どもたちに具体的に1つ1つ教えることは、現実的には難しいであろう。そのため利用者一人一人が、必要最低限の知識を持ち、ある程度自分で試して、失敗して、自分で対処法を調べて、学んでいかなければならないのが現状である。しかしすべてを自己責任としてしまっていいのだろうか? 以前であれば、若気の至りで済んだことも、現在では一生の傷となりかねない。インターネット上の情報は半永久的に消えることはない。生涯にわたって不利益を及ぼす可能性もあるのである。そのため、インターネットやソーシャルメディア関連企業、政策レベルでは、子どもたちが失敗をした時に「デジタル・タトゥー」のように生涯の傷として残らならないように、「忘れられる権利」[12]などセーフティネットとなる対応策が要求されるだろう。

スマートフォン中毒やソーシャルメディア依存に関しては、本人が気づかないことが、事態を深刻にしていると言われている。しかし、たとえ中毒や依存を自覚していても、絶えずつながることへの期待やプレッシャーによって、子供や若者たちはオフラインにすることができない。なぜならば、社会規範として日本ではウチの維持

図5-2 デジタル・デトックス（*Figaro japon* no.474, 2015年12月号, p.89）
例えば、Figaroでは「スマートフォンからの脱却」と題して、風刺画を用いて「デジタル・デトックス」について言及している。この風刺画からフランス人にとってもいかにスマートフォン依存が深刻な問題なのかよくわかる。

が、アメリカでは社交性が絶えず求められているからである（本書第3章）。

アメリカ、オーストラリア、韓国などでは、このような深刻なネット依存に対して、ネット依存度検査の義務付けや深夜時間帯のアクセス制限、デジタルダイエットなど様々な試みがなされている。デジタルダイエットとは、カロリー摂取過多や生活習慣によるメタボリックシンドロームと同じように、情報摂取過多、スマホやSNSの利用過多などデジタル生活習慣によるデジタルメタボやネット中毒を意識化し、「デトックス」する方法である。

ソーシャルメディア疲れを引き起こさないために、企業もBBM（ブラックベリー・メッセンジャー）が行っているように、「就寝中」や「授業中」、「デジタルダイエット中」など、自動で送信できるスタンプ機能や既読機能のカスタマイズなど、各ソーシャルメディアのアーキテクチャーに適したリスク回避のためのサービスを提供することが大切であろう[13]。ユーザーと双方向のコミュニケーションを取ることによって、デジタル社会における新たなリスクを把握し、新たなサービスを提供し続けることが求められているのである。また、サービスを提供する企業ばかりではなく、子どもとインターネットに関するすべてのステイクホルダー（政府、学校法人、産業、非営利団体、各種専門機関、研究者、家族など）も連携する必要がある。インターネットという世界を覆うテクノロジーに対して、各国が協力して国際比較調査などを行い[14]、リスクに対する解決策を共に見出していくことがグローバル社会において急務とされている。リスク社会、グローバル社会に生きている以上、私たち一人一人がリスクを意識化し、個人レベル、社会集団レベル、企業や政府レベルにおいてそれぞれリスクマネジメントをしなければならないのである。

人工知能（ＡＩ）やビックデータ、ＩｏＴ（モノのインターネット）など、第４次産業革命では、私たちが気づくこともなく、インターネットが日常生活のあらゆる場面に入り込んでくる。新たなテクノロジーがもたらす機会を最大限に享受し、リスクを最小限にするためには、私たち一人一人がデジタルウィズダムについて考え、語り合い、そして身につける必要があるのである。

注

［1］これらの若者たちはバカッター（馬鹿とツイッターを合わせた造語）と呼ばれている。

［2］例えば、２００４年には、長崎県でコミュニティサイトを運営している小学6年生の女児が、その掲示板上の内容をめぐって同級生とトラブルになり、カッターナイフで殺害される事件が起きた。また２００７年には兵庫県の高校3年生が学校裏サイトによるいじめを苦にして自殺した。昨今ではＬＩＮＥの普及からＬＩＮＥいじめの問題が顕著になっている。

［3］アメリカでも写真やビデオがインターネットに拡散され、自殺に至ってしまうケースが起きている。２０１０年にはFacebook上のいじめが原因とみられる15歳の高校生Phoebe Princeの自殺が大きく報道された。

［4］ドコモは英GSMAとNet Children Go Mobileと次のような共同調査を行っている。対象者はベルギー、デンマーク、アイルランド、イタリア、ポルトガル、ルーマニア、イギリスの9~16歳の子供とその親、日本は8~18歳の子供とその親。調査人数は、欧州は親子５００組計１０００名、日本は親子１０００組計２０００名。

［5］朝日新聞「ネットに悪口・個人情報　高校生の15％経験」２０１５年8月28日朝刊、38頁より。

［6］産経ニュース「幼児にたばこ吸わせた疑い　父親の無職男ら逮捕」２０１５年11月17日。
http://www.sankei.com/affairs/news/151116/afr1511160042-n1.html　（アクセス：２０１６年1月6日）

［7］ＩＴ用語辞典によると、「ボットとは、『ロボット』の略称で、もともと人間がコンピュータを操作して行っていたような処理を、人間に代わって自動的に実行するプログラムのこと。検索エンジンなどが導入している、Web ページを自動的に収集する『クローラ』や、オンラインゲームでキャラクターを人間に代わって自動的に操作するプログラムなどのことを言う。」http://e-words.jp/w/ボット.html　（アクセス：２０１６年5月28日）
Twitter では自動で投稿を行う bot を作ることがよく見られる。また実際は bot ではなく手動で誰かになりきって投稿を行うアカウントをこのように称する場合もある。

［8］Facebook は、利用者から収集する情報として、以下のように提示している。

Facebook が収集する情報の種類

当社が利用者から収集する情報または利用者に関する情報は、使用するサービスによって異なります。

利用者の行動、および利用者本人が提供した情報。

利用者がサービス（アカウント登録、コンテンツの作成やシェア、メッセージの送受信や他の利用者への連絡など）を利用する際に、当社は、利用者が提供するコンテンツやその他の情報を収集します。これには、写真の位置情報やファイル作成日など、利用者が提供するコンテンツに含まれる情報または関連する情報を含む場合があります。また、利用者によるサービスの利用状況に関する情報（利用者が閲覧または反応したコンテンツの種類、アクティビティの頻度や期間など）も収集します。

他者の行動、および他者が提供した情報。

当社は、他者がサービスを利用する際に、その他者が提供した、利用者に関する情報を含むコンテンツおよび情報を収集します。これには他者がシェアした利用者の写真、利用者に送信したメッセージ、アップロードまたは同期またはインポートされた利用者の連絡先情報などが含まれます。

利用者のネットワークやつながり。

当社は、利用者がつながりを持っている個人やグループに関する情報、および利用者のそれらに対する交流状況（最も頻繁に連絡をとる相手、好んでコンテンツをシェアするグループなど）に関する情報を収集します。利用者が機器から連絡先情報（アドレス帳など）をアップロード、同期、インポートすることがあれば、当社はその情報も収集します。

支払いに関する情報。

利用者がサービスを使った購入や送金（Facebook上での購入、ゲーム内での購入、寄付など）を行った場合、当社はその購入および取引に関する情報を収集します。これにはクレジットカードやデビットカードの番号とその他のカード情報、その他のアカウント情報や認証情報、さらに請求先、配送先、連絡先情報が含まれます。

機器情報。

当社は、利用者がサービスをインストールした、またはサービスへのアクセスに使用したコンピュータや携帯電話などの機器からの情報、およびその機器に関する情報を、利用者の承認に基づいて収集します。利用者が複数の機器を使用している場合には、当社はそれらの機器から収集した情報を関連付ける場合があります。これは機器を変えても一貫したサービスを提供するためです。収集するデバイス情報を以下に例示します。

- 属性：OS、ハードウェアのバージョン、デバイスの設定、ファイルやソフトウェアの名称と種類、バッテリーや信号の強度、デバイス識別子など。
- 機器の位置情報：GPS、Bluetooth、Wi-Fiなどの信号から特定できる地理的位置など。
- 接続情報：携帯電話会社やインターネットサービスプロバイダの名称、ブラウザの種類、言語とタイムゾーン、携帯電話番号、IPアドレスなど。

サービスを使用するウェブサイトやアプリからの情報。

サービス（いいね！ボタン、Facebookログイン、広告、効果測定など）を利用した外部ウェブサイトや外部アプリを利用者が閲覧または使用したとき、当社はその情報を収集します。これには利用者がアクセスしたウェブサイトやアプリ、それらのウェブサイトやアプリ内でのサービスの利用状況に関する情報、またアプリやウェブサイトの開発者や発行元が利用者や当社に提供する情報が含まれます。

外部パートナーからの情報。

当社は、外部パートナーからFacebook内外の利用者やそのアクティビティに関する情報を受け取ります。外部パートナーと連携してサービスを提供する際に外部パートナーから受け取る情報や、利用者と広告主との間で交わされたサービスやり取りの内容について広告主から受け取る情報などが、これに該当します。

Facebook企業。

当社は、Facebookが所有または運営する企業から、その企業の規約やポリシーに従って、利用者に関する情報を受け取ります。これらの企業とそのプライバシーポリシーについて詳しくは、こちらをご覧ください。

https://www.facebook.com/about/privacy　（アクセス：２０１６年5月28日）

［9］２０１０年、Jessie Slaughterと名乗る11歳の少女が、ゴシップ投稿サイトに書かれた自身の内容に対して、怒りをこめた動画メッセージをYouTubeに投稿した。この動画がきっかけとなり、彼女の個人情報がさらされ、大量の無関係の他人が「祭り」として参加し、いたずら電話や脅迫電話、注文していないピザの出前などが届くなど、実生活に多大な支障をきたした事件。

［10］コミュニティサイトとは、「ミニメール型（コミュニケーションの主たる手段として面識のない利用者同士がミニメール等により交流するコミュニティサイト）、チャット型（コミュニケーションの主たる手段として面識のない利用者同士が1対1のチャットにより交流するコミュニティサイト）、ＩＤ交換掲示板（コミュニケーションの主たる手段として面識のない利用者同士が無料通話アプリのＩＤを交換することにより交流するコミュニティサイト（いわゆるＩＤ交換掲示板））、複数交流型（上記以外で広く情報発信や同時に複数の友人等と交流する際に利用されるコミュニティサイト）」（p.4）であり、チャット型で最も多く被害に遭っている。

［11］インターネット上で「内緒のはなしだけど。誰にも言わないでね」は通用しないと考えた方がいい。このことは

子供たちの間でのいじめの問題に限られたことではなく、ビジネスパーソンでも陥りやすい落とし穴なのである。私信のつもりで送ったメールが関係者全員にccで返信されるリスクもあるのである。

［12］アメリカカリフォルニア州では２０１５年1月より未成年者が自分の投稿を削除できるようにする「消しゴム法」を施行している（生貝 2015, p. 17 より）。

［13］現在、ＬＩＮＥは、全国各地で児童・生徒、保護者、教職員等を対象とした講演やワークショップを行っている。小学校高学年から中学校3年生を対象とした、インターネット上でのコミュニケーション・ギャップを題材としたワークショップでは、悪口や写真、使いすぎなど、子供のソーシャルメディア利用に関するリスクに対して、子供たちが慣れ親しんでいるＬＩＮＥのキャラクターを用いて教えている。

［14］例えば、EU Kids Online プロジェクトでは、２００６年からヨーロッパを中心に33カ国の国際比較調査を行っているが、関心の強さから２０１５年には、Global Kids Online と名称を変更し、調査対象国を全世界に広げている。

第6章　自己創造
——なぜ若者はメディアと関わるのか？

なぜ若者はメディアと関わるのか？　本書ではこの問いから出発し、日本、アメリカ、イギリスにおけるエスノグラフィーによって、若者とメディアの重層的なエンゲージメントから創発する新たな機会とリスクについて明らかにした。第5章では機会を最大限にするために、デジタルリテラシーについて考察してきた。第6章では、リスクを最小限にするために、若者のリスキーなエンゲージメントについて明らかにし、具体的な方策について考察した。

ギデンズは「自己実現は機会とリスクのバランス観点から理解される」（Giddens 1991 邦訳 p. 86）と述べている。さらにリビングストーンは、「自己実現は、インターネットに媒介されたコミュニケーションによって与えられる（アイデンティティ、親密性、社交性のための）機会と、（プライバシー、誤解、敵意に関する）リスクとの間の注意深い折衝を要求する」（Livingstone 2009, p. 118）と述べている。ここでは、ソーシャルメディアやスマートフォンなどによって創発する新たな機会とリスクのバランスによって形成される、自己アイデンティティについて考察していく。若者はメディアへの重層的な関わりを通じて、どのように自己を再帰的に創造／再創造しているのだろうか？

1　自己創造の概念

現代世界において、人びとは時空を越えて互いに結びつき、日常生活の中で国境を越えた多様なメディアのメッセージに接している。ソーシャルメディアやテレビは、世界の様々な人びとやその生き方、多様な価値観を見せつける。インターネットを通じて日常生活において様々な人びととコミュニケーションを行いながら、複数のウチ（社会集団）に属することが可能となっている。

かつてアイデンティティは、国籍や階級など所属集団によって形成され固定されたものとして捉えられていた。しかし現代では、より多面的で流動的なものとして捉えられている。なぜならばグローバル化の複雑なプロセスの中で、私たちは以前よりもはるかに多くの人生の選択肢が与えられているからである。

「自己創造（self-creation）」という概念は、フィールドワークで出会ったインフォーマントたちのクリエイティブで、オリジナルな自己形成の特性に対して筆者が提示した概念である（Takahashi 2003, 2009）。以下ではギデンズ（Giddens 1991）の「自己アイデンティティ（self-identity）」、トンプソン（Thompson 1995）の「自己形成（self-formation）」、ホール（Hall 1992a, 1996）の「アイデンティフィケーション（identification）」の概念を参照して詳しく定義づけていきたいと思う。

ギデンズ（Giddens 1991）は、自己アイデンティティとは「一人の人間の行為システムが継続している結果として与えられているのではなく、むしろ、人間の再帰的な活動のなかでつねに作られ、維持されなくてはならないものなのである」（邦訳 p. 57）と述べている。そしてローカルとグローバルの両方において絶え間なく変化する社会生活において行われる、適応的で再帰的なプロセスとして自己アイデンティティの概念を捉えている。

グローバル化する影響力が自己の再帰的プロジェクトに深く浸透し、逆に自己実現がグローバルな戦略に影響する〔…〕今日、自己アイデンティティは再帰的に達成されるものである。ローカルなスケールでもグローバルなスケールでも、急速に変化する社会生活の環境に関連して、自己アイデンティティの物語は形成され、変更され、再帰的に維持されなくてはならない。無理のない一貫性のある仕方で未来の計画と過去の経験を結びつけられるよう、個人は様々な媒介された経験から生じる情報と局所的な関与とを統合しなくてはならない。（邦訳 pp. 243–244）

ギデンズが示唆するように、人びとは自己のアイデンティティを形成／再形成するプロセスにおいて、グローバル世界から多様な考え方や文化的価値観、イメージを流用している（本書第2章参照）。トンプソン（Thompson 1995）は、拡大しているメディア環境に注目してギデンズの概念を発展させている（同第2章）。「自己形成」とは「個人が個人史や世界の位置づけ、所属する社会集団の中で自己や他者の意識を発展させる」（Thompson 1995, p.8）プロセスである。そしてこの自己形成のプロセスは、「直接的」経験とメディア経験の両方からなる。近代社会は、人びとが自己形成のプロセスにおいて流用するメディアの象徴的様式（メディアメッセージの意味づけ）を拡大している。トンプソンは、メディアが人びとの日常生活において果たす重要な役割に注目している。そしてメディアの権力とともに、メディアからの流用についても考察している。トンプソンがメディアの権力により注目し「自己形成」の概念を提示しているのに対して、筆者は、人びとのエンパワーメントにより注目した概念として「自己創造」の概念を提示してたいと思う。

ホールが提示した「アイデンティフィケーション」とは、アイデンティティの非‐本質主義的な概念であり、「決して完成されない構成作用、『プロセス』として、つねに『進行中のもの』」（Hall 1996 邦訳 p. 10）である。ホールはアイデンティティという生産物ではなく、アイデンティフィケーションというプロセスに注目している。

同様に筆者が提示する自己創造の概念においても、自己よりもむしろ自己創造のプロセスに注目していく。すなわち自己を完成され、固定され、確立された生産物としてではなく、流動的で、時とともに変化し、動態的《ダイナミック》で、はかないものとして捉えていく。

以上のような考察から、「自己創造」とは「今日のグローバルなデジタル環境の中で、直接的経験とメディア経験を通じて、再帰的に自己を創造、再創造するプロセス」と定義づけられる。アパデュライは社会生活の創造のプロセスとして「想像力」（Appadurai, 1990, 1991, 1996）を提示している。本章でもどのように人びとが日常生活において「想像的な自己創造」を通じてグローバル化に適応しているのか考察していく。

以下では自己に関わるメディアとのエンゲージメント――ソーシャルメディアによる印象管理、ソーシャルメディアや動画共有サイトによる自己表現、自己実現――から、若者の自己創造について考察していく。

2　ソーシャルメディアと印象管理

ソーシャルメディアには、日々数多くの写真が投稿されている。なぜ若者はソーシャルメディアに多くの写真を投稿するのだろうか？

その理由の1つは、ソーシャルメディアを自己の印象管理のために利用しているからであろう。印象管理（impression management）とは、アメリカの社会学者アービング・ゴフマン（Goffman 1973）による概念であり、人びとが隠すべきものと見せるべきものを選別し、他者が自分に対して抱く印象を「管理（マネジメント）」することである。ソーシャルメディア上の印象管理に関して、キャサリン・ドワイアー（Dwyer 2007）は次のように述べている。

ソーシャル・ネットワーキング・サイト上のプロフィールは自分自身を提示するひとつの機会である。自分をありのままに、あるいは自分がそうなりたいように。すなわち、印象管理である（p.5）

ソーシャルメディア上で、自分の印象を創るためには、プロフィールの写真やアルバム、友達の数、コメントの数、所属するグループなどが重要な要素となっている。ソーシャルメディアはそれぞれ異なるアーキテクチャーを持ち、構造化されている。若者はこの構造に合わせて、写真や動画など多様なイメージを用いて自分のページを「印象管理」のために利用しているのである。イギリスの大学生は、Facebookは自分をパブリックに見せるための武器だという。

筆者「Facebookとはあなたにとってなに?」
アンソニー「武器。現実の世界で築いた友情も強めるけど、パブリックなイメージを作るための道具。他人はイメージを見て判断するから。僕のニュースフィードに書いてあることを読んでいる人にとってはそれがパブリックな情報となる。どういう風に自分を描きたいか自分のイメージを作るための1つの道具なんだ。」
（アンソニー、イギリス、21歳、男性、大学生、中産階級、ドイツ系）

Facebook上では写真ばかりではなく、多くの人を「友達」として登録し並べることによって自己の社会資本や人気を誇示している。しかしながらそのために誰でも友達になり、リスクを招く場合もある。以下ではフィールドワークから観察された「リスキーな印象管理」、「リア充な印象管理」、「保守的な印象管理」について考察していく。

2-1　リスキーな印象管理

第5章では、飲酒や喫煙などの写真の投稿によって、実生活に問題が生じた例について見てきた。なぜ若者は飲酒やいたずらなどの写真を投稿するのだろうか？

アメリカの高校生トニーたちは、Facebookは人気を測るためのものであり、社交的であると思われたいために、1000人以上を友達として登録している。人気を得るためにはソーシャルメディア上で「クールな印象」を作る必要があるという。

トニー「〔Facebookに〕自分でヤバいことをしてる写真をアップした。」
ケイト「〔大麻を吸うための〕パイプを持ってたり、〔お酒の〕ボトルを持ってたり〔…〕ビール瓶が床中に転がってたり……」
スティーブ「自分が他の人にどう見せたいかによって自分自身の写真をFacebookにあげる。」
ケイト「Facebookでみんな判断するからね。」
トニー「飲まない奴は負けだって……」
ケイト「のりが悪い……」
トニー「楽しみ方を知らないやつだ〔…〕ドラッグとかビールとかに皆反応するんだ〔…〕すごいかっこいいじゃんって。お酒を飲む友達がいるっていうことは自分も飲んでるっていうことだし。お酒を飲まないやつがいたら何もできやしない。警察に通報されるから。」

（アメリカ、16-18歳、高校生グループ、コケージョン）

個人主義社会であるアメリカでは、社交性が求められ（本書第3章）、人気を得たいと思うあまりに、リスクを冒して印象管理をする人もいる。日本でもTwitter上に飲酒や喫煙の写真や、アルバイト先や地下鉄など公共の場での友達同士の悪ふざけの写真などを投稿して、行政処分を受けた若者たちもいる（本書第5章）。10代の若者にとって、友達の数が多く、ノリのいい人は社交的ととられ人気者になるため、リスクを冒してでも写真や動画を用いて、自分がクールに見えるように印象管理をしてしまいがちである。しかしなぜ、そこまでして若者は友達に認められたいのだろうか？

2-2 リア充に印象管理

日本人の若者たちにソーシャルメディアの利用の目的について聞くと、つながりや情報収集の他に、「リア充（現実の世界でどれだけ充実しているか）」という言葉が頻繁に聞かれた。Facebookには Twitterと異なり実名で登録しているため様々な写真を用いて印象管理を行なっている。例えば、日本人の大学生はディズニーランド等テーマパークでの遊びや旅行の写真を載せ、タグ付けしあうことにより「リア充」に見せている。ゆいはソーシャルメディアを「リア充」に見せるためのツールであるため、写真をたくさん載せると言う。

ゆい　「結局、ソーシャルメディアってリア充じゃないですか。リアルに充実してる、っていう。どれだけ大学生活で友達が多いかとかサークルとか。そういうのが多いんですよね。『みんなリア充だよね』とか話に出てくるし。だからそれを出したいっていうのがあって。」

筆者　「自分の生活が充実してるのを他の人にアピールしたいの？」

ゆい　「なんか比べてるんですよね。競ってるわけじゃないんですけど、アルバムが多いとリア充だなって思っ

写真6-1　Facebookによる印象管理（筆者提供）

たりとか。少ないと撮ってアップしなきゃって。」

しかしながら、自分の投稿に対する友達からのコメントの数も同時に人気を表すため、なかなか投稿できないという。彼女にとってソーシャルメディアとは「他人からの目」であり、コメントがないことは「恥」だという。

「結構傷つきやすいので、コメント来ないとしゅんってしちゃって。コメントの数でその人の人気になるんですよね。友達同士でも『ほんとこの子のコメント数すごいよね』って話になるんですよ。コメント100件くらいあったでしょ、とか。だからコメントもその人の評価になるっていう、実際意識してなくても、あからさまに分かる評価が嫌だっていうか。」

（ゆい、日本、18歳、女性、大学生）

ソーシャルメディア上に写真を投稿することは、自分が充実している印象を与える一方で、自分の投稿に対する「いいね！」やコメントの数が少ないと逆に人気がない印象を与えてしまうのである。このようにソーシャルメディアでは絶えず他者の目を意識しながら、自己の印象を管理しようとしている。土井隆義（2013）はソーシャルメディアによる自己承認欲求に関して次のように述べている。

今日では、つねに場の空気を読んで、周囲の評価を確認しなければ、いま自分が向かっている方向は本当にこれでよいのか確証を得ることが難しくなっている。〔…〕その結果、他者による自己承認の比重が増し、それを得られるかどうかが不安の源泉となってくる。〔…〕たとえば、Facebookやmixiなどの SNS を駆使して絶えずつながりを保持しようとし、Twitterでフォロワーの数を過剰に気にかけるのも、おそらくそのためだろう。自分には承認を与えてくれる他者がいるだろうかと、そして、そんな他者に囲まれた価値ある人間だと周囲から見られているだろうかと、二重の意味で他者からの評価を気にかけざるを得ないのである。（p. 123）

グローバル化は私たちに多くの選択肢を与えている。土井が述べているように自分の選択の確証を得ることを難しくし、他者からの承認を絶えず必要としている。そのためリスクを冒してクールな印象管理をしたり、リア充に見せたりしながら、仲間ウチでの承認を得ることによって、後で述べるような自己の存在の証明をしているのである。「オンラインおよびオフラインでの印象管理は個人の行為だけに留まらない。それは社会的なプロセスなのだ」（boyd 2014 邦訳 p. 79）。

2-3　保守的な印象管理

仲間ウチでの評判を得るためにリスクを冒してソーシャルメディア上で印象管理をしている人がいる一方で、より広い社会におけるソトの評価を得るためにあえて保守的に印象管理している人もいる。アメリカでインタビューした高校生や大学生は、大学受験前や就職活動前にパーティなどの写真を削除し、まじめな印象を与えられるように自己の印象を管理していた。キャサリンは、母親に見せられないものは就活でも不適切なため、あえて母親をFacebook上で友達として登録している。

キャサリン「Facebook上にはママに見せたくないものは何もない。就活をする時、企業の人も見るだろうから。恥ずかしいものはあるけど、でもママが〔Facebookに〕いた方がいい〔…〕だってもしママに見せたくないものなら、他の人も見るべきではないと思うから。だったら削除する。」

（キャサリン、アメリカ、19歳、女性、高校生、イギリス系）

ルーシーは自分の印象を管理するため、時々自分をGoogleで検索している。

ルーシー「時々自分をググってる。なぜなら就活の時、企業の人は私のことを検索するから。」

（ルーシー、アメリカ、18歳、女性、大学生、チェコ系）

ソーシャルメディア上の構造化された空間に、個人の多様なアイデンティティをすべて表すことはできない。そのため「まじめ」な部分を意識的に切り取り、ソトに向けて自己の印象を管理している人もいた。

デニス「Facebook上に僕が創っているパーソナリティは僕の最も深い部分ではなくて、まじめな部分だけにしている。Facebook上で面白くしようとは思わない。なぜなら、Facebook上ではたくさんのものが失われているから。だからできるだけまじめにしようと思う。」

（デニス、アメリカ、16歳、男性、高校生、コケージョン）

ボブ　「Facebookではつまらなくていい。Facebookで皆個性を出そうとしているけど、でもたくさんの人が同じことをやっているから、どんなに力を注いだとしても結局同じこと。個性的になるのはとっても難しい。なぜならすべてFacebookの構造に当てはめられているから。」

（ボブ、イギリス、23歳、男性、会社員、コケージョン、中産階級）

このように仲間ウチでの人気や承認を得るためではなく、ソトの評価を得るために、Facebook上ではリスクを排除して、印象管理のための道具として利用している人もいる。母親を友達として登録することによって抑止力としたり、時々Googleで自分を検索することによって自己の印象を確認している。就職活動を控えた日本の大学生たちも、実名のFacebookはもとより、たとえ匿名であってもTwitter上での自身のツイートや、閉じたソーシャルメディアであるＬＩＮＥのプロフィール写真などもリスクを最小限にするため「保守的に印象管理」を行っている。

ひであき　「僕にとっては、履歴書。やっぱり自分の情報として恥ずかしくない情報を公開する。誰が見てもいいような感じに。」

（ひであき、日本、20歳、男性、大学生）

ソーシャルメディアによって与えられる新たな機会とリスクとの間で、仲間ウチでの承認や人気を得るためリスキーやリア充な印象管理をする一方で、ソトの社会規範に適応したより保守的で真面目な印象を戦略的に作っているのである。

3　自己表現

3−1　ソーシャルメディア・マネジメント

今日のソーシャルメディア時代において、若者たちはＬＩＮＥやTwitter、FacebookやInstagramなど複数のソーシャルメディアを利用している。なぜ若者は異なる複数のソーシャルメディアを利用するのだろうか？その理由は、異なるソーシャルメディアで異なる人と結びつき、異なる自分の一面を表現したいからであろう。ここでは若者たちが複数の異なるソーシャルメディアを利用して、自己を自由に表現できる空間を自ら作り出している様子について考察する。

日本では、ＬＩＮＥやTwitterが普及する以前、若者たちはブログやmixi、MySpaceなどを利用して自己表現をしていた。インタビューをした女子大生たちは、mixiでは明るくて、ポジティブで、リア充な自分を表現している一方で、ネガティブな自分や本音は限られた親友にしか教えていないブログでさらけ出したりしていた。ブログは本音であり、裏であり、mixiは建前で表の自分であると言う。

のりこ「mixiは建前って感じで。ブログは自分と一緒です。なんか、だんだん周りの空気を読んじゃって、自分の意見をかけなくなったりして。周りの調和を一番にしちゃって自分の意見が言えなくて、でも自分の意見を言わなきゃと思ってブログを始めてみたんです。」

（のりこ、日本、18歳、女性、大学生）

ブログを書く理由として、けんたは手軽に自己アピールできる環境があるため自己表現したくなると説明してくれた。

けんた「ネットが出て、外に対して向けられるっていうのがわかった以上、書いてみたいって心の中にある好奇心というか〔…〕自分の書いたコメントってどう見られてるんだろうって。外に対して自分はこういう人間なんだってアピールしたくなったっていう。それができちゃうっていう環境が整っているから、外に手を出したくなっちゃうんじゃないですかね。」

（けんた、日本、19歳、男性、大学生）

日本のソーシャルメディアであるmixiにおいては、現実の社会関係と同じ人びとと結びついていることが多いため、知人や友人からの友人登録申請を断ることができないというしがらみも抱えていた。それに対して、アメリカのソーシャルメディアであり、Facebook以前、世界で最も利用者が多かったMySpaceでは友人や日本人からのフレンドリクエストを拒否して、お気に入りのミュージシャンや他のファンなどとトランスナショナルに気軽に結びつくことが可能であった。mixiとMySpaceを両方利用していた女子大生たちは次のように述べている。

あき「知り合いと交流するのがmixiで、知らない人と交流したいのはMySpace。」
筆者「そうすると、MySpaceでは日本人の友達は要らない？　知っている友達……」
あき「は要らないですね。」

（あき、日本、19歳、女性、大学生）

みか「日本人じゃないですか、mixiって。MySpaceでは日本人と友達になるのはあまりみたいな考えがあるんですね。日本人と友達になると会えちゃうというのが、逆に怖いというか。」

（みか、日本、19歳、女性、大学生）

彼女たちにとってmixiがウチを強化しているのに対して、MySpaceは日本というウチから脱-埋め込みし、ソトと結びつくことを可能にした最初のソーシャルメディアであった。MySpaceを利用していたインフォーマントたちは、ページを自由にカスタマイズしたり、メッセージを英語で書くことによって、日本のソトの世界で、自分自身をより自由に表現していた。日本のmixiが現実社会におけるウチを強化するのに対して、アメリカのMySpaceは日本社会から脱-埋め込みを可能にし、自らをグローバルな世界に埋め込みことを可能とした。そのためMySpace上で日本の文化的な規範とは異なるグローバルな嗜好のコミュニティに参加し、自由に自己表現を行っている（Takahashi 2010）。

その後、ＬＩＮＥやFacebook、Twitter、Instagramなどが普及し、現在では複数のソーシャルメディアを利用し、使い分けることが当たり前になっている。例えばこれまで見てきたとおり、ＬＩＮＥでは親しい友達や家族、クラスや部活、サークル、アルバイトなど多様な仲間をそれぞれ異なるグループに分け、ウチの中で頻繁なコミュニケーションを行っている。オープンなコミュニケーション空間であるTwitterは、友達の情報を得たり、新たなネットワークを構築したり、暇つぶしや発散などのために利用している。さらにTwitter上でできるだけ多くのフォロアーを保ち、より広く社会の中で自己アピールをしている人もいる。しかしながら高コンテクスト文化である日本ではTwitterでも空気を読まなければならないため（本書第3章）、Twitterのアカウントを複数持ち、異なったアカウントで異なる自己表現をしている人もいる。ある女子大生は、６つのアカウントを使い分けている。一番オープンでフォロワーの人数の多いものはサークルのアカウントであり、一番クローズドで

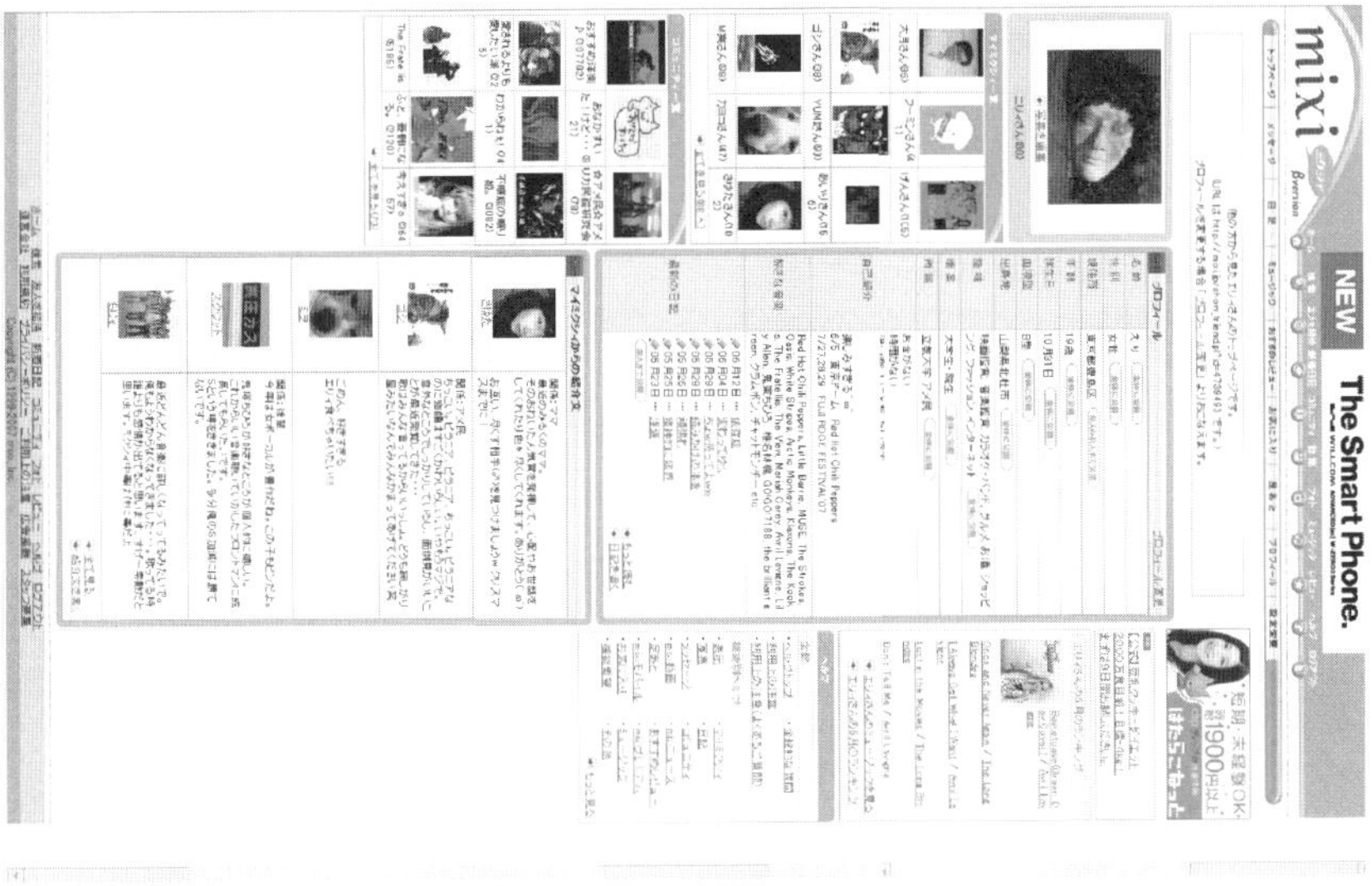

写真6-2　えりのmixiのページ

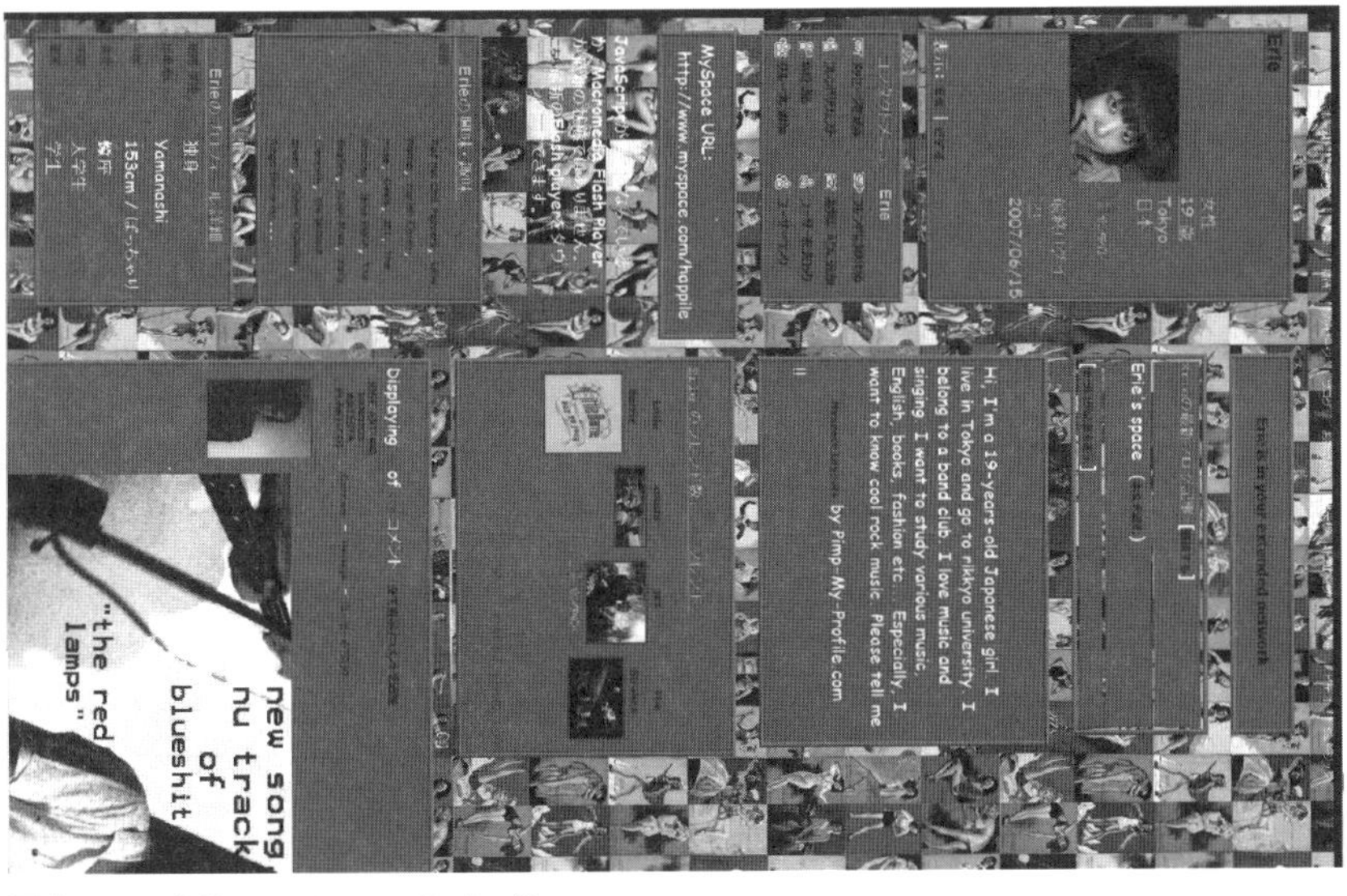

写真6-3　えりのMySpaceのページ

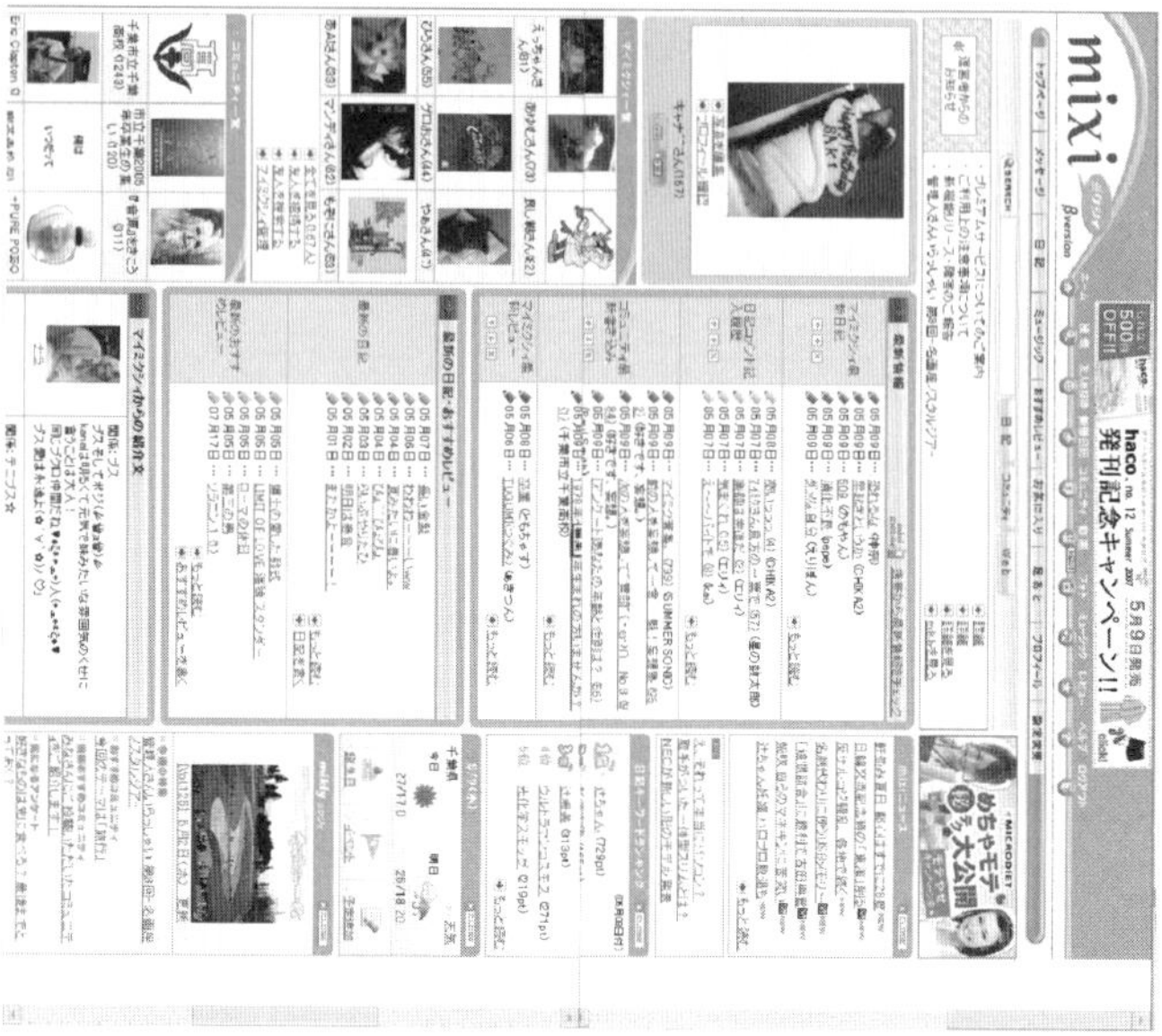

写真6-4　さきの mixi のページ

写真6-5　さきのMySpaceのページ

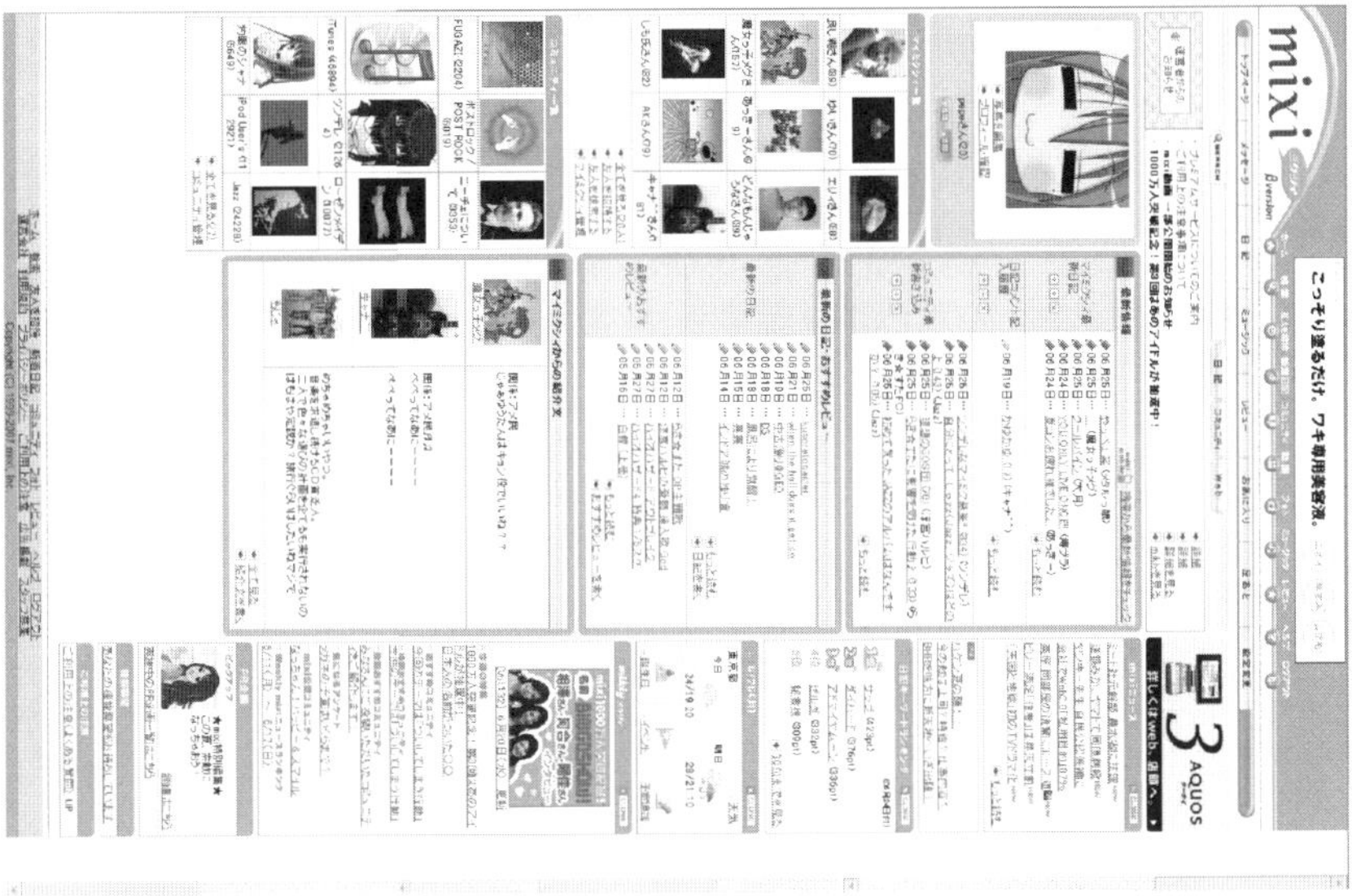

写真6-6　まなぶのmixiのページ

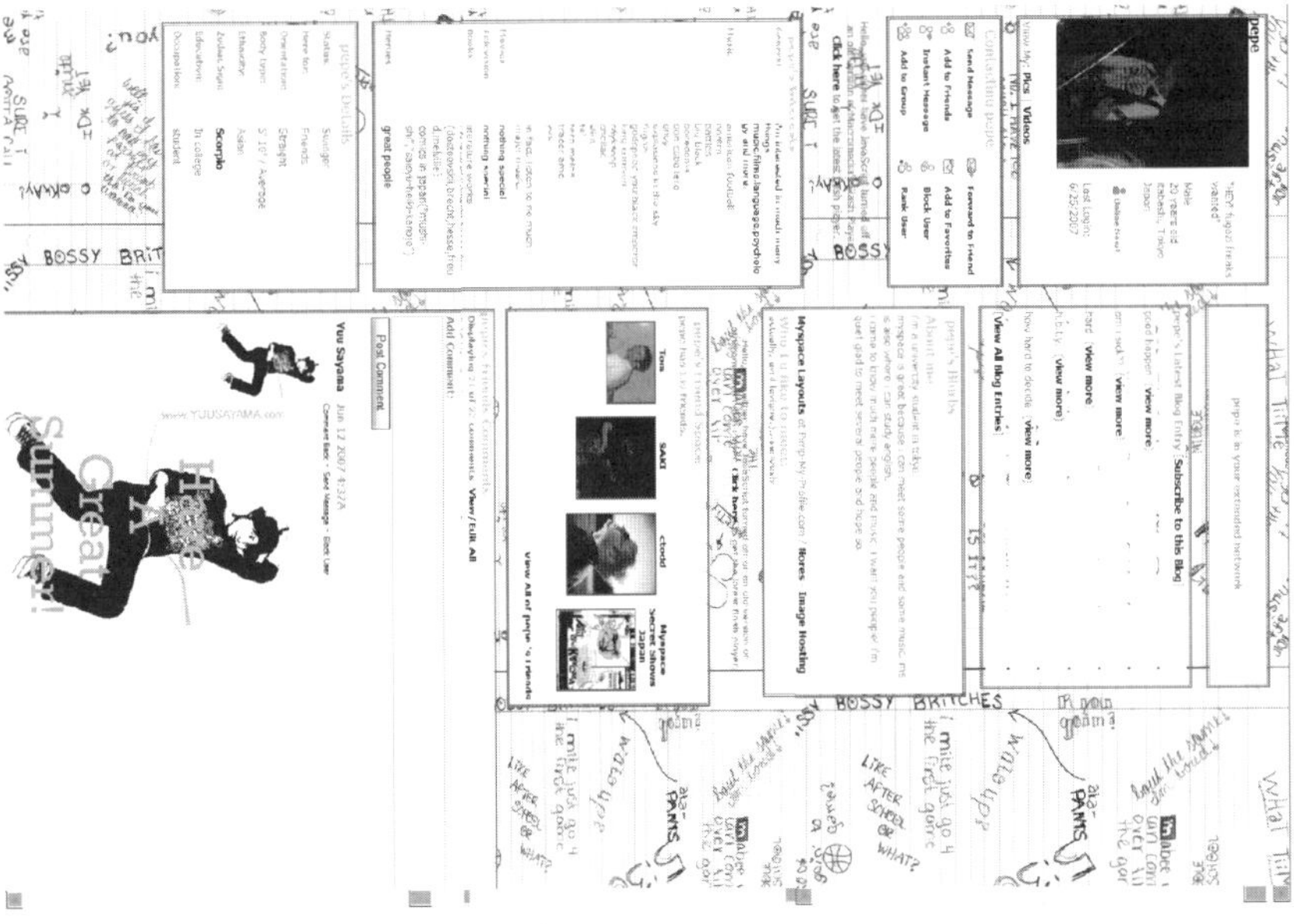

写真6-7　まなぶのMySpaceのページ

鍵をかけたアカウントは親友しか知らない。そしてフォロワーが少人数になればなるほど、徐々にネガティブな自分を出していくという。

Facebookは、友達情報の収集や暇つぶしに加え、写真や投稿の共有、昔の友達や海外にいる人などソトとのつながりとしても利用している。しかしながら、Facebookには多様な人を友達として登録しており、自由に表現することできないため、Twitter上で自己表現しているという人もいる。先に紹介したアメリカやイギリスの若者と同じように、つばさもFacebookによって構造化された空間では、個人の多様なアイデンティティを表すことができないという。

調査員「TwitterとFacebookだとつながっている人も違うの?」
つばさ「うん。Twitterだと知らない人もいるし、知らない人をフォローしたりとかファボッたり〔発言を「お気に入り」に登録する〕とかするし。私の投稿も知らない人が見るってわかって投稿してるけど。Facebookの場合はほぼ知ってる人だし。中学校が一緒ってだけの人もいるし、めっちゃ仲良い人もいるし、それこそ恩師みたいな人もいるから。すごく仲良い友だちに見せる下らない自分と、恩師に見せるちゃんとした自分とっていうのを合わせて総合して投稿しないといけないっていうのを考えると。……多元的自己すぎて。」
調査員「なるほど。Facebookだと書きたいことをそのまま書けるって感じじゃないんだ?」
つばさ「ない。考えないといけない。〔…〕Twitterだとポンポン書ける。」

（つばさ、21歳、女性、大学生）

一方、写真中心のソーシャルメディアであるInstagramでは自分の好きな有名人をフォローしたり、後に述べるように自撮りの写真（セルフィ）を専用のアプリで加工し投稿したりしている。同じ趣味の人とつながるために利用している人もいる。大学生のまさひろもその一人である。

まさひろ 「Instagramでは同じような趣味の人に見て欲しい。俺の写真が好きな人って同じような写真をあげてることが多いから。」
調査員 「そういう人と友達になって、その人の写真をみたい？ 自分のを見てほしい？」
まさひろ 「両方だね。インスタに限った話だけど。これだけ使い方がほかのSNSと違うから。」
調査員 「インスタは趣味のツールってこと？」
まさひろ 「連絡手段として使わないから。」

（まさひろ、20歳、男性、大学生）

女子大生のさくら（21歳）は「リア充に印象管理」するためのソーシャルメディアとして「Twitter や Instagram の方が Facebook に比べて瞬発力が強い」と言う。LINEは友達と想い出の共有のために撮った写真をすべてすぐに投稿するが、Facebook は、ソトの人を「友達」に含むため、後で注意深く選んでからアルバムに投稿するという。一方 Twitter や Instagram にはアプリで加工した「究極の1枚を選出」するという。

個人主義社会であるアメリカでも、MySpace 以降、Facebook、Tumblr、Twitter、Okcupid、4チャンネルなど異なるソーシャルメディアで異なる人とつながり、自己表現をするために使い分けている。ダイアナは次のように説明をしてくれた。

ダイアナ 「違う目的のために違うサイトを使う。Facebook や Twitter は知ってる人とコミュニケーションするため。Okcupidは知り合いになりたい人とコミュニケーションするため。4チャンは会うつもりのない人と。でもすべてコミュニケーションのため。」

彼女はFacebookをTwitterや他のソーシャルメディアとはリンクさせずに分けて使っている。この理由として実際に、自分のことを助けてくれる友達はFacebook上の知っている人のみであり、この友達のみが彼女の「ネットワーク（NET Of People）」だという。それに対して、他のソーシャルメディアのフォロワーは、「ただ人の寄せ集め（POOL Of People）」だという。

ダイアナ「ネットワークではない。人びとの『寄せ集め（pool）』。ネットワークは助けてくれる人の網のようなつながり。でも私がTumblrとかTwitterで話す人はただそこにいる人たちの寄せ集め（pool）のようなもの。ただいるだけ。彼らに会いたいとは思わない。」

さらにダイアナは、Facebook上でも、家族、高校時代の友達、クリスチャンなどを異なるグループに分け、自分の発言に応じてブロックしている。

ダイアナ「時々家族をブロックしてる。高校の時の友達も〔…〕神について書く時は、このクリスチャンの友達のリストをブロックする。そうしないと、ずっと言い争うことになるから。私は無神論者だから〔…〕彼らの気にさわるようなことをたくさん書いているの。だからブロックする方が簡単。」
（ダイアナ、アメリカ、18歳、女性、大学生、コケージョン）

このように若者はＬＩＮＥやFacebook、Twitter、Instagram、Tumblr、Okcupidなど複数のソーシャルメディアを使い分けたり、１つのソーシャルメディア上で友達を複数のグループに分け、自分が自由に表現できるコミュニケーション空間を創造しているである。

3-2　セルフィによる自己表現

なぜ若者は自分撮りの写真や動画を投稿するのか?

ソーシャルメディア上に自分自身を撮った写真を投稿する「selfie（自分撮り）」が世界中で流行している。２０１３年には「selfie」はオックスフォード辞書オンラインに収録され、「今年の言葉２０１３」に選ばれた。[1] それによればセルフィとは、「スマートフォンやウェブカメラで自分自身を撮影し、ソーシャルメディア上でシェアされた写真[2]」をいう。さらに若者は写真のみならず、自らが撮影した動画をソーシャルメディアや動画共有サイトに投稿している。２０１０年に動画投稿についてインタビューをした時は、アメリカでは約半数の人が、イギリスでは3分の1、日本ではわずか数名が自分で動画を制作し、YouTubeに投稿したことがあると答えた。投稿の理由について聞いたところ、アメリカやイギリスの若者たちは、「目立ちたいから」「有名になりたいから」「他人の注意を引きたいから」「存在を示すため」と答えた。

ケイト「（YouTubeの）動画は自己表現の1つ。幸せだったり、悲しかったり、わくわくしてる時に動画を作るの。社交の1つでもあるし、楽しみの1つ。皆人の注意を引きたいのよ。」

（ケイト、アメリカ、16歳、女性、高校生、ジョージア系）

ジーン「私と友達の動画をYouTubeに投稿したの。中学のダンスをコピーして。結構閲覧があって……」
調査員「嬉しかった?」
ジーン「ええ、とっても。5分だけ有名人になれて。」
（ジーン、イギリス、16歳、女性、高校生、労働者階級、アフロカリビアン系）

アメリカやイギリスの若者たちがインターネット上で実名で顔を出して情報発信をしていたのに対して、日本の若者たちは、当時YouTubeに顔や実名を隠して投稿していた。しかし、２０１６年現在では、YouTube、ニコニコ動画、Ustreamに加え、MixChannelやC CHANNEL、VINE、Snapchatなどの動画共有サイトが日本の若者の間で流行し、自分たちの顔を出して動画を投稿している。

なぜ日本の若者は自分の写真や動画を投稿するようになったのだろうか? この理由として、第1にデジタル技術の進歩による手軽さ、第2に印象管理と自己表現のため、第3に仲間ウチの創造や強化のため、第4に新たなコミュニケーション空間の創造のため、という4つが考えられる。以下ではそれぞれについて詳しく述べたいと思う。

セルフィが特に世界的に流行り出したのは、２０１０年のiphone4とInstagramの登場にあると言われている。これが第1の理由としてのデジタル技術の進歩による手軽さの主な例である。スマートフォンやモバイル・メディアに内蔵されている「インカメラ」の普及や、無料で写真を加工できるアプリの充実、InstagramやSnapchatなど写真や動画投稿用のソーシャルメディアの登場により、誰でも簡単に自分の写真を撮って投稿できるようになった。[3] さらにMixChannelやC CHANNEL、VINEなどの動画共有サイトの登場と、wifiや高速のモバイル通信などの普及により、文字や写真よりも容量の大きな動画の撮影、編集、投稿を簡単にし、若者の動画投稿を加速させている。

第2に自分撮りの写真や動画は、自分の好きなように印象管理をすることができる。女子高校生や女子大生は、自分が最も綺麗に見える角度や光の当たり方、表情やタイミングなどを研究して撮影している。そして200種類以上もある自撮り用のアプリを複数用いて、肌の質感を整えたり、補正したり、フィルターを掛けるなど演出して、自分の好きな有名人や理想的とする容姿に近づこうとしている。そのように加工をした自分の写真に対して、他者から「いいね！」やコメントが得られることによって、自己承認欲求を満たしているのである。

さらに、若者たちは動画共有サイトの加工や編集機能を用いて、様々な写真や音楽などで演出しながら、まるで映画のワンシーンや「作品」のように動画を制作し、自己の印象管理をしている。これまでブログや Twitter などで中心だった文字や、Instagram などにおける写真よりも、動画によってより高いレベルでの自己表現をしている。また、耳目を集める行動や商品の宣伝を YouTube にのせて広告収入を得ようとする YouTuber や Instagram によって有名になったモデルやタレントに憧れて、戦略的に写真や動画を投稿している人もいる。

第3に、友達と同じような加工をした写真を仲間ウチの中で共有することにより、「いいね！」マークやコメントを付けるなど集団内相互作用を行い、ウチを強化している。自分一人で撮る時は、ウチの仲間と同じような写真が撮れるまで何回も撮り直し、友達と同じアプリでエフェクトをかけ、同じようにコラージュしている。また、友達と一緒にいる時は、自撮りをする機会が増えている。例えば、さりな（女子大生、21歳）は、高校時代の仲良し3人グループで遊んでいる時、自撮りの機会が非常に多いという。旅行の時は、2日間で250枚以上も撮影したという。さりなのように旅行をする時、友達と自撮りをすることによって、撮影者となる他者を排除して仲間ウチだけの時間を過ごし、旅行のあとは、ソーシャルメディア上で想い出を共有し、ウチを強化している。

さらに友達と一緒にいる時に遊びの延長として自撮りをし、様々なアプリを用いて加工し、投稿している中高校生もいる。例えば、自動的にブタの鼻やうさぎの耳などをランダムに加工するアプリや、顔の表情や髪型を変えるアプリなどを用いて、自撮り写真を撮り、数枚をコラージュして Instagram に投稿したりしている。彼女たちは、遊びを通じて場を共有している友達と親密性を強化するとともに、ソーシャルメディアに写真を投稿することによって、その場にはいない仲間ウチとの親密性も強化している。

第4に、新たなコミュニケーション空間の創造があげられる。例えば Mixchannel では、利用者の9割が10代であり、そのうち8割が女性であることから[4]、大人が介在しない同世代で作られた新たなコミュニケーション空間を創造している。面白動画やカップル動画など動画共有サイト上のジャンルやカテゴリーに細分化された空間の中で、同じような趣味や嗜好をもった同世代の人とつながり、「ヴァーチャルな場」を共有している。そして、ファン機能やフォロー／フォロワー機能によって、動画を投稿する人と見る人が信頼関係を築き、共感や応援などポジティブなコメントによって、親密性を強化している。彼女たちは、大人や社会から批判されない自分たちのコミュニケーション空間を創造し、集団内相互作用によって親密性を強化し、現実社会から脱-埋め込みし、社会規範から自由となって自己表現をしているのである。橋元ら（2009）が、ネオ・デジタルネイティブ（96世代、10代）を「モバイル、動画、映像によってコミュニケーションをする世代」と定義づけたように（本書第1章）、ソーシャルメディアや動画共有サイト上で写真や動画によるコミュニケーションを行っていると言えよう。

また、現在若者の間で、Snapchat で「犬の舌が口から出てくる合成動画」で撮った動画を、Twitter や Instagram、MixChannel などに載せるのが流行っている。このような若者の間の流行は、最初に若者に人気の芸能人が行いソーシャルメディア上に載せているのを見て、若者たちが同じような動画を作成して投稿し、さらにそれを見た友達やフォロワーが真似をしていくことによって作られている。これらの日本の芸能人は、外国人セレブの投稿を見て、同じようなアプリを用いたり、加工をしたりしており、海外からイメージを流用している。そのため日本の若者たちは、後述するように、海外セレブを直接フォローする一方で、日本の有名人を通して日本的に流用された海外のイメージを間接的に流用しているのである。

写真6-8～6-12セルフィ（筆者提供）
写真6-8（右上）手軽さ
写真6-9（左上）自撮り用のアプリを用いた印象管理
写真6-10（右中段）想い出の共有と仲間ウチの強化
写真6-11（左下）写真6-12（右下）遊びによる仲間ウチとの親密性の強化

写真6-13　動画コミュニケーション：若者文化の創造（筆者提供）
海外からイメージを間接的に流用することによって、新たな若者文化を創造している。

このように現代の若者たちは、日常生活において、日本の社会規範やデジタル化、グローバル化に適応しながら、動画を撮影し、投稿し、共有し、新たな若者文化を創造しているのである。

　しかしながら、自撮り写真や動画を投稿することは、自己表現欲求を満たし、ウチの強化や自己実現などのための機会を与える一方で、新たなリスクも生じさせている。動画共有サイト上で若者たちが築いているコミュニケーション空間は、閉ざされたものではなく、世界中の誰もが視聴できる空間なのである。第5章で見たように、インターネット上にはプライベートな空間は存在しない。そして一度投稿した写真や動画は、デジタル・タトゥーと言われているように完全に消去することはできないのである。にもかかわらずなぜ日本の若者たちは自分の写真や動画をソーシャルメディアや動画共有サイトに投稿するようになったのだろうか？

　現代の若者はデジタルネイティブと呼ばれ、生まれた時からデジタル環境に囲まれている（本書第1章）。このことは同時に、子供の時から自分の写真や動画が、親や友達によってインターネット上にあげられていることも意味している。そのため自分が所属する社会集団で、例えば、中学や高校の文化祭や体育祭などの学校行事の動画が投稿されたり、学校の友達が休み時間や放課後などに面白動画やカップル動画などを作成して投稿したりするのを見て、同じように自分の動画を作成して投稿するようになったという人が多い。

さりな 「まわりがみんな出しているから、出してもいいかなって思って」

（さりな、女子大生、21歳）。

今日のソーシャルメディア時代において、自らの体験からインターネット上で自分のプライバシーに関する他者の行動をすべて管理できないことを実感している（本書第5章）。

現代の若者たちが投稿によるリスクよりも機会を選択する理由は、ソーシャルメディアを用いて自己表現をし、他者から承認されることによって、自己の存在を証明したいからではないだろうか。中井孝章（2007）は自己承認欲求と自己証明欲求について次のように述べている。

「承認」とは、他人によって、最終的には自分自身によって、自分という存在が認められ、受け入れられることである。承認を求める心理（本能）の裏には、必ず「証明」欲求という無意識が貼りついている。私たちは自分という存在を「証明」したがっている（自己証明欲求）。「どうだ、ぼくってすごいだろう」「どう、私ってすてきでしょう」と他人に証明したいし、自分自身にも証明したいのである。（p. 4）

デジタル社会を生きる現代の若者は、社会的行為者（social actor）として、人間の持つ自己表現欲求から写真や動画を投稿している。ソーシャルメディアや動画共有サイトの登場によって、ウチの仲間やより広く世界（ソト）に向けて簡単に発信できる情報環境が自己表現欲求を刺激していると考えられる。中井（2007）は1990年以降、高度情報化社会において「他者からの承認を一切必要としない、『自分』至上主義が登場する」（p.6）と述べている。インターネットの普及によって自分の好きな世界を作りその中で自己を創造することが可能となった。しかしながらその一方で、Facebookのような実名制のソーシャルメディアや動画共有サイトの普及により、自己存在証明のために、他者からの承認を過度に必要とするようになったのではないだろうか。Instagramから有名になったタレントやYoutuberのような存在を身近に感じ、憧れ、自らもなりたい思う若者たちは、カリスマ的な彼らや、より身近にいる友達とソーシャルメディア上で自分を絶えず比較し、大量の承認を得るために日々葛藤している。コメントの数が可視化され、スケール化されることによって、承認欲求は高められ、欲求を満たすために、自らの写真や動画を投稿し続けている。そしてこの欲求は、過激なカップル動画やいたずらや面白動画などによる「リスキーな印象管理」へと導いているのである。

これまでにない変動する世界を生きる若者たちは、これまで以上に他者による承認を求めている。そして他者から承認を得られることをもって自己による自己承認、さらに自己の存在の証明を求めているのである。

4　自己実現

最後に、デジタル時代、グローバル時代を生きる日本の若者は、どのようにメディアと関わりながら自己実現のために自己を創造／再創造しているのだろうか？

デジタル時代、後期近代社会における若者のアイデンティティに関しては、これまで多くの論者が見解を述べてきた。浅野智彦（2015）は著書『「若者」とは誰か――アイデンティティの30年』の中で、アンソニー・ギデンズとジグムント・バウマンを対比させ、前者にみられる「統合的アイデンティティ」ではなく、後者における

「多元化する自己」を採用している。そして、日本の若者における「アイデンティティの変化を自己の多元化として描き出」している(p. 38)。若者のみならず、日本人の自己の多元性はこれまで国内外の文化人類学者などによって論じられてきた(Rosenberger 1992)。しかしながら時にこの多元的自己の見解は、日本人の多重人格性(解離性同一性障害)へと議論を発展させてしまうのである。そのため筆者は、これまで述べてきたように、前者のギデンズによる「再帰的プロジェクトとしての自己」を採用し、複雑系のパラダイムから自己の複雑性について明らかにしていきたいと思う。

複雑系のパラダイムを用いて日本人のアイデンティティについて論じている社会学者としては、濱口恵俊(1998)が有名であろう。濱口は、「個人」対「社会(集団)」という二項対立を批判し、要素還元主義的に「個人」を分析するのではなく、関係性や状況に注目することを示唆している。そしてこれまで社会科学で用いられてきた「方法論的個別体主義(methodological individuum-ism)」から「方法論的関係体主義(methodological relatum-ism)」へ転換し、「関与的主体(referential subject)」を分析軸とするパラダイムの必要性を述べている。

このパラダイム・シフトは、分析次元を、いわば「点」的な「個体」レベルから「線」的な「関係」レベルへと引上げることを意味する。日本文化研究においては、その必要性は大きい。日本人にあっては、関係性そのものが、個個人の行動のみならず、組織や地域社会の本質的な構成・運用要因として機能するからである。(p. 50)

濱口は欧米の「個人主義」における自我中心主義、自我依拠主義、対人関係の手段視を、「間人主義」における依存主義、相互信頼主義、対人関係の本質視と対比させている。このように関係性や状況といった他者との相互作用から「自己」が創発するという「間人(contextual)」という言葉は日本社会における文化的規範やイデオロギーなど適応したり、流用する方法を理解するために1つの有効なモデルを与えると考えられる[5]。

これまで日本人のアイデンティティは、西欧vs.日本という二項対立によって捉えられ（例えば、西欧の合理主義、個人主義、文化嗜好に対し、日本は義理主義、集団主義、自然嗜好など）、明治維新以降日本の近代化の過程において、他者である西欧との経済的、政治的、社会的、文化的比較などから優劣とともに論じられてきた。そして日本人と日本文化像が経済的関係によって影響を受けてきたことにより、日本人論は批判されてきた（本書第3章注釈）。しかし、この批判はややもすると国家や人びとのアイデンティティが固定されており、他国との間の関係（例えば、経済的関係）の変化に伴って変化するべきではないという仮定を招きかねない。ホール（Hall 1996）が言及しているように、アイデンティティは固定されたものではなく流動的であり環境に応じて変化していくものである。それゆえ、ある文化の文化像が、他の文化との関係や世界の中での位置づけなど時代の変化に応じて変化していくことはありうるだろう。船曳建夫（2003）は日本人のアイデンティティの変容について次のように述べている。

社会が多元的であるということや、個人の世界が重層的であるということは、単に要素が複数になるということとは違う。社会や生きている世界の要素が複雑に関係しあって、変化を起こさせるということなのだ。日本社会に外国人が増えてきている、というのは、黒い碁石（日本人）に白い碁石（外国人）が混ざることではなく、黒い碁石の中に白い要素が、白い碁石の中に黒い要素が、化学反応を起こしながら変化をもたらすことなのだ。日本人のアイデンティティも、外国人のアイデンティティも、同時に変化をしていく。私は日本人である、の「私」も「日本人」も変わりながら、「私は日本人である」というアイデンティティが成立するのだ。
（pp. 300–301）

この船曳の見解もまさに複雑系のパラダイムにおける要素還元主義への批判と重なり合っている。要素還元主義への批判とは、第2章で述べたように、各々の構成要素間には相互作用があり、その相互作用によって全体として新たな形態が創発し再びそれがフィードバックされるため、構成要素だけを見ていては全体はわからないというものである。筆者は複数のアイデンティティの単なる寄せ集めではなく、構成要素間（断片的で、動態的で、多元的なアイデンティティ）の相互作用によって、新たな自己が創発すると考える。

デジタル化とグローバル化は、時間軸と空間軸において、自己創造を拡張している。インターネット登場以降、これまで人生の異なるフェーズによって断絶されてしまったアイデンティティに継続性が与えられ、人びとは時間の連続性の中で存在論的安心が得られるようになった。デジタル時代に生まれた若者たちは、これまでに出会った大切な人びととこれからの長き人生において多様なコミュニケーション技術を用いながら半永久的につながり続けていくだろう。ソーシャルメディアによる他者との絶え間ないつながりはまた、複数のウチ（社会集団）を創造／再創造し、複数のアイデンティティを同時に保つことを可能にしている。そして、Facebook や Linkedin は時に過去の自分を呼び起こす。何気ない日常生活の中で、ふいに過去の自分と対峙し、個人内相互作用を行いながら再帰的に自己を再創造しているのである。一方、グローバル化によって拡大された社会的相互作用の時－空間の中で、人びとはトランスナショナルなつながりを持ち、世界中の「カルチュラル・スーパーマーケット」（Hall 1992a ほか）から能動的な消費をすることによって、これまでより多様なアイデンティティを形成しているのである。

現代社会を生きる人びとは、デジタル化、グローバル化、ナショナルな社会規範（図2－7 α_n）に適応（応化、抵抗、流用）しながら、個人（X_n）や社会集団（Y_n）、文化（Z_n）のレベルにおける相互作用と絶え間ないフィードバックループから、自己を再帰的に創造／再創造しているのである（図2－7 X_n・β_n）。

以下では日本におけるエスノグラフィーによって明らかとなった3つの自己創造のプロセスについて各々見て

いく。第1は日本の社会規範への応化による「伝統的な自己創造」、第2はテレビのトランスナショナルなイメージの流用による「理想化による自己創造」、第3はソーシャルメディアを介したトランスナショナルなつながりによる「グローバルな自己創造」である。

4-1 自己創造と日本の社会規範

若者たちはウチの仲間との相互作用を通じて類似点を強調し、ソトの人との相互作用によって差異や他者性を強調することによってウチを強化していった。ウチとソトの間の差異は、社会的行為や相互作用を通じて、若者たちによって絶え間なく感じとられ境界線が引かれている。空気や集団主義など、日本人の人間関係のあり方を再帰的に適応させることによって、つながりや親密性を積極的に強化させている。日本の社会規範を強化し、集団内の同質性を高めることによって、「存在論的安心感」(Giddens 1990, 1991) を得ている (本章第3章)。若者たちは絶え間ないつながりによって信頼を増し、同じ価値観を共有していると想像し、相互依存を深めていく。この「信頼」と相互依存は存在論的安心のための前提条件となる。「伝統は、それが過去、現在、未来という時間の連続性のなかで信頼感を維持し、またそうした信頼感を社会の型にはまった現実の営みに結び付けていく限りにおいて、存在論的安心感に基本的に寄与していくのである」(Giddens 1990 邦訳 p. 133)。しかしながらウチを強化するために、忠誠心とコミットメントを示さなければならず、大きなプレッシャーとなる場合もある。そしてこれまで見てきたように若者たちは、自らの「行為」を通して、ウチを再帰的に再創造している。日常生活において日本の社会規範から受けるプレッシャーに葛藤しながらも、日本社会に応化するように自己創造しているのである。

例えば、ウェディングプランナーになるという幼い頃からの夢があったにもかかわらず、父親からのプレッシャーに負け、夢をあきらめて長男としての役割を果たすことを決意したじゅん（会社員、27歳）は、ローカルコミュニティの中で自己実現を図っている。以下、じゅんの「伝統的な自己創造」についてフィールドノートから考察していこう。

じゅんは父親の営む鉄工所を継いだものの、自分とはまったく異なるバックグラウンドを持つ他の社員たちや仕事に適応できずにいた。ある夜、じゅんの地元の友達たちといつも集まるファミリーレストランで一緒に食事をした時、話の中心は親友だいすけの「恵まれた」フリーター生活に移った。だいすけはCGのゲームクリエイターになりたいという夢を実現するために会社を辞め、専門学校に通っている。しかし、実際は会社に勤めている彼女のアパートに居候し、コンビニでのアルバイト以外、ほとんどテレビゲームや競馬に興じ、自由気ままな生活を送っていた。食事を終えファミレスから出て、車の中で私と2人になるやいなや、じゅんはバックミラー越しにだいすけの車を見ながら「だいすけみたいなフリーターは僕にはできないな。彼女の給料と自分のバイト代で生活して……僕だったらおやじのプレッシャーに負けちゃうな」とつぶやいた。周囲からのプレッシャーにも負けず、自分の夢をあきらめていないだいすけに対して、長男として、日本の伝統的規範と家族の期待にこたえながらも、満足感の得られない日々の中で、じゅんは心の中にわきあがる葛藤とやるせなさを隠すことはできなかった。

自分自身はほとんどの時間を父親の経営する企業共同体の中で過ごしており、この伝統的なウチの中で不安と孤独を感じていた。自分の所属する主要なウチである会社への不適応から、オルタナティブな居場所を求めていた。失望した日々を送っていたじゅんであったが、自分の居場所をローカルコミュニティに見出し、ローカル性の中で自己創造をしている。じゅんはローカル・コミュニティが閉ざされていることに不満を抱いていた。近代的でより「開かれた」コミュニティ形成のための三鷹市によるコミュニティ構想も、現実には機能していないと感じていた。そこでじゅんは、排他的なローカル・コミュニティを開かれたものにするために、自らローカルに関するホームページを作成した。

「たいらにしたくって作ったつもりなんだ。」

じゅんはローカル・コミュニティの中で人間関係が社会的、経済的立場やステータスによってタテ型に組織されており、水平でないと訴える。

そこで地元の人たちと地域交流を図るために作ったウェブサイトで知り合った人たちとオフ会を企画し、地域に関することで交流を深めようと提案し、地元の「阿波踊り」に参加した。ウェブサイトで知り合った人たちは徐々に家族を連れてオフ会に参加するようになった。5歳から45歳の20人の人びとが集まり一緒に何度も練習をして地元の「阿波踊り」に参加した。

直接的な集団内相互作用によって、これまでヴァーチャルな空間の中で結び付けられていた人びとの間に、社会的親密性がより現実的なものとして確認されていく。「阿波踊り」の終わった後でもオンラインとオフラインの両方で交流を続けている。この事例は、これまで何世代にも渡って居住している人びとが権力を持ち、継続性と同質性を要求されてきた伝統的なコミュニティが、若者たちによるオンラインとオフラインの相互作用によって、近代化への挑戦を受け、より開かれたコミュニティへと作り変えられていく可能性を示している。（詳細はTakahashi 2003, 2009）

海外で仕事をしたいとまったく思わない。言葉もわかんないし、外国に行ったこともない。興味ない。日本のために何かをしようと思わない。……でも地元には愛はある。ワールドカップになれば日本を応援するけど、地元が出れば地元を応援。〔…〕日本が好き。休日布団から出ないのと同じで日本という布団から出たくないのかもしれない。

じゅんは人生の空虚感を埋めるために、メディアを利用しローカルなアイデンティティを創造／再創造している。自分が生まれ育ったローカル性の中に帰属意識やあたたかい「布団」の中にいるような安心感を覚えているのである。

一方、高校時代をアメリカで過ごし、アメリカ社会に適応するように自己創造を行ってきた人も、帰国後は日本の伝統的なウチに再埋め込みされ、日本の社会規範に応化しながらも、帰国子女としての自己のアイデンティティを保つために、Facebook 上で意識的に印象管理を行っている。

まき「Facebook は、写真をあげます。書くのはほとんどしないですね。Facebook はアメリカの友達もいるじゃないですか。それで日本語で書くか英語で書くか、どうしよう。……なんで、書かない。日本語で書いてもアメリカの子たちはわかんないだろうし。」

筆者「じゃあ英語で書けば？」

まき「あー。そうすると日本人の友達が『気取ってるじゃん』って。〔…〕アメリカ的な部分は、昔に比べたら絶対減ってると思うんですけど、切りたくはないというか、海外に住んでたっていうのが一種の私のアイデンティティではあるので、そこは失いたくないっていう気持ちがあるので、Facebook にたまになんかイェイを英語（Yay）で書いてみたりとか、ほんのちょこっとなんですけど、それはこれからも失いたくないですね。」

筆者「それがなくなったら完全に、日本の中に入ってしまって……ＬＩＮＥだけだったら、完全に海外の人とは切れてしまうものね。」

まき「そう。だからFacebookはやめたくない。Facebookで、海外の友達とはつながってはいたい。つながっていて、連絡をとれるような状態ではいたいです。」

筆者「これからもっと、グローバルな自分を出していきたいって思う？　今よりももっとイェイだけじゃなくて、英語で書くとか。」

まき「それは周りの環境に影響されるのかなって思います。海外に行ったら、その環境に合わせるっていうことにはなると思うんですけど、日本にこうやって住んでる限りは、そのちょこっとのままだと思いますね。」

（まき、日本、19歳、女性、大学生）

ここでいう伝統的な自己創造とは、日本社会から受ける様々なプレッシャーに対して支配的なイデオロギーや伝統的な役割を受け入れ、日本の社会規範に応化するように再帰的に自己を再創造している過程である。じゅんは長男としての責任感から、人生の空虚感を埋めるために、ローカル性の中でメディアを利用し、ローカルアイデンティティを創造／再創造している。帰国子女のまきはFacebook上で空気を読み日本人としてのアイデンティティを強化している一方で、わずかながらも英語で反応することにより帰国子女としての自己のアイデンティティを保っている。ここでは伝統的な日本文化からのプレッシャーに応化することで自己を再創造している若者たちについてみてきた。次のところではトランスナショナルなテレビ番組と夢の実現に関する自己創造についてみていこう。

4-2　トランスナショナルなテレビ番組と自己創造

第二次世界大戦後から今日の多メディア環境に至るまで、私たちの日常生活にはアメリカの文化的表象が多く埋め込まれ、自己創造のプロジェクトにも強い影響を与えている。メディア帝国主義批判者たちは国境を越えたメディアの影響について、政治経済的見解から批判を行ってきた。メディア帝国主義の代表的な研究者であるハーバート・シラー（Schiller 1979）は、メディアの多国籍企業がもつ「グローバル文化の現実を決定づけるイデオロギー的な力」（Tomlinson 1999 邦訳 p.145）について批判している（本書補論）。マクロレベルからのシラーの見解に対して、ここでは人びとの日常生活におけるトランスナショナルなテレビ番組の受容というミクロレベルの観察からメディアの影響について考えていきたいと思う。

海外ドラマは日本とは異なる社会規範を若者たちに見せつける。アメリカのドラマに描かれる強い女性像は、日本において男女差別に不満を持つ女子大生たちに、女性の社会進出や男女平等の社会へのあこがれを抱かせている。

はるこ　「『アグリーベティ』とか、『コールドケース』とか、『ザ・ヒルズ』とか夜とっておいて、朝に見て学校に行きます。〔…〕女の人がすごい発言力あるなって、『デスパレードな妻たち』とか観て思います。『フレンズ』とかでも、男がだらしなくって、女がどんどんどんどん社会進出して〔…〕『セックス・アンド・ザ・シティ』のサマンサとかかっこいいな。なりたいなーって。」

（はるこ、日本、19歳、女性、大学生）

みなこ　「基本向こうのドラマって女が強いじゃないですか？　あれ見てかっこいい。なりたいって思いますね。

なんか男にあーだこーだ言われてもはねのけるぐらいの精神的強さがうらやましいですね。アメリカの観光地には行ったことあるんですけど、社会は見たことないんで、アメリカの社会では女の人が立場的に強いのかなとか。」

筆者「日本もアメリカみたいになったらいいのにって思う？」

みなこ「思います。なんか昔から男女差別がすごい嫌いで。家が農家っていうのがあって、共働きのくせにお母さんが家事をやっててお父さんがパチンコやってるみたいのがあって。例えば受験生の時に受験勉強してて、お母さんが手伝ってーとか言ってもお父さんパチンコのゲームやってるんだから、お父さんにやらせればいいじゃんって言うと『あんた女の子なんだから手伝いなさい』って。その『女の子なんだから』っていうのがすごい嫌で。同じ人間じゃんって。そう思って育ってきたのがあって。日本もだんだん男尊女卑みたいのがなくなってきてはいるけどまだあるじゃないですか。そういうのがすごいイヤで……」

（みなこ、日本、19歳、女性、大学生）

海外ドラマに対する憧れや強い心理的関与から、実際に海外のロケ地を訪問したり、留学したりする人もいる。このような人の中には、トランスナショナルなテレビ番組が人生のターニングポイントとなり、自己実現を図っている人もいる。きわこ（日本、23歳、女性、会社員）は、大学2年生の時、『セックス・アンド・ザ・シティ』の描く世界に憧れて将来はニューヨークに住みたいと思い、英語の勉強を始めた。そして、大学4年生の時に、実際にアメリカの大学に留学をし、ニューヨークでインターンシップを経験し、帰国後は国際機関に就職した。彼女は今、日本と海外との橋渡しの仕事に従事し、自己実現を図っている。このように海外ドラマに描かれる自立した女性像への憧れは、日本から外へ出るポテンシャルと機会を与え、グローバル時代を生きる彼女たちの人生に大きな影響を与えている。

女子大生ばかりでなく、男子大学生も海外ドラマにおけるアメリカ人の思い切りのよさにあこがれている。

けんた「もっとこういう風に行動してみようかなって。ここで小さいことをためらってないでとび越えればいいじゃんって。その……思い切りの良さっていうか。その向こうの海外ドラマっていうのが思い切りの良さとかはすごい影響されますね。やたらスケールの大きいことをやってるんで。」

（けんた、日本、19歳、男性、大学生）

トランスナショナルなメディアと自己実現について、最後にたけし（28歳、会社員）に関するフィールドノートから考察していきたいと思う。たけしは今でも中学の時テレビをつけた瞬間、目の中にとびこんできたレーストラックでエンジン音を鳴らすレーシングカーを決して忘れることができないという。目を輝かせながら、この時の興奮を次のように私に話してくれた。

たけし「テレビつけた瞬間に、その頃ホンダがすごい活躍してて、その年のレース全部勝ってたんですよ、ホンダが。で、イタリアのレースで、あと2、3周で終わりっていう時に、ホンダのトップのやつが急に止まって、2台とも止まって、フェラーリが勝ったっていう劇的なレースがあって、それを見たときに『はぁ〜』ってかんじで。（胸の前で手をあわせて、ため息を深くつきながら）『ああ、やってみたいな』って思って。」

たけしはこの後レーサーになる夢を追い、高校を2ヵ月で中退した。地元のレーシングチームに所属してレーサーになった。レースで外国人をまかすために日本人論を読み、日本人のアイデンティティを強化した[6]。しかしながら不幸にも事故を起こし、長期間に及ぶ入院生活の後、引退を余儀なくされた。その後大検を受け、大学に入学、そしてたまたま大学の掲示板でケンブリッジでの夏休みの英語研修のポスターを見つけた。ケンブリッジで参加した1ヵ月間の英語コースはその後のたけしの人生に大きな変化を与えた。たけしは現在、世界中にいる友人たちとインターネットでつながり友情を維持している。

たけし「これからの時代、日本にいるからできないとか、ロンドンに行かなきゃできないとか、そういう時代じゃないんだと思うんです。自分のライフスタイルに合う場所で、自分のやりたいことをやる。日本にいて、自分のライフスタイルが守れないんだったら、〔…〕キューバに行って、そこで仕事するかもしれないし、インターネットを使えばそれこそ可能な時代になると思うんですよ。」

しばらく連絡がとれずにいたイギリスの友人が1年間仕事を休んでロシアへ行きボランティア活動に参加していたことを知って、たけしはショックを受けた。このときはじめてグローバル社会における道徳的な責任とボランティアについて真剣に考えるようになったのである。たけしは今、日常生活の中に埋め込まれたグローバルな相互作用によって、世界のどこにでも行けるという可能性を感じはじめている。

これまで紹介したインフォーマントたちは夢を実現する道すじにおいて、1つのテレビ番組のイメージと夢の帰結との関係がかなり直接的に思えるかもしれない。しかしながらテレビのイメージと人生の関係を効果の線形モデルで捉えることは十分ではないだろう。たとえ一見直接的な効果に見えても、両親のサポート、経済的状況、教育、スキル、才能など多くの要因が複雑に関連し、人生を決定しているのである。そしてその結果はテレビ番組の内容やインフォーマントの社会的文脈の他の要因からでさえ予測可能なものではない。複雑系のパラダイムが示唆するように、たとえすべての関連するデータをインプットしても結果の決定には不十分さが残る。たとえば、たけしはテレビの影響を受けてレーサーになったが、レース中に事故にあい、大けがをし引退を余儀なくされ、大検を受け、現在は違う道を歩んでいる。このことは長期的なメディア効果の予測不可能性を示している。しかしこの非線形のモデルは、テレビの影響の強力さを決して否定するものではない。今でもインフォーマントたちが目を輝かせながら、生き生きと子どもの頃に戻ったようにテレビ番組を語る様子から、いかにこれらのテレビ番組が人びとの人生に強い影響を与えているか明らかであろう。各々のテレビ番組のメッセージやイメージは各々のインフォーマントの人生の中に刻まれ、今日も心の中で生きているのである。

　アメリカの代表的な能動的オーディエンス研究である「利用と満足」研究は、これまでテレビやイメージが人びとによってどのように利用されているかを明らかにしてきた（本書補論）。子どもとテレビの研究では、ヒーローとの擬似社会的相互作用、ヒーローやイメージ、メッセージなどのファンタジー化や同一化（Schramm et al. 1961）、情緒的、行動的、認知的関与（Rubin & Perse 1987）などを明らかにしてきた。さらにテレビの登場人物への擬似社会的相互作用は、80年代以降、ヨーロッパの受容研究によってソープオペラの女性視聴者の熱心さを説明するために発展された（Ang 1985; Radway 1983, 1984; Modleski 1982）。テレビへの接触の長期的効果と考えられる自己創造の再帰的プロジェクトにインフォーマントたちを向かわせるのは、（他の要因とともに）こうしたテレビのイメージとの関わりである。彼らは皆、日常性とは異なるものを映し出すテレビの中に、夢や野心、ヒーローやロールモデルを見出し、理想的なイメージを追い求めている。刺激的なメディア・イメージは魅了し、新たな人生へと歩み出すきっかけを与えている。そしてメディアは、相互に関連する複雑で多様な要因とともに、人生における選択や可能性、自己実現に関するアイデアを提供したり、強化したり、失わせ、あるいは創り出すような、再帰的で動態的《ダイナミック》な自己創造プロセスにおいて、人びとの人生を決定する強力で複雑な要因の1つと考えられるのである。

　このようにトランスナショナルなテレビ番組は、ローカルな日常生活とは異なる社会規範を見せつけ、自己の形成や人生の選択に重要な役割を果たしているのである。

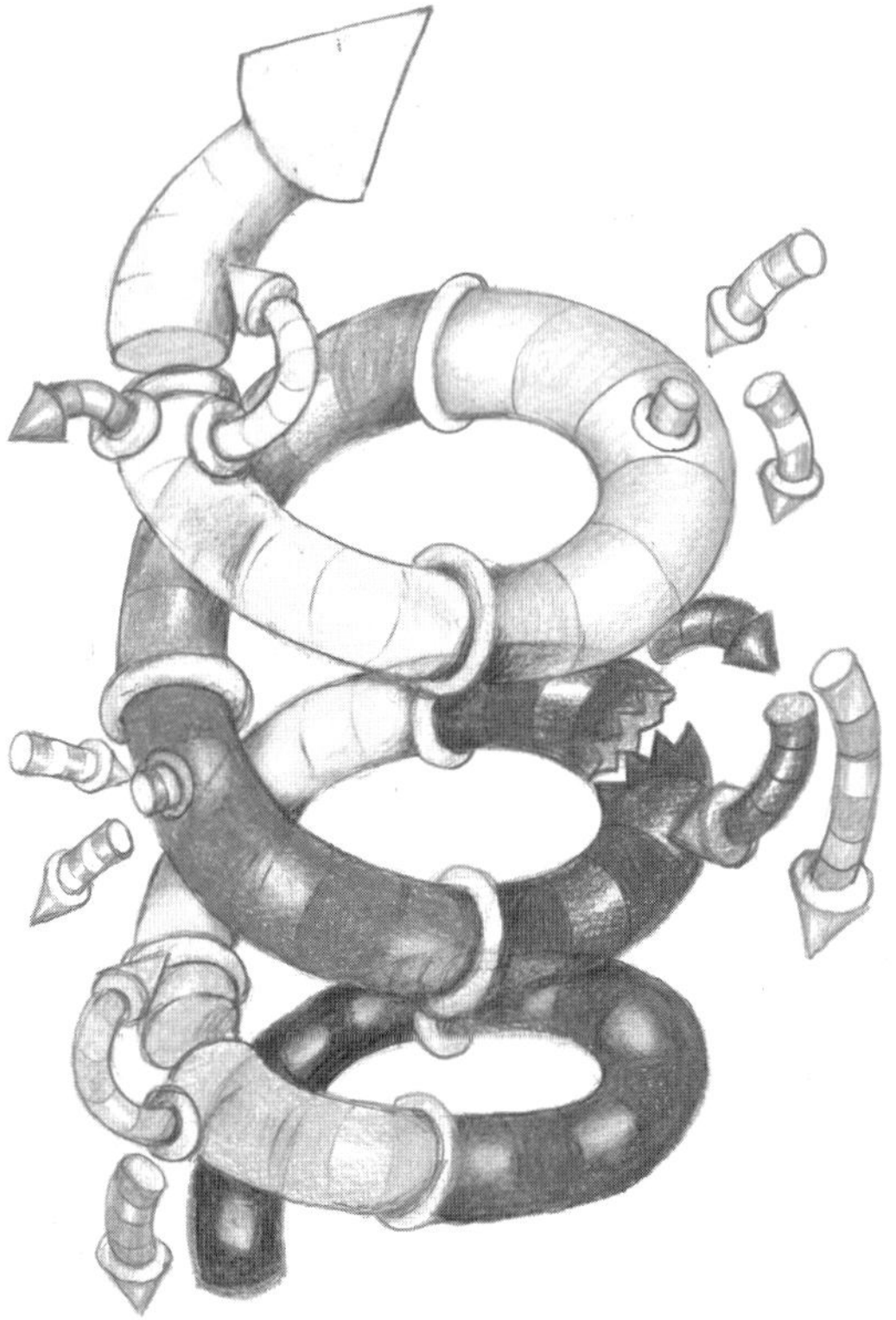

図6-1　自己創造（Self-creation）
デジタル化とグローバル化は、時間軸と空間軸において、自己創造を拡張している。図像の節目は人生のフェーズを表している。人は、時に越えがたい大きな困難や混乱などを招く「カオスの縁」に立たされることもある。しかしながら、多くの人びとはそのようなカオス的な状況に陥っても、社会環境の変化に適応し、安全と安定を見出し、再び自らの「居場所」を創造し、カオスと秩序の間の平衡を保つための十分な自己創造力や社会学的想像力を持ちうるのかもしれない（本書第2章より）。

4－3　ソーシャルメディアと自己創造

最後にソーシャルメディアで有名人をフォローしたり、海外の人とつながることによって、絶えず自分の理想を確認しながら自己を創造していく様子について考察する。

なぜ若者はソーシャルメディアで有名人をフォローするのだろうか?

若者たちは、Twitter や Instagram などで多くの有名人をフォローしている。なぜ若者はソーシャルメディアで有名人をフォローするのだろうか?

この理由として次の4つが考えられる。第1に、情報収集のため。第2に、親密性の強化、第3に、自己世界の創造、第4に、自己実現のためである。以下、それぞれについて詳しくみていこう。

第1の情報収集では、第4章で述べたように、本人のつぶやきからマスメディアからは得られないプライベートな情報や、マスメディアよりも早く情報を得ている。さらに有名人に関する情報ばかりでなく、その人が触れている情報を知ることによってその人と同じ世界を見たいと思っている。特に海外の有名人は日本のマスメディアからの情報が少ないため、ソーシャルメディアが主要な情報源となっている。

第2の親密性の強化では、ソーシャルメディアではリアルタイムにやり取りが行われており、時空間を共有することができる。海外の有名人のツイートや写真が、日本にいる自分の親しい友達と同じタイムライン上に交錯しながら現れることによって、遠くの非現実的な存在であった海外の有名人との間につながりが感じられ、身近な存在に感じられるという。さらに有名人自身も自分をフォローしているファンに対して、まるで友達に語りかけるようにメッセージを発信しているため、ファンとの間にソーシャルメディアを通じて「擬似社会的相互作用」が絶えず行われるのである。ひかるは「自分がフォローしている好きな有名人について友達に話すとき、まるで友達に違う友達の話をする時のような語り口になってしまう自分が居る」と言う（ひかる、男、24歳、大学生）。

また、かなこは、特に海外の有名人の日常生活はソーシャルメディアを通してしか見ることができないため、異なる文化に触れるきっかけや、日本とのつながりを感じるという。例えば、レディーガガが「Love Japan」と投稿するのを見て、「日本好きでいてくれるの嬉しい」と思ったり、自分の意見をダイレクトに投稿するのをみて、自由な生き方や新たな価値観として取り入れることが多いという（かなこ、日本、21歳、女性、大学生）。

第3の「自己世界の創造」は「利用と満足」研究の『関与（involvement）』の概念と関連している。人びとはメディアを利用して多様な文化的資源に「心理的に関与」し、「自分の世界」を創っている。また、この次元は、文化人類学者やカルチュラル・スタディズの研究者によって考察されてきた「ブリコラージュ」（Levi-Strauss 1966）などにおける流用の概念にも基づいている。ブリコラージュ（bricolage）[7]とはフランスの文化人類学者クロード・レヴィ＝ストロースによる概念であり、パッチワークやトーテムポールなど人びとが様々な断片を寄せ集めて新たな作品を製作することである。セルトー（de Certeau 1984）の「生産的消費（productive consumption）」で言及されている様に、人びとは自己のアイデンティティや自分の世界を創造する過程において、多様なイメージやスタイル、価値、アイデアなどを流用しているのである。

若者たちは好きな人や憧れの人、目標とする人、好きなアニメ、音楽やバンド、サッカー、テレビドラマ、映画、タレント、ブランドや企業などをFacebookやTwitterやInstagram上でブリコラージュし、自己世界の創造をしている。のぶおは、Twitterのタイムラインをファンの部屋に例えて説明してくれた。

のぶお　「例えばファンがポスターやグッズなどを自分の部屋にたくさん飾ることによって、好きな物でいっぱ

写真6-8 Facebook上での自己世界の創造（れいなのスマートフォン）

いになり部屋が充実するじゃないですか。それと同じように好きな人や気になる人をフォローすると、フォローした有名人の『可愛い』『癒される』『面白い』写真やツイートでタイムラインがいっぱいになって、Twitter部屋が充実するんです。」

（のぶお、日本、21歳、男性、大学生）

日常生活の中で「有名人の方から自分の部屋に入ってくる」ことにより身近に感じ、好きな物で埋めることのよって幸せな気分や満足感が得られるという。Instagramでも自分の写真を投稿したり、自分の好きな人やものをフォローすることによってソーシャルメディア上に自己世界を創造している。

れいなはFacebookのグループ欄にミランダ・カーなどのセレブやアルマーニやプラダなどの高級ブランドなどをブリコラージュしている。そして、このような高級なイメージで作られた自己世界を眺めることによって、理想の自己を形成／再形成している。

れいな「一般的には手が届きにくいようなものでも、自分のいいね！一覧（お気に入りに登録したもののリスト）にそれらが記載されているのを見るだけで、まるで自分がそういうもので形作られている気がするのでいいね！全体を眺めるのが好きです。」

（れいな、日本、21歳、女性、大学生）

第4の自己実現では、国内外の好きな人や理想の人とソーシャルメディア上でつながり、自己の世界を創造することによって、日常生活において理想の自分を絶えず確認し、自己を創造している。ソーシャルメディアでしか触れることができない有名人に触れることによって、新たな価値観の発見をしている。

れいなは、海外の有名人をフォローする理由として、日本の何らかの分野ですぐれた著名人やモデルなどが目標とする人物やその分野の第一人者が海外の著名人であることが多いことをあげる。そして日本と海外の間に絶対的なヒエラルキーが存在していると指摘する。日本の有名人たちが目標としている海外の有名人を、自分もソーシャルメディアで直接フォローしつながることによって、自己実現のためのロールモデルとしている。

インターネットやメディアは若者たちが捜し求めていたものを見つけるための助けとなり、日本の中にいながらにして伝統的な価値観に代わるオルタナティブな文化的価値観を与え、新たな生き方を可能にしている。これまでマスメディアでしか知りえなかった遠い存在であった海外の有名人もソーシャルメディアでフォローすることによって、日常生活に入り込ませてロールモデルとすることができ、絶えず理想的な自己創造を目指すことを可能にするのである。

ここまではソーシャルメディアで有名人をフォローし、多様なイメージとともにブリコラージュし、ロールモデルとして自己創造している例について見てきた。最後に、ソーシャルメディア上で実際に海外の人とつながることによって自己創造している例について見ていきたいと思う。

トランスナショナルなつながりと自己創造

第4章で紹介した国際交流サイトの Interpals を通じて、現地の人とつながり、頻繁に相互作用を行うことによって親密性を増し、実際に海外旅行の時に案内してもらったゆうみは、それまで海外旅行に行ったことも海外の友達もいなかった。しかしソーシャルメディアによる出会いを通じて、東南アジアに興味が湧き、大学卒業までに1年間東南アジアの企業でインターンシップに挑戦することを計画した。ゆうみは現地に住む人と友達になることは、単に一度だけの海外旅行の関係ではなく、「友好関係が本人たち次第で様々なチャンスの生まれる永久的なネットワークとなり得る」と言う。そしてゆうみは、この計画の実行のため、生まれて初めて両親と向きあい、自己主張をした。

反対する両親を説得するために、生まれてから今までの自分の人生がいかに両親のしいたレールにただ従がってきただけだったのか、そして今このインターンシップがこれからの自分の人生にとってどれほど意味のあることなのか、パワーポイントを作成し、プレゼンテーションしたと言う。

長時間にわたる家族会議のすえ、ようやく両親の許しを得て、9月から1年間大学を休学し、ベトナムにあるベンチャー企業でインターンシップを行うことになった。ゆうみは東南アジアの人びとや企業の助けになりたいという自分の夢を実現するために、現地の人びととソーシャルメディアによりコミュニケーションをとりながら、自己を創造／再創造している。

一方、ソーシャルメディア上でグループを作り、国際交流のイベントを企画している若者たちもいる。そしてこのような国際交流のイベントに参加し、海外の人と数日間ともに過ごし語り合うことによって、相互理解をし、グローバル社会の中で新たな自己実現を図る人たちもいる。第4章で見てきたようにひであきは、２０１３年に Facebook 上にグループを作り、実際に学生主体の国際会議を主催し、世界の中でその活動を広めていた。ソーシャルメディア上に新たなコミュニケーション空間を創造することによって、グローバル世界の中で自己実現をめざしていた。最後に、ひであきの「グローバルな自己創造」について、フィールドノートから考察していこう。

ひであき「国際会議の活動が気づきになってくれるというのを目標にしています。そこで気づいたことを元に、カンボジアと提携をして、向こうで企業立ち上げた子とかも居て。他にも、自分が何か起こさないといけないって思った子がカンボジアの貧困を失くすために、自転車で走り始めたんですよ。カンボジア中を。それで、暇な人に何してんのって聞かれたら、プリントを配るみたいなことをやってたら、千人規模になっちゃって……」

筆者「みんなで走ってるの？」

ひであき「みんなで走ってます。最近とか、すごいですよ。そういったアピールが政府とかにも繋がったらしくて。今小学校6つくらい建ててるみたいです、カンボジアで。」

（ひであき、日本、20歳、男性、大学生）

しかし1年後、ひであきは、この国際会議の活動からもFacebookからも遠ざかることになる。ひであきはある日、活動が目的ではなく、Facebookでアピールするために活動をしている自分に気づいたという。そのため8ヵ月間、Facebookに投稿しなかった。そのことを知った筆者は、2年ぶりにひであきと連絡をとり、再びインタビューを行った。

ひであきはすでに大学を卒業し、外資系金融関係のコンサルタント会社に就職をしていた。2年前に筆者が行ったインタビューの文字おこし原稿を見せながら、一緒にその時の内容や心情を確認しあった。ひであきは恥ずかしいと何度も言いながら、大学3年生から現在までの変化を語ってくれた。

ひであき「今までは活動が自己中心的で、ただ人にアピールするためにやっていたんです。『いいね！』やただコメントが欲しくて、『褒めて褒めてのＳＮＳ利用』でした。〔…〕でもある日、何をやっているんだろうと思って。〔…〕それで就職とも重なってFacebookに投稿するのを一切やめたんです。ベクトルが自分に向いていた状況では継続できるわけもないと思って。このままでは漠然と持ってる夢も叶わずに死ぬんだなあ、って、心から思ったら……承認欲求が消えました……」

国際会議の活動をしなくなったことから、活動報告や自己主張のためにしか使ってなかったソーシャルメディアにも意味がなくなり、Facebookを使わなくなったという。しかし、8ヵ月間Facebookから離れていたことで、今は、自分の夢に真っ直ぐ向き合えると言う。夢について聞くと、まだ漠然としているが、とにかく「世界をつなげる」ことがやりたいという。現在は、ベトナム人の友人が日本語学校を起業して日本語を教えているため、ベトナムと日本をつなぐ手助けを、仕事の合間週末行っている。将来は、起業してベトナムやタイ、カンボジアなどアジアの国々で日本語学校や日本とベトナムとの交流コミュニティの創造などアジアと日本をつなぐ活動を行いたいと考えている。自分の目標に向かって、今、コンサルタント会社で朝8時から深夜遅くまで仕事をし、経営や会計のスキルを学びながら、起業のためのお金を貯めていた。

このように意欲的なひであきであるが、彼のこれまでの人生において順風満帆に自己実現を図っているわけではなかった。インタビューが終わり、ランチを一緒に食べている時に、ふと、ひであきが言った。

ひであき「僕、小学校の3年生の時にいじめられたんです〔…〕肩パンチされたり、掃除をたった一人でやらされたりして〔…〕一人っ子で両親は共働きだからいつも家にいなくて。夕飯も一人でチンして食べてたんです。だからその時は、もちろん誰にも相談できなくて〔…〕週に1、2度は親が会社に出かけるまでトイレに隠れていて、学校に行かなかったりしたんですけど〔…〕こんなこと言うとあれなんですけど、でも、そのいじめがあったからこそ今の自分があると思うんです。自分一人で考えるようになったり、周りと違ってもいいんだって思えたり。ストレスに対しても強くなったと思うし……」

ひであきはその後、高校生の時に1年間ケンブリッジに留学し、その時世界にはまったく違う人がいることを実体験し、自分の好きなことをしてもいいんだと初めて思ったという。そして大学に入ってからは、セミナーなどに参加し様々な知識人から、社会規範や組織に捉われない自由な生き方を学んだという。ロールモデルはあえて作らず、ソーシャルメディア上で多種多様な人とつながり、各々のいい所をブリコラージュして自己を創造している。

急速に進むグローバル化は、「西欧とその他（the West and the Rest）」（Hall 1992b）の不平等を際立たせている。れいなは、Facebook上で「西欧諸国」のセレブや高級ブランドをフォローし、高級なイメージをブリコラージュすることによって、グローバル化によって際立つ新自由主義の価値観を受け入れ自己実現を目指している。一方、ゆうみやひであきは、実際にアジアの人びととつながることによって、「その他（アジア）」における不平等、教育や貧困格差など格差をなくすために自己実現を目指している。このようにメディアは、グローバル世界の中で、人生における選択や可能性、自己実現に関するアイデアを提供したり、強化したり、あるいは共に創り出すような、再帰的で動態的《ダイナミック》な自己創造プロセスにおいて、強力な要因の1つなのである。

5　なぜ若者はメディアと関わるのか？

本書は「なぜ若者はメディアと関わるのか？」という問いを出発点として考察を進めてきた。この問いの答えとして、デジタル社会においで若者たちはメディアとの多様な関わりを通して他者とつながり、再帰的に自己を創造／再創造するためと言えるだろう。グローバル化の複雑なプロセスの中で、以前よりもはるかに多くの人生の選択肢が与えられており、自己アイデンティティはより多面的で流動的なものとなっている。若者たちはこのような多様な選択肢の中で、絶えず他者とつながり、他者からの承認を必要としているのである。

本章では、まず、友達やウチの承認を得るためのリスキーな印象管理とリア充な印象管理、ソトに適応するための保守的な印象管理について見てきた。そして、自己表現のためのソーシャルメディア・マネジメントや、自撮り写真や動画の投稿について見てきた。写真や動画に対してコメントや「いいね」などのやり取りをすることによって、他者を承認すると同時に、他者からも承認されることによって、自己の存在を証明しているのである。

このように若者たちはソーシャルメディア上で自己の印象管理や自己表現をしながら、再帰的に自己創造／再創造している。ウチや空気など日本の社会規範に応化しながら、再帰的に自己を創造している人もいる（「伝統的な自己創造」）。その一方で、日本の社会規範や日本人らしさに対する支配的なイデオロギーに抵抗するオルタナティブなイメージや価値観をメディアから流用している人もいる。海外のテレビドラマに描かれている外国の人びとの価値観や生活様式に憧れたり、ソーシャルメディアで海外のセレブをフォローしたりすることにより、ロールモデルを見出している。日常生活において、トランスナショナルなイメージやアイデア、価値観は、日本で暮らす若者たちに人生の新たな可能性を与えている（「理想化された自己創造」）。そして実際にソーシャルメディアによって海外の人と友達になり、トランスナショナルなつながりによって親密性を増し、グローバル世界の中で自己創造をしている人もいる（「グローバルな自己創造」）。

ソーシャルメディアは若者たちに日本社会の権力構造から脱－埋め込みし、世界の人びととつながることを可能にしている。「想像力と社会生活の結びつきは、グローバルで脱領土的になりつつある」（Appadurai 1996 邦訳 p. 109）。ローカルな社会構造から受ける様々な制約から逃れ、ソーシャルメディアで情報を収集し、自己実現のために、変動する世界における新たな機会とリスクとのバランスを取りながら、今日のグローバル社会で生きていくためのリテラシーを身につけている。現代の若者たちは、ソーシャルメディアによるつながりによって、ローカルとグローバル世界の中の多様な文化を日常生活において行ったり来たりしながら、再帰的に自己を創造／再創造しているのである。

■注

[1] http://blog.oxforddictionaries.com/2013/11/word-of-the-year-2013-winner/（アクセス２０１６年5月26日）
[2] http://www.oxforddictionaries.com/definition/english/selfie（アクセス２０１６年5月26日）
[3] プリクラ（ゲームセンターなどにおいてある有料のプリントクラブで撮る写真のシール）に比べ、無料でいつでもどこでも簡単に自分自身で写真を好きなように撮影し、加工できることを理由にあげる人もいた。
[4] https://mixch.tv/ads/pdf/media_guide.pdf（アクセス２０１６年5月26日）
[5] ただし筆者はこのような個人に対する関係的概念が日本人に特有であると示唆しているわけではない。
[6] 文化ナショナリズムと日本人論の受容・消費についての考察は吉野耕作（1997）を参照のこと。
[7]「ポーチング」（de Certeau 1984）や「カルチュラル・スーパーマーケット」（Hall 1992a ほか）など。

終章　グローバル時代を生きる若者たち
——21世紀日本とグローバル化の行方

祇園精舎の鐘の声　諸行無常の響きあり、
沙羅双樹の花の色　盛者必衰の理りを表わす。
奢れるもの久しからず。ただ春の世の夢の如し。
猛き人も遂には滅びぬ。偏えに風の前の塵に同じ

複雑系のパラダイムは生成と崩壊を捉えている。平家物語のこのくだりはおごりに続く必然的な崩壊を思い起こさせる。

日本にはこれまで2度の崩壊があったといわれている。1度目は西洋の黒船の襲来によって開国させられた1868年の明治維新、そしてその後ナショナリズムがピークに達した時、第二次世界大戦が引き起こされ、2度目の崩壊へと導かれる。この2度の崩壊において永続されるように思えたそれまでの「日本文化」が崩壊し、

西欧文化に適応しながら新しい日本社会の秩序が創発した。第二次世界大戦以降、「アメリカンサクセス」の夢をもって人びとに吹き込まれたアメリカのテレビドラマのイメージとともに、日本の経済的成功と自信は増し、1980年代のバブルエコノミーでピークに達した。しかしながら、再び「崩壊」が訪れ、過去の成功は長くは続かなかったことに人びとは気づいた。[1] 多くの知識人が日本社会における過去の2度の開国は外発的である一方、21世紀における次の創転移は今日の日本をつかさどる個人の中から沸いて出るような内発的なものであるとしている。[2] 現在、急速に進むグローバル化やデジタル革命において、人口減少国家としての日本が存続するために、「グローバル人材」の育成が叫ばれている(プロローグ)。

終章では今日の変動する世界の中で、日本の第3の開国の可能性について、フィールドワークから観察された若者とメディアとの重層的なエンゲージメントから考察していきたいと思う。本書では、つながり(本書第3章)、デジタルリテラシー(アクセス、クリティカル、戦術的消費、協働、共有・参加)(同第4章)、リスク(同第5章)、自己創造(同第6章)に関する8次元のエンゲージメントが顕著に見られた(図7-1)。以下では、これらの「オーディエンス・エンゲージメント」とともに「コミュニケーションの複雑性モデル」の理論枠組みを用いて(同第2章)、グローバル化、デジタル化を生きる若者たちの複雑性について考察していく。[3] そして21世紀の日本とグローバル化の行方について考察し、求められるグローバル人材像に関して述べたいと思う。

1 グローバル時代、デジタル時代における若者の複雑性

1-1 個人の相互作用性と適応性(図2-7 X_n)

若者たちは、グローバル化、デジタル化された日常生活の中で多様な相互作用を行っている。個人の相互作用

	オーディエンス・エンゲージメント	エンゲージメントの例
好機	つながり	いつもオン、脱-埋め込み（先生や親のコントロールからの自由）、フルタイム・インティメイト・コミュニティ、ウチの創造/再創造、存在論的安心のためのつながり、トランスナショナルなつながり
	アクセス	情報探索欲求、ウチの強化のための友達情報の探索・収集、ニュースのカスタマイズ、情報のオーセンティシティ
	クリティカル	ソーシャルメディアに対するクリティカルな解釈、マスメディアに対するクリティカルな解釈、Wikipedia の批判的利用
	戦術的消費	時-空間の再構造化（タイム・シフト、プレース・シフト、プラットフォーム・シフト）、広告に対する戦術、インフォーマル/フォーマル・ラーニング
	協働	マルチタスク、プレイ・パーフォーマンス・シミュレーション、擬似的共視聴
	共有・参加	親密圏の強化、公共圏の創造と参加
リスク	リスク	いじめと誹謗中傷、個人情報とプライバシー、ストーカーとオンライン上の出会い、広告・企業からのコントロール、中毒と依存
好機とリスクのバランス	自己創造	印象管理（リスキーな印象管理、リア充に印象管理、保守的な印象管理）、自己表現（ソーシャルメディア・マネジメント、セルフィや動画コミュニケーションによる自己表現）、擬似社会的相互作用、自己世界の創造、自己実現（伝統的な自己創造、理想化された自己創造、グローバルな自己創造）

図 7-1　若者とメディアのオーディエンス・エンゲージメント

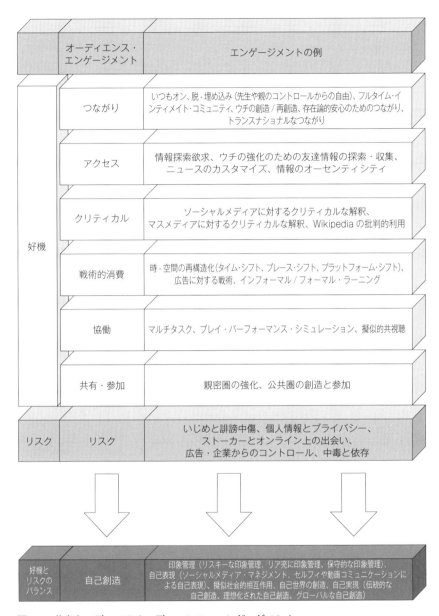

には、個人内相互作用と個人間相互作用の2つがあり、これらの相互作用は個人が埋め込まれている社会的文脈から引き起こされている（本書第2章）。図2－7で示したマクロからミクロへの力は、文化から社会集団、個人へと及ぼす力（α_n）として、フィールドワークから主に、ナショナルな力、グローバル化、デジタル化（例えばFacebook、LINEなどのソーシャルメディアやGoogleなどの世界的なIT企業による力）の3つの強力な力が観察された。例えば、第1のナショナルな力では、社会規範として、日本では、高コンテクスト文化、集団主義、ウチ、空気などがあげられる。日本の若者たちは、異なるウチに応じた複数の閉じた時－空間をソーシャルメディア上に作り、絶えず空気を読みながら非言語的コミュニケーションを多用し、つながりを保つことによって社会資本を得ていた。一方、アメリカでは、低コンテクスト文化や個人主義があげられる。異なる文化的背景を持つ人たちで構成される社会では、ソーシャルメディア上で日常生活を可視化することによって信頼関係を構築していた。アメリカの若者たちは明示的なコミュニケーションを用いて「個人中心のネットワーク」（Castel et al. 2007）を築き社会資本を得ているのである（同第3章）。

相互作用

個人内相互作用は、メッセージや象徴形式との相互作用のことであり、特に『アクセス』の次元に関係している。デジタル社会において若者たちは、スマートフォンやパソコンを利用して、いつでもどこでも自分が欲しい情報に「アクセス」している。情報は社会的主体としての個人の要求や関心によって探求されており、若者たちの絶え間ない情報探索欲求は、所属する多様なウチや社会集団の中から創発している。例えば、仲間との絆を強化するために絶えずソーシャルメディアで『友達の情報を探索・収集』している。またアニメやスポーツ、音楽、海外旅行など、特に関心が高い情報は、専門のサイトや海外の情報源からより信頼のある情報を探索している（『情報のオーセンティシティ』）（本書第4章）。

個人間相互作用は、個人と他者との直接的相互作用、メディアを介した相互作用、メディアを通じた擬似的な相互作用のことであり、特に他者との『つながり』の次元に関係している。若者たちは、対面的な相互作用に加え、スマートフォンやソーシャルメディアを『いつもオン』にしており、メディアを介した相互作用によって絶え間なくつながっている。「ユビキタスで永続的なつながり（ubiquitous and permanent connectivity）」（Castel et al. 2007, p. 248）は、子どもや若者たちに『存在論的安心』を与えている（本書第3章）。さらに若者たちは、テレビのタレントやドラマの主人公、ゲームのキャラクター、著名人と、『擬似社会的相互作用（空想化、想像、同一化、理想化）』を行っている。Hulu や Netflix, YouTube などで国内外のテレビドラマの主人公と同一化したり、Twitter や Instagram、Facebook などのソーシャルメディアで、国内外の著名人などをフォローし、擬似的な相互作用を行い、『理想化された自己創造』をしていた（同第6章）。

このように現代の若者たちは、スマートフォンやソーシャルメディア、動画共有サイトやテレビなどのメディアを介して、情報やイメージ、他者、社会集団（家族や友人、ローカルコミュニティなど）、文化（ナショナルとトランスナショナルの両方）と絶え間なく相互作用を行っているのである。

適応性

今日の変動の世界を生きていくためには、適応性（応化、抵抗、流用）が必要不可欠である。若者たちが日本の社会規範に応化することによって、現代日本社会においてウチや空気が再構築されている。ソーシャルメディア上の相互作用において、お互いに絶えず空気を読んだり、即レスをしたりすることによって、モバイル・コミュニケーションによる新村社会が創発している（本書第3章）。このようなデジタル社会における伝統的な社会規範への応化は、『ネットいじめ』や『中毒や依存』などのリスクをもたらしている（同第5章）。一方、『政治参加』に対する関心が欠如している点も、社会規範への応化と従属の表れと考えられよう。この理由として、政治に対する知識不足や、政治的な発言や活動に対するバッシングや仲間から疎外されることへの恐れ、言っても何も変わらないなど政治に対する諦めが観察された（同第4章）。さらに社会規範に対する応化として、意識的に『保守的な印象管理』を行っている人もいる（同第6章）。

個人を取りまくデジタル化への応化は、『個人情報やプライバシー』や『広告や企業からのコントロール』に対して、個人が無力であることを若者たちに感じさせている（本書第5章、第6章）。若者たちはFacebookやGoogleなど世界的に巨大なメディア企業によるコントロールに対するリスクに気付きながらも、有効な戦術がわからないまま利用している。さらにグローバル化は、社会的相互作用の時空間を拡大し、若者たちにより多くの選択肢を与えている。変動の時代において若者たちは自己の選択の確証を得ることが難しくなっている。デジタル化とグローバル化への応化から、自己承認欲求や自己証明欲求が高まり、ソーシャルメディアや動画共有サイト上で社会規範に反するような写真や動画を投稿し『リスキーな印象管理』を行ったり、『リア充な印象管理』や『セルフィによる自己表現』を行っていたりしている。彼らは絶えず他者による承認を求め、他者から承認を得られることで自己の存在を証明しているのである（本書第6章）。

一方、ナショナルな社会規範や権威に対する抵抗として、若者たちは、携帯電話やスマートフォンを利用して「場」（学校や家庭、ローカル／ナショナルな時‐空間）から『脱‐埋め込み』し、先生や親などのコントロールから自由になっている（本書第3章）。また、日本の社会規範とは異なるアメリカのドラマの主人公と『擬似社会的相互作用』を行い、日本の伝統的な性役割に抵抗している女子大学生もいる（同第6章）。そして若者たちは、インターネット上に自分たちが自由に発言できる新たなコミュニケーション空間を創り、若者文化を創造している（『ソーシャルメディア・マネジメント』、『セルフィによる自己表現』）（本書第6章）。

メディア企業に対する抵抗としては、マスメディアや、ブログやWikipedia、ソーシャルメディアなどのインターネット上の情報を、他の複数の情報と比較することによって、『クリティカルに分析・評価・解釈』している（本書第4章）。マスメディアによる「優先的な意味づけ」（Hall 1980）に抵抗し、ソーシャルメディアを利用して国内外の多様な資源から情報を収集し、自分なりに解釈をしている人もいる。さらに、広告や企業の戦略に対する抵抗として、テレビ番組やソーシャルメディア上の広告をインターネットや携帯電話を利用することによって回避している（『広告に対する戦術』）（同第4章）。

若者たちはメディアから多様な方法で流用している。既存のマスメディアが与えるニュースではなく、自分の関心のあるニュースをキュレーションアプリなどを用いて、国内外から絶えず探索・収集している（『ニュースのカスタマイズ』）。またマスメディアの送り手によるコンテンツを自分の好きな時に好きな場所で好きな媒体で視聴することによって、日常生活における時−空間を自ら再構造化している（『時−空間の再構造化』（『タイム・シフト、プレース・シフト、プラットフォーム・シフト』））。さらに、YouTube上に世界中から投稿されている多種多様なハウツービデオから日常生活に関する様々なことを学んでいる。グローバル化に適応するため、海外のドラマや映画などエンターテインメントのビデオを語学の習得のために利用している。若者たちはよりよい生活や、グローバル社会において新たな可能性を開くために多様なメディアを利用して学んでいるのである（『インフォーマル／フォーマル・ラーニング』）（同第4章）。

『トランスナショナルなつながり』によって、海外旅行に先立って現地の情報にアクセスする個人内相互作用に加え（『情報のオーセンティシティ』）、個人間相互作用では、海外旅行に際し、Interpals や Meetrip、Trippiece などの国際交流のためのソーシャルメディアに登録し、現地の人と友達になり、文化について学んだり、実際に案内をしてもらったりして、友好関係を築き、異文化交流のためのネットワークを築いている人もいる（本書第3章、第4章）。そして対面的相互作用とメディアを介したトランスナショナルな相互作用を行うことにより、遠くの他者と『親密性を強化』している（同第4章）。また、ソーシャルメディア上で、日本の有名人が海外セレブの真似をして自撮りの写真や動画を投稿しているのを見て、若者たちも間接的に海外からイメージを流用している。そして自分たちも、同じように写真や動画を作成し、加工し、投稿することによって『自己表現』をしている。さらに、海外の著名人などを直接フォローし、「ブリコラージュ」(Levi-Strauss 1966) することによって『自己世界の創造』をしている。このような海外のニュースや情報の探索、語学の習得、トランスナショナルなつながりと親密性の強化、自己世界の創造は、『グローバルな自己創造』へと導いていく(本書第6章)。

若者たちは日常生活において、メディアを通して、ナショナルな伝統や社会規範、グローバル化、デジタル化に適応しているのである。

1−2 社会集団の複雑性(図2−7 Y_n 図2−8 Y_n)

相互作用

若者たちは所属するウチや社会集団において、多様な集団内相互作用と集団間相互作用を行っている。集団内相互作用は、ウチや社会集団の中での相互作用である。携帯電話やスマートフォン、ソーシャルメディアによる絶え間ないつながりから『フルタイム・インティメイト・コミュニティ』やウチが創発する(本書第3章)。ウチの中での相互作用におけるオーディエンス・エンゲージメントの最も重要な次元は、社会的効用(cf. Lull 1990)(コミュニケーションや社会的親密性を促進するためにメディアの技術や商品を利用する)である。若者たちは学校から帰宅するとすぐパソコンのスイッチを入れ、インターネット上で『マルチタスク』をしながら、友達と『協働』して宿題を行っている。オンラインゲームでは、仲間と一緒にプレイすることによって、チームワークや交渉術を学んでいる(『プレイ・パーフォマンス・シミレーション』)。日本特有のニコニコ動画では未完成な動画を『協働』で製作したり、『擬似的な共視聴』を行ったりしている。ソーシャルメディア上で絶えず情報や写真、動画を『共有』したり、YouTube のリンクを『共有』することでウチの仲間との親密性を強化している(『親密性の強化』)。ローカル・コミュニティや国際交流など自分が関心が高い社会問題に関して、ウェブサイトを作ったり、ソーシャルメディア上で新たなグループを作ったりして、新たなコミュニケーション空間や社会集団を創造している(『社会参加』)(同第4章)。

中根(1967)は、明治以降日本の近代化の過程において変わらないものとして「ウチ」の概念を提示した。そして、場の共有と直接的コミュニケーションを通してウチの内部構造が創出し、個人に全面参加を要求するため、ウチは1つに限られることを示唆した(本書第3章参照)。一方、現代では、ウチは対面的相互作用ばかりではなく、絶え間ないソーシャルメディアを通した相互作用を通じて再創造されている。スマートフォンによって常時アクセス可能となったソーシャルメディアは、若者に時空を越えて『脱ｰ埋め込み』し、複数のウチに所属することを可能にしている(同第3章)。若者たちは日常生活において、家族や友達、親戚、部活やサークル、アルバイト、学校、ファン、ローカル、ナショナル、グローバル、ヴァーチャルなウチなど多様なウチに所属し、再帰的に『ウチを創造/再創造』している(図2ｰ8 Y_n)(同第4章)。そのため、多様なウチにおける動態的《ダイナミック》な自己組織化と相互作用は、再帰的にフィードバックされ、相転移を導き、新たなウチの創発へと導いているのである(Takahashi 2003, 2009)。

適応性、自己組織化

若者たちは自分が物理的に埋め込まれているウチから脱ｰ埋め込みし、ソーシャルメディア上の時空間に自らを埋め込み、別の集団の成員と相互作用している。メディアや他者との相互作用によって、人間関係や生活様式をより伝統的な方法に応化したり、あるいはより近代的な方法から流用したりしながら、自分が所属するウチ(例えば家族や友達、ローカル・コミュニティ)の中に織り込んでいく。

集団内相互作用と集団間相互作用を通して、ウチとソトの線引きが絶え間なく行われ、ウチは自己組織化する。

集団レベルでの日本の伝統的な規範への応化として、他者（ソト、例えば、帰国子女や別のグループ）に抵抗することによって、あるいは、ウチの中の空気を読み再帰的に伝統的な方法を選ぶことによって、リスクを最小限にし、『存在論的安心』を得ている。かつて日本で最も人気のあったmixiでは、異なるウチの成員がマイミク（自分の投稿を読める友人グループ）として1つに統合されたことによって、マイミク全体の空気を読み、自由に自己表現できない時－空間となっていた。現在最も人気のあるＬＩＮＥでは、それぞれのウチごとに閉じた集団内相互作用が行える一方で、ウチとソトとの絶え間ない線引きが行われ、ＬＩＮＥはずしなどのリスクに絶えず直面している（本書第5章）。さらに自撮りや動画投稿によって、ウチの集団内相互作用が可視化されると同時に、ソトとの集団間相互作用も行われている（同第6章）。このような集団内／集団間相互作用は、ウチを強化する一方で、ウチの成員は、個人情報やプライバシー、デジタル・タトゥーなど、リスクに遭遇する可能性が高くなっているのである（同第5章）。これまで見てきたような若者たちとソーシャルメディアや動画共有サイトのエンゲージメントを通して、日本の社会規範への応化から「伝統的なウチ」が再創造されているのである（「再帰的伝統遵守」（Lash 1994））。

一方、アメリカのドラマから日本とは異なる理想の家族像を流用したり、ＬＩＮＥで家族同士が絶え間なく情緒的なつながりを持ったりすることによって、性差別のないより近代的な家族に創り変えている人たちもいる。若者たちは、メディアを利用し、現在自分が埋め込まれている場から脱－埋め込みすることによって、伝統や支配的なイデオロギーから逃れ、デジタル空間で他のウチの成員と絶え間ない相互作用を行っている。物理的な場とデジタル空間との間で脱－埋め込みと再－埋め込みを繰り返すことによって、家族、友達、ローカルコミュニティなどをより近代的なものに再創造する可能性がある（「再帰的近代化」）。

このようなウチの近代化が、文化内相互作用によって行われている一方で、ウチのグローバル化はより広い社会的相互作用の時空間の中で、異文化間相互作用、あるいはトランスナショナルな相互作用によって行われている。『トランス・ナショナルなつながり』が促進されることによって（本書第3章）、文化的に異質な成員で構成される「グローバルなウチ」が創発する可能性がある。文化的に混成化されたウチの創造と維持は、社会的・文化的近接性と親密性によって促進され、直接的相互作用とメディアを介した相互作用によって、さらなる新たなグローバルなウチの創発へと導いている。「グローバルなウチ」については後で詳しく述べたいと思う。

相転移

しかしながら一方で、この再帰的近代化は家族やウチにとって望ましくない結果を生む可能性がある。メディアは増え続ける個人化（Beck & Beck 2002）を促進させ、家族関係を弱体化させている。家族成員が各々家庭から脱埋め込みし、メディア世界や別のウチに自己を埋め込むことを容易にすることから、家族の分散化も導きうる。例えば、食事中の携帯電話の使用や、子どもが親と一緒にリビングで夕食を食べず、自分の部屋でパソコンの前で友達とSkypeなどでつながりながら食べる様子も観察されている（本書第3章）。家族成員による家庭の中での各々の私的空間の創造は、家庭空間を瞬時に「死んだ空間」（Bull 2000）に変えてしまう。デジタル化は「家（home）」の意味を変容させ（Silverstone 1994, 1999）、家族の分散化や個人化を導きながら、家族は共有空間や「いろりばた」を失っていく。ウチ／社会集団のレベルでの相転移の結末は、家族が共有する「いろりばた」の欠如ばかりでなく、家族の中での権威や家父長制を失いながら家族を「カオスの縁」へ向かわせ、家族の崩壊や社会の無秩序さを増加させるかもしれない。

これらのウチの複雑性（相互作用性、適応性、自己組織性、相転移）は再び、個人へとフィードバックされ、新たな「個」の創発へと導く。

1–3　個人の自己創造とターニングポイント（図2–7 X_n・β_n）

個人が所属するウチや社会集団からのフィードバックループは、個人を自己創造のプロセスへと導いている。自己創造のプロジェクトは、個人が所属している複数のウチとの多様な関係ばかりではなく、個人的なメディアを介した、あるいは直接的な経験によって行われている。自己創造とは固定され、確立されたものではなく、断片的で流動的なものである（cf. Giddens 1990; Hall 1992a）。そしてこのプロセスの複雑性はウチや個人的経験の多様性によって強められる。そのため自己創造のプロセスは排他的に伝統的、理想的、グローバルなものではなく、あらゆる相互作用の複雑な結果として捉えられなければならない。自己創造のプロジェクトによって、分散化と個人化傾向がさらに促進されるかもしれない。

若者たちは、メディアとの多様なエンゲージメントによる機会とリスクのバランスから、再帰的に自己を創造／再創造している。そのため複雑な自己創造のプロセスはオーディエンス・エンゲージメントのすべての次元において観察されるが、特に、『印象管理』、『自己表現』、『擬似社会的相互作用』、『自己世界の創造』に深く関連している（図7–1）。フィールドワークから、自己実現のための3つの自己創造――伝統的な自己創造、理想化された自己創造、グローバルな自己創造――が明らかになった（本書第6章）。伝統的な自己創造は、個人が「保護の繭」を創る過程を通じて、支配的なイデオロギーや伝統的な役割を再帰的に受け入れることに関わっている。ウチの再帰的伝統化は、伝統的な自己創造へと導く。しかしながら、自己創造のプロジェクトにおいて、若者たちは日常生活において伝統的な日本文化と西欧または混成化された文化との間を行ったり来たりしているのである。

理想化された自己創造は、トランスナショナルなテレビ番組によって受けた人生への影響やイメージの流用に関連している。しかしながら、テレビ番組やイメージはそれだけで人びとの人生を決定しているわけではなく、他の多様な要因との相互作用によって、強い影響を与えているのである。そのため決してメディア決定論におけるトランスミッション・モデルのような単純な線形モデルで理解されるべきではなく、流用の結果として考えられるべきである。この意味において、メディア帝国主義も、能動的オーディエンス研究も、個人とメディアとの関係を一方向的に（反対方向から）描写しており、どちらもオーディエンスの動態性《ダイナミズム》、すなわち自己創造の現象を捉えていないように思われる。複雑系のモデルは両者の関係を再帰的なものと捉える。「構造化理論」のように、個人の内的な理想化によってメディアに再び権力が与えられる一方で、人びとはテレビのイメージや価値の理想化によって自己ばかりでなく家族や物質的な環境も創造している。このように個人の自己創造はウチの自己組織化へと再びフィードバックされるのである。

グローバルな自己創造は、現代日本における社会経済的変容や人びとの移動、トランスナショナルなものや人へのアクセスつながりの増加など、グローバル化の社会的文脈において創発している。若者たちは伝統的なイデオロギーに抵抗し、ソーシャルメディアや直接的経験からトランスナショナルなつながりを強化させ、オルタナティブな文化的価値を流用することによって、文化的に混成化された「個」として自己を創造しているのである。

このようにデジタル時代を生きる若者たちは、日常生活における他者との絶え間ないつながりを保ち、相互依存しながら、自己を再帰的に創造／再創造しているのである。

相転移

個人のレベルにおける相転移は『自己実現』のためのターニング・ポイントを導く（本書第6章）。しかしながら、機会とリスクのバランスが崩れた時、人はカオスの縁に立たされる。第1の力であるウチや空気など日本の社会規範は、ソーシャルメディア上に新村社会を創発させ、『ネットいじめや誹謗中傷』による不登校や自殺、スマートフォンやソーシャルメディア『中毒や依存』による摂食障害や睡眠障害を引き起こす可能性がある。また、第2の力であるグローバル化は『アイデンティティの断絶』や喪失を、第3の力であるデジタル化は『個人情報やプライバシー』の喪失や『ハッキングやストーカー』被害など、カオスへと導いているのである（本書第3章、第5章）。

1-4　文化の複雑性（図2-7 Z_n）

これまで個人とウチの自己組織性について述べてきたが、文化のレベルにおいて自己組織性のプロセスを直接的に観察することは（もし不可能でないとするならば）困難なことである。しかしながら個人とウチにおける相互作用性、適応性、自己組織性、創転移から文化は創発すると考えられる。ウチが個人の行為から創発するように、文化も個人と、ローカル、ナショナル、トランスナショナルなすべてのレベルのウチとのフィードバックループから創発すると考えられるだろう。個人の自己創造とウチの自己組織化は、グローバル化の影響を受け社会的相互作用の時空を拡張し、同時に文化の自己組織性の時空も拡張している。以下では「コミュニケーションの複雑性モデル」を、第1のナショナルな力（a_1）と第2のグローバルな力（a_2）に注目して、21世紀日本とグローバル化の行方について考察を進めていく（図7-2）。

第2章で述べたように、ホール（Hall 1992a, p. 300）はナショナル・アイデンティティのグローバル化への適応として以下の3つの可能性をあげている。

1. ナショナル・アイデンティティは文化的同質化と「グローバルなポストモダン」の帰結として侵食される。
2. ナショナルな、「ローカルな」、特定のアイデンティティはグローバル化に対する抵抗によって強化される。

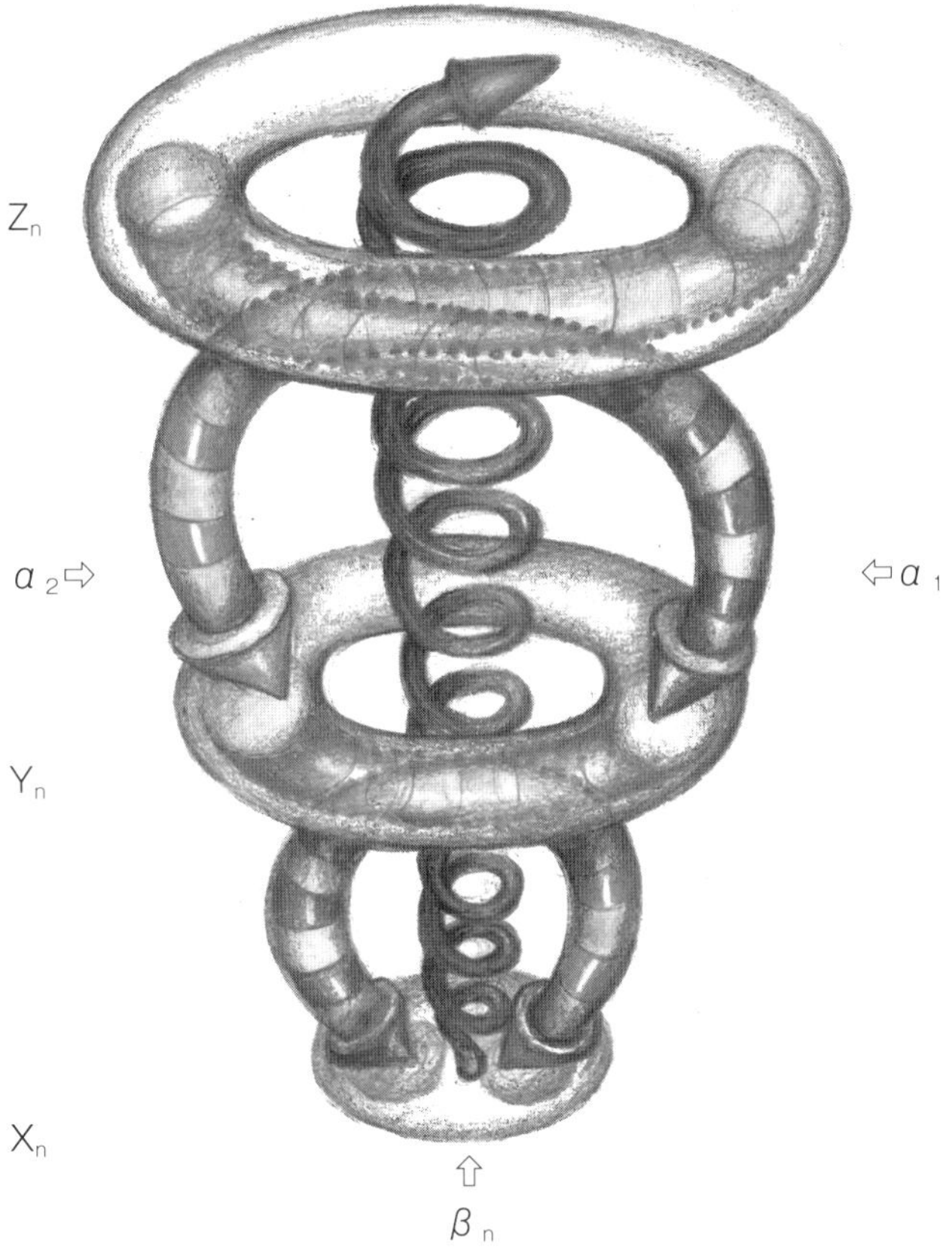

X_n：個人（individuals）	α_1：ナショナルな力（power from national level）
Y_n：社会集団（social groups）	α_2：グローバルな力（power from global level）
Z_n：文化（cultures）	β_n：自己組織化（self-organisation）

図7-2　グローバル時代におけるコミュニケーションの複雑性モデル
（The Complexity Model of Communication the Global Age）

3．ナショナル・アイデンティティは弱められ、混成化された新たなアイデンティティが生成する。

ホールの3つのタイポロジーは、日本におけるフィールドワークから見出された自己創造の3つのタイポロジーと重なり合う。第1は日本の社会規範やナショナリズムへの抵抗によって日本人としてのナショナル・アイデンティティが侵食される（図7－3）。第2はグローバル化への抵抗や日本の社会規範への応化によって、日本人としてのアイデンティティが強化される（図7－4）。第3にグローバル化からの流用を通して、混成化された新たなアイデンティティが創発する（図7－5）。グローバル化に対するこれら3つの帰結は、第1は理想化された自己創造、第2は伝統的な自己創造、第3はグローバルな自己創造へと導く。そして恐らく最初の2つの間の複雑な相互作用から、さらなる混成化の議論へと導かれることが考えられる。[4] このような文化的に混成化された個人と集団の「複合的結合性（complex connectivity）」から、新たなグローバル文化が創発するのである。

文化的同質化、異質化そして混成化

日本のフィールドでの観察からグローバル化における文化的同質化か、異質化か、という社会・文化的、政治的な議論に対して何を示唆することができるだろうか？　いみじくもローランド・ロバートソン（Robertson 1995）は日本の土着化というエミック概念から「グローカリゼーション（glocalisation）」という概念を提示した。「グローカリゼーション」とは、日本のビジネスにおける「グローバルなローカリゼーション」すなわち「グローバルなるものとローカルなるもの、あるいは、より抽象的なもの――普遍主義と個別主義――の相互侵入」（Robertson 1995, p.30）のことを指す。

以下ではエスノグラフィーの知見に基づき、日本における普遍主義と個別主義の相互侵入の複雑なプロセスについて示したいと思う（図7－2）。

西欧の帝国主義の黒船によって日本の開国が引き起こされたように、今日では西欧の運転する「ジャガノート」[5]（Giddens 1990）により、グローバル化の波がローカルな生活に押し寄せている。[6] 若者たちはこのような普遍主義の強力な力（図7－2 α_2）に応化することを強いられている一方で、日本の伝統文化とは異なった西欧の文化的価値観から流用することによって、新たな人生の可能性を探し求めている。

コミュニケーションの複雑性モデルで示した人びとのローカルな生活へ向けられた力は、伝統的な日本文化のイデオロギー（図7－2 α_1）ばかりではなく、複数の文化を指し、日本以外の国々（主にアメリカを始めとする西欧諸国やその他の国々）からの政治経済的および社会文化的なプレッシャー（図7－2 α_2）を示している。このモデルの「文化」のレベル（図7－2 Z_n）は、ローカルな文化と「トランスローカルな文化」（Pieterse 1995）の両方が、文化内相互作用と異文化間相互作用から再帰的に創造、再創造されているで複雑なプロセスを示している（図7－2 β_n）。

今日の若者たちのローカルな生活はますますグローバルなものになっている。若者たちはグローバル化（図7－2 α_2）に対して、ローカルな日常生活の中で（能動的にしろ、受動的にしろ）適応している（図7－2 X_n）。文化内相互作用、異文化間相互作用、トランスナショナルな相互作用を通して、「ローカルなるもの」「グローバルなるもの」「グローバル化されたローカルなるもの」に適応しながら、文化は同質化と同様に異質化へと自己組織化し、ますます複雑で混成化されたものになっていく（cf. Hannerz 1992）（図7－2 Z_n・β_n）。モーレイとケビン・ロビンズ（Morley & Robins 1995）はグローバルなものとローカルなものの相互侵入を、再ローカリゼーションの概念とともに議論している。

グローバル化は、実際に、再ローカリゼーションの新たなダイナミクスとも関連している。新たなグローバル

―ローカル連結であり、グローバルな空間とローカルな空間との新たな入り組んだ関係なのである。(p. 116)

例えばある帰国子女はアメリカから帰国後、日本の社会規範に意識的に応化し（図7－4 α_1）、再帰的に自己を伝統的に再創造している（図7－4 $X_n \cdot \beta_n$）。この時「日本人の私たち」と「西欧の他者」との相互作用から、伝統的なウチが再創造され（図7－4 $Y_n \cdot \beta_n$）、ナショナルな文化が再帰的に強化されている。この『伝統的な自己創造』のプロセスは、グローバル化への抵抗の帰結として、文化的異質化、多様化へと導くだろう（ホールの第2の可能性）（図7－4 $Z_n \cdot \beta_n$）。

一方、メディア経験、あるいは直接的な経験を通して西欧文化に応化し（図7－3 α_2）、日本の社会規範に抵抗している人もいる。例えばある大学生はテレビドラマのアメリカ人が、人と異なることを恐れずに、夢に向かって生き生きと生活している姿に『擬似的に相互作用』している。そして西欧の個人主義的な文化的イデオロギーに応化し、西欧のイメージを理想化することによって再帰的に自己を再創造している（すなわち『理想化された自己創造』）（図7－3 $X_n \cdot \beta_n$）。衛星放送や、Hulu や Netflix を通してトランスナショナルな擬似的な相互作用から、日本の社会規範に抵抗し、日本文化が侵食されていくかもしれない。この西欧化やアメリカ化のプロセスはグローバル化への応化の帰結として、文化的同質化を導くだろう（ホールの第1の可能性）（図7－3 $Z_n \cdot \beta_n$）。

しかしながらこれらの一見相反する自己創造――伝統的な自己創造と理想化による自己創造――は決して固定されたものではなく、暫定的で移ろいやすく、流動的なものである。「ジャガノート」に乗って若者たちは異なる社会規範や生活様式をメディアを利用して行ったり来たりしている。一方で想像の共同体の一員として再帰的に日本人としてのアイデンティティを強化していても、ソーシャルメディアや衛星放送、Hulu や Netflix などによって、瞬時に場から脱埋め込みし、西欧化された世界に自らを埋め込んでいる。他方で、アメリカ化／西欧化のプロセスにおいても、伝統的な日本の社会規範が、日常生活において根強く入りこみ、個々人の社会的文脈の

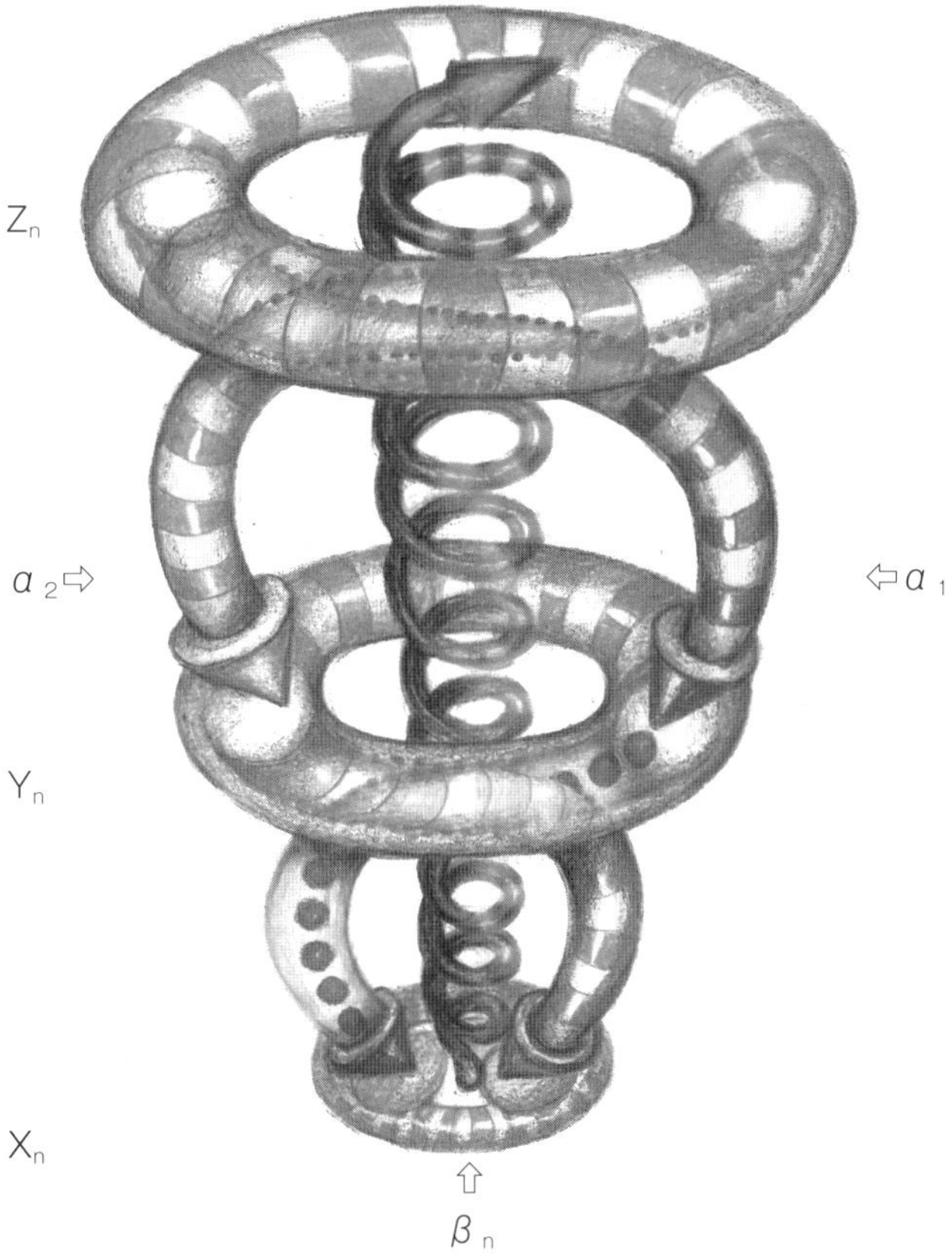

X_n：個人（individuals）	α_1：ナショナルな力（power from national level）
Y_n：社会集団（social groups）	α_2：グローバルな力（power from global level）
Z_n：文化（cultures）	β_n：自己組織化（self-organisation）

図7-3　グローバル時代におけるコミュニケーションの複雑性モデル：文化的同質化
（The Complexity Model of Communication in the Global Age: Cultural Homogenisation）
グローバルな力（α_2）に応化しながら個人（X_n）や社会集団（Y_n）が自己組織化する（β_n）ことによってナショナルアイデンティティが浸食される。この帰結としてグローバル社会は文化的同質化（Z_n）へと導かれる。

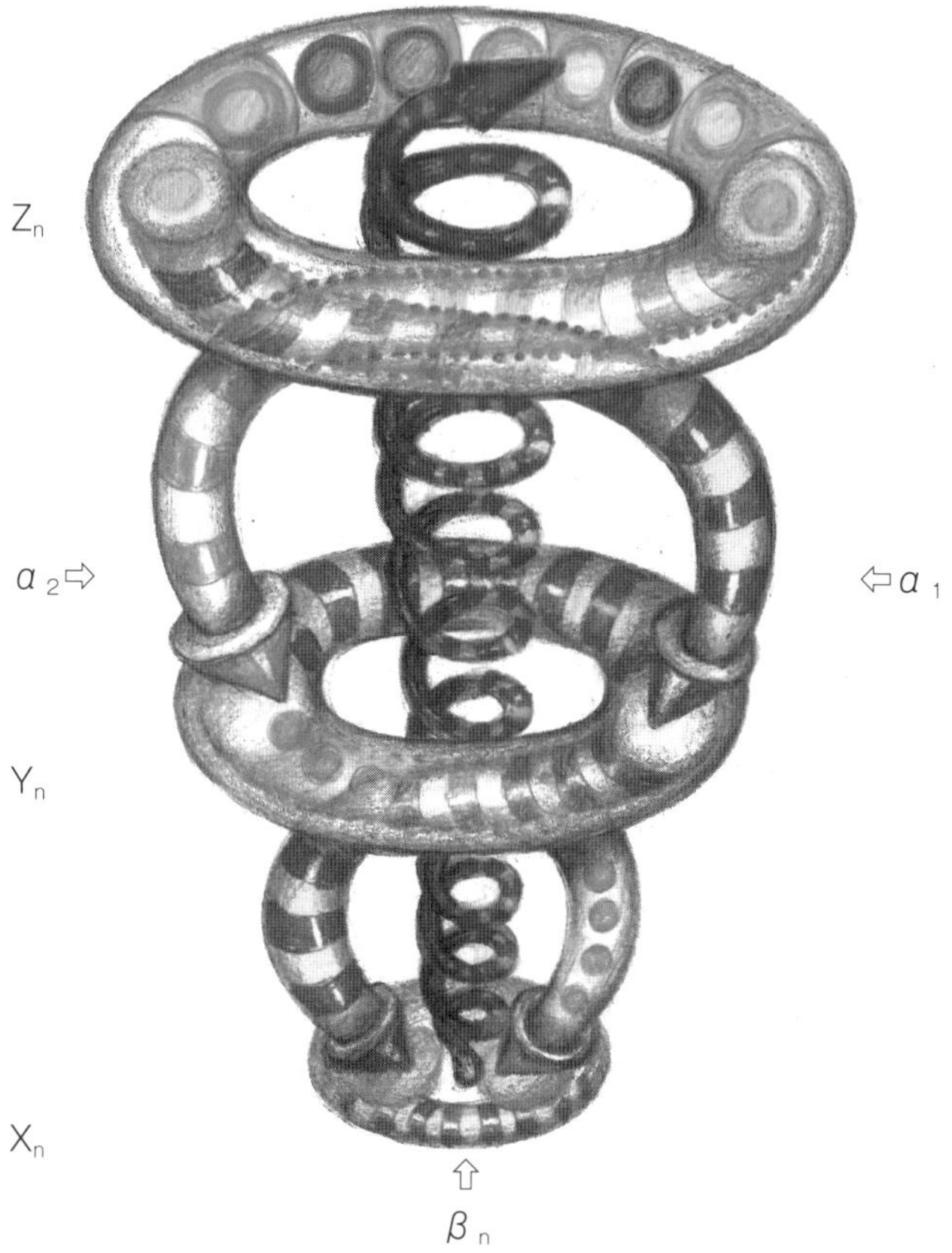

X_n：個人（individuals）	α_1：ナショナルな力（power from national level）
Y_n：社会集団（social groups）	α_2：グローバルな力（power from global level）
Z_n：文化（cultures）	β_n：自己組織化（self-organisation）

図7-4　グローバル時代におけるコミュニケーションの複雑性モデル：文化的異質化
（The Complexity Model of Communication in the Global Age: Cultural Heterogenisation）
ナショナルな力（α_1）に応化しながら、個人（X_n）や社会集団（Y_n）が自己組織化する（β_n）ことによって、ナショナル・アイデンティティが強化される。グローバル化への抵抗の帰結として、文化的多様化（Z_n）へと導かれる。

中で外国文化やポピュラーカルチャーが多様に受容されているのである。

日本の文化内相互作用と、メディアを介したトランスナショナルな相互作用との複雑な相互作用を通じて、若者たちは伝統的な日本とは異なる文化的価値観を流用し（図7-5 α_2）、「ローカルなるもの」を「グローバルなるもの」とともに再創造している。拡大された社会的相互作用の時空間の中で「遠くの」他者や文化とのメディアを介した相互作用や擬似的な相互作用から、若者たちはグローバルな世界の中で自己実現のための新たな生き方や可能性を模索している。このようなグローバルな自己創造によって（図7-5 X_n・β_n）、ホールのいうグローバル化の第3の帰結である新たな文化が生成されると考えられるのである（図7-5 Z_n・β_n）。このようにグローバル化のプロセスは、個人がローカルな文化と同様にトランスローカルな文化からの力に適応し、文化的異質化と文化的同質化の相互浸透の複雑なプロセスの中で、再帰的に新たな自己や新たな文化を創造していく過程と考えられるのである。

2　21世紀日本とグローバル化の行方

2-1　日本におけるコスモポリタニズムの可能性

急速に加速するグローバル化とデジタル化の影響で、私たちは「リスク社会」に生きている（本書第5章）。現在の混沌とした状態から一体何が創発するのだろうか。プリゴジンが主張するように、「無秩序と混沌《カオス》の中から『自己組織化』の過程を通して、秩序と組織が『自発的に』生じてくることが、実際に可能」（Toffler 1984, p.8）なのだろうか？　もし可能だとするならば持続可能なグローバル社会を構築するための秩序を生成するためには私たちはどうしたら良いのだろうか？　西欧に対抗し日本人としてのアイデンティティを強化させるべきなので

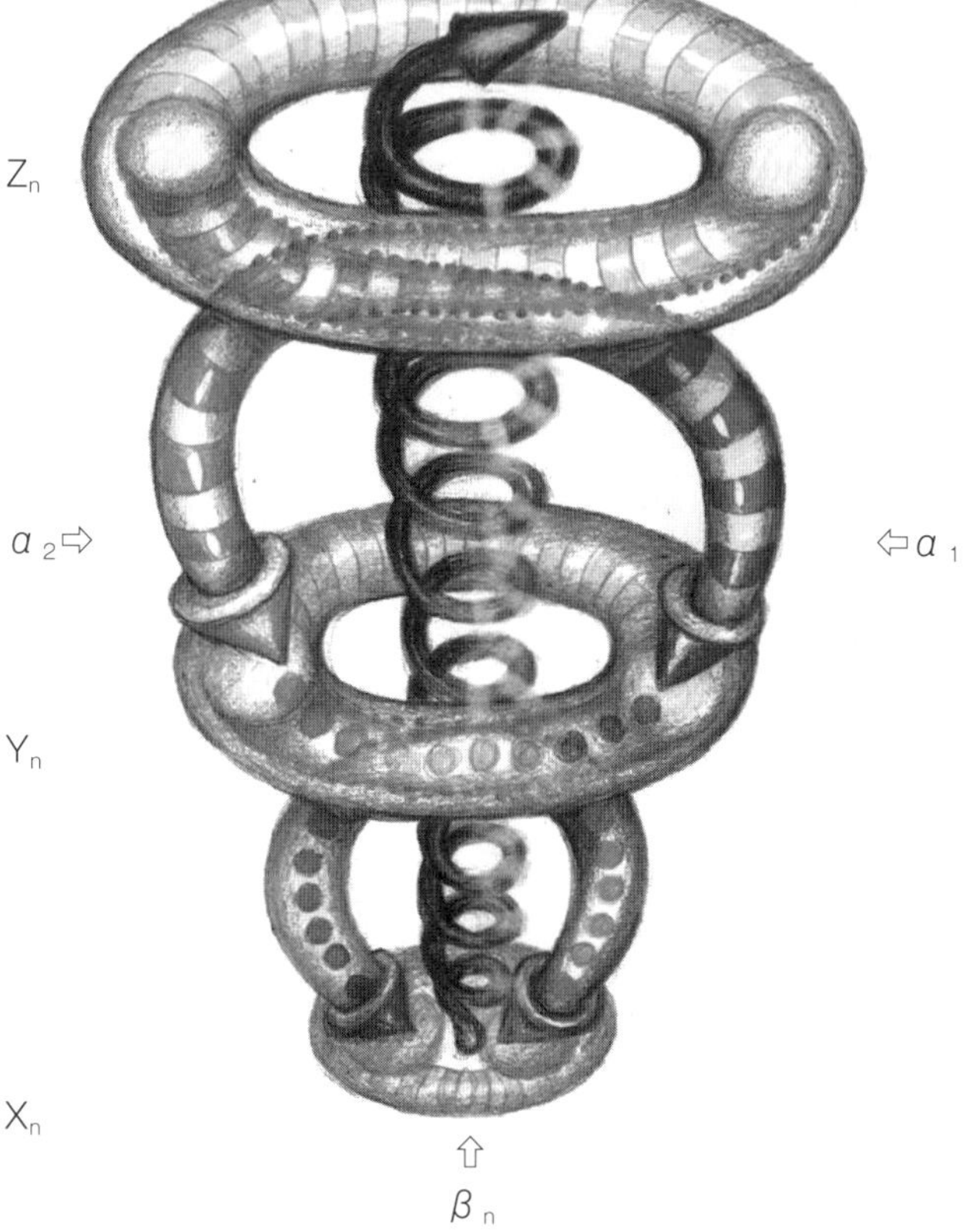

X_n：個人（individuals）	α_1：ナショナルな力（power from national level）
Y_n：社会集団（social groups）	α_2：グローバルな力（power from global level）
Z_n：文化（cultures）	β_n：自己組織化（self-organisation）

図7-5　グローバル時代におけるコミュニケーションの複雑性モデル：文化的混成化
（The Complexity Model of Communication in the Global Age: Cultural Hybridisation）
個人（X_n）や社会集団（Y_n）がナショナルな力（α_1）とグローバルな力（α_2）に適応し、自己組織化することによって、新たな自己や新たな文化が創造される。（Z_n）

あろうか（図7－4）？　あるいは日本人としてのアイデンティティを捨て、西欧化を推し進めるべきなのだろうか（図7－3）？　それとも混成化された新たなアイデンティティを創造すべきなのだろうか（図7－5）？グローバル化が加速する現代世界において、持続可能な世界を構築するためには、第3の可能性、すなわち新たなアイデンティティの生成が必要だと筆者は考えるのである。

持続可能性（サステナビリティ：sustainability）は、現在、地球環境問題ばかりでなく、貧困や格差、人権問題、頻発するテロや難民など、人類の社会経済システムの存続を脅かす様々な社会問題についても広く議論されている。例えば、ユネスコは、「持続可能な開発のための教育（ESD：Education for Sustainable Development）」として、上記のような「現代社会の課題を自らの問題として捉え、身近なところから取り組む（think globally, act locally）ことにより、それらの課題の解決につながる新たな価値観や行動を生み出すこと、そしてそれによって持続可能な社会を創造していくことを目指す学習や活動」に取り組んでいる。このような「持続可能な社会づくりの担い手を育む教育」[7]はまた、「グローバル社会に参加するための基礎的な力」（本書第4章）であるデジタルリテラシーを身につけるためにも重要であろう。そしてESDおよびデジタルリテラシー教育によって創発し、持続可能な世界を構築することを可能にする新たなアイデンティティとは、次に述べるような「コスモポリタンな」アイデンティティではないだろうか？[8]

コスモポリタン（cosmopolitan）とは、ギリシア語の「コスモス（地球）」と「ポリス（都市）」に由来する。すなわち、コスモポリタンな人とは、国境を超越し、地球というより広い世界に住む市民のことを意味する。この世界とは「他者のない世界」である。コスモポリタンな人とは、「より広い文化的な参加意識、つまり世界全体に帰属しているという意識〔…〕この世界には他者が存在しないという意識を持つことが必要となる」（Tomlinson 1999 邦訳 p. 322）のである。すなわち国境や国籍を越えて、遠くの人や文化を慈しみ、互いに依存しあい、結ばれているという感覚を持っている人なのである。このような意識は日本の中でどのように培うことができるのだろうか？　そもそもこれまで日本はその文化的な特殊性を強調し、欧米に負けない日本人としてのアイデンティティを強化することによって成長を遂げてきた（本書第6章）。この特殊性（日本文化の独自性、ナショナリズムの強さ、ウチ／ソトの明確な区別、同質性、世界から孤立している空間、「パブリック」や「公共」の意識の欠如等）からコスモポリタンからは程遠いものとして描かれてきたのである。そのため筆者の提示する考えは理想主義的であると厳しく批判されるかもしれない。しかしながらそれでも日本の中にコスモポリタンなアイデンティティの生成の可能性が必ずあると信じたいのである。

フィールドワークから見出された、日本におけるコスモポリタニズムへの鍵となる概念は、「遠くの他者」（Thompson 1995）、「重要な他者」（Tomlinson 1999）と相互作用を持ち、道徳的責任が芽生える機会を持つ「グローバルなウチ」の概念であろう。西欧社会において創発した「公共圏」の概念が内包するような、批判的な公衆が積極的に参加する政治的な「パブリック」な時空間というよりも、「ウチ」という概念が内包する社会的親密性や存在論的安心感を覚えさせる「小さな、プライベートな集まり」のような時空間。そういった「グローバルなウチ」の中で行われる自己創造の個人のプロジェクトは「遠くの他者」により深い相互の責任を感じる「連帯的な個人主義」（Berking 1996; Tomlinson 1999）、あるいは高コンテクスト文化である日本社会に即して言うならば「コンテクストを共有した個人主義」とでも呼べるだろう。すなわち固定され確立された個人として存在するのでも、自己をもたない集団の中の一構成員として存在するのでもない。他者との直接的な、あるいはメディアを介したトランスナショナルな相互作用によって、コンテクストを共有し、「新たな自己」が創発するのである[9]。そしてこの時、コミュニケーションは「西欧」から「その他」という線形でトランスミッションなモデルではなく、「遠くの他者」に対して非線形のリチュアルなモデル（Carey 1989）であり、相互理解を深めるような「収斂モデル」（Rogers & Kincaid 1981）によって理解されうるのである（本書第2章）。

しかしこの相互作用から創発するもっとも大切なことは、物質主義や消費主義によって私たちが見失いがちな、人生の意味や家族の価値、生活様式などを一人一人が発見することなのである。[10] 例えば、第6章で紹介したたけしは、当初仕事における自己実現しか頭になかった。しかしイギリスの友人が休暇をとってロシアでボランティアをしていることを知って、人生の意味や価値観、新たな生き方の可能性などに気付いている。そして自分の所属しているローカルなコミュニティを直接的、およびメディアを介したトランスナショナルな相互作用によって、グローバルなウチに作り変えようとしている。

今日、ソーシャルメディアなどによって拡大された社会的時空間の中で、一人一人が家族や人生に対する新たな価値観や生き方を発見することが可能になってきている。現代日本社会の中で、若者たちは依然として根強く残る伝統的な規範に適応することによって、日本人としてのアイデンティティを強化させる一方で（ホールの第2の可能性）（図7－4）、新たな可能性を求めて西欧の社会規範に積極的に適応しながら（第1の可能性）（図7－3）、両者の間を行ったり来りしている。このようなホールの言う第1と第2の可能性の間の複雑な往還運動から、第3の日本人の、そして日本社会の新たなアイデンティティが創発し得るだろう（図7－5）。この点について次の所でより詳しく述べたいと思う。

2－2　コスモポリタン的文化とトランスナショナルなつながり

ギデンズ（Giddens 1994）は、地球規模での人びとの移動やデジタル技術の発展から、近現代の社会はコスモポリタン的文化に変容すると述べている。そしてこのコスモポリタン的文化が際立たせてきた差異を解消するためには、「暴力」か「対話」の二者択一であるとしている。これまで見てきたように、モバイルメディアによる絶え間ない「対話」は親密な時空間を創造している。このような個人的な親密な関係性は、コスモポリタンな文化を創造するための好機となる。

感情の民主制は、かりにそれが出現すれば、フォーマルな、公的民主制の促進にとっておそらく重要な含意をもつであろう。自分自身の感情性向を十分に理解している人びとや、他の人と人格的基盤で効果的に意思疎通のできる人びとは、市民としての幅広い任務や責任を遂行する心構えが、おそらく十分できているはずである。(p. 16)

図7-6　欧米の「日本化」を特集するエコノミスト誌（2011年7月30日号表紙）

グローバルなソーシャルメディア時代において、日常生活における絶え間ない「他者（遠くの他者）」との相互作用から、ステレオタイプを超えた異文化や他者への理解が得られるかもしれない。ステレオタイプとは、米ジャーナリスト、ウォルター・リップマンによると、「ある人を所属集団や人種につきまとう固定的なイメージで意味付ける態度傾向」のことである。そして、このステレオタイプはマスメディアによって拡大再生産される危険性がある。例えば、日本のステレオタイプとして、フジヤマ、ゲイシャ、エコノミック・アニマルなどがあげられる。これらは80年代のバブルの時に描かれたものであるが、現在でも依然として図7-6のように風刺されている[11]。

しかしグローバルなソーシャルメディア時代において、このようなマスメディアによって拡大再生産されているステレオタイプは、ソーシャルメディア上に日々共有されている遠くの他者による日常生活の多様なイメージによって修正されるかもしれない。なぜならば私たちは毎日、ソーシャルメディア上で情報や考え、思想、写真や動画などを共有しており、国境を超えて多様な価値に絶えず触れ合っているからである。

FacebookやＬＩＮＥのような世界的に普及しているソーシャルメディアでは、国内ばかりでなく、トランスナショナルな親密な相互作用を行っている人もいる。例えば、ある女子大学生は日本に住むシリア人やタイに住むタイ人など、日本語のあまり上手ではない外国人ともＬＩＮＥでスタンプを交えて、日本語でコミュニケーションをとっている。

あい　「私は外国人とも日本語で会話しているから、スタンプがあってよかった。あんまりみんな日本語上手じゃないし。スタンプがある方が伝わりやすいから。」
筆者　「でも逆にスタンプの意味を取り違えたり、ミス・コミュニケーションはないの?」
あい　「ないです。わかりやすいスタンプしか使わないから。笑ってるとか、怒っているとか。誰が見てもわかるような。」
筆者　「じゃあ日本人の人とコミュニケーションをとる時と違うスタンプを使ってるの?」
筆者　「そう。全然違う。」

（あい、日本、19歳、女性、大学生）

ひであきも、アメリカ人とはFacebookを、アジアの友達とはＬＩＮＥを用いるなど、外国の友達に合わせて、ソーシャルメディアやコミュニケーションの方法を変えている。

ひであき　「タイとかインドネシアの友達とかはＬＩＮＥで。Facebookだと感情が伝えづらいというかただのテキストメッセージになっちゃうので。」
筆者　「〔日本人の友達とＬＩＮＥの〕使うスタンプは同じ?」
ひであき　「基本のを使います。意識的に。けっこう意思疎通も違うものがあって。」

彼女たちは異文化に住む「遠くの他者」と、使う言語や言葉、スタンプなどのイメージを選びながら、ソーシャルメディア上で相手への気づかいやこちらの感情を示して伝えたり、お互いを理解するために頻繁にコミュニケーションをとっている。ソーシャルメディアによるトランスナショナルな相互作用において、低コンテクスト文化であるアメリカで生まれたFacebookやTwitterではより明確なコミュニケーションによって、一方、高コンテクスト文化で生まれたＬＩＮＥではスタンプを用いたより情緒的なコミュニケーションによってつながっているのである。

さらにこのような情緒的なつながりは「遠くの他者」との親密性を強化している。ひであきは学校で習う歴史とは異なり、実際に海外の友達とつながることによって、今世界で起きていることを自分のこととして感じられるようになったという。

「歴史の教科書で学ぶことは他人ごとになりがちですけど、例えば今回タイの友達が来たんですけど、もし今タイで洪水が起きたとしたら、リアルタイムでその情報を『あいつがいるところだ』ってなるじゃないですか。そういうのって結構大きくて〔…〕ケニアでもし起こったとしたら、あいつ大丈夫かなって思うのが教科書とはまったく違うわけなんですよ。例えば、ケニアやカンボジアの人たちの紛争が終わったというニュースを見ても、本能的にケニアの友達につながったりするわけで……」

（ひであき、日本、20歳、男性、大学生）

このようなトランスナショナルなつながりは、タークル（Turkle 2011）が懸念しているＡＩやロボットに置き換えられるような機械的なつながりではなく、親密な時空間が生まれるような、言葉や文化の違いを超えた人と人の「対話」となりうるであろう。そして日常生活におけるトランスナショナルな「対話」から「連帯的な個人主義」（Tomlinson 1999）や「ネットワーク化された個人主義」（Castel 2009）、「コンテクストを共有した個人主義」が創発するならば、社会・文化的な差異を超えて、新たなコスモポリタン的文化を創造することが可能となるだろう。

2-3 コスモポリタン的文化とグローバル人材

トランスナショナルなつながりとグローバルなウチ

これまで述べてきたようにソーシャルメディアやスマートフォンは人びとの日常生活における社会的相互作用を拡大し、「遠くの他者」との結びつきと親密性を維持することを可能にしている。このようなトランスナショナルなつながりによって新たなコスモポリタンのアイデンティティが形成され、国家という枠組みを超えたグローバル世界の再構築を可能にするかもしれない。あるインフォーマントは次のように言う。

たけし「個人対個人。日本人とかイギリス人とかじゃなくて〔…〕。インターネットが普及してきてすごく思うのは、生まれた場所とか自分の育ってきた環境で決まるんじゃなくて、自分が、先天的なものじゃなくて、そのあとにこれを受け入れたいと思ったものでこれからは評価される時代っていうか。自分で身につけてきたもので〔…〕だから、国とかそういうものの形態って、もう変えなきゃいけないかなあって思う。」

（たけし、日本、28歳、男性、会社員）

このようにグローバル化とデジタル革命という今日の社会的文脈において、人びとが日常生活の中で絶え間なくつながり、情報や感情を絶えず共有することによって、親密性と情緒的な絆が生まれ、「遠くの他者」はいつしか「近くの仲間」へと変わっていくかもしれない。この過程において、文化的差異を相互に理解することの難しさにとまどいやいらだちを感じるかもしれない。しかし葛藤しながらも、「対話」を積み重ねることによって、差異を越えてお互いを尊重しあうことの大切さを学んでいくのである。このような過程を経て「遠くの他者」との間に、もし人生や家族、コミュニティに対する新たな価値観や大切な意味を見出すことができるならば、このような社会的実践からコスモポリタニズムの感覚を持った「新たな個」が創発するかもしれない。

大江健三郎は２００１年９月11日にニューヨークで起きたテロの後、アメリカ軍のイラク侵攻、そして武装集団による日本人３名の人質問題という社会的背景の中で、「寛容」の大切さを訴えている。

人間は、思い込みと自分らの作り出したものの機械となって突進する。その勢いを、人間は誤りやすいと自覚して、ゆるめようと努めるのが寛容。渡辺さん〔渡辺一夫〕はいつの世にもある不寛容に嘆息しながら、歴史を見れば寛容こそ有効だ、といい続けました。〔…〕渡辺一夫の鎮められない魂が現れることがあるなら、あなたの暗い予見よりさらに暗く、21世紀は不寛容の全面対決に向かいつつあり、この日本も戦列に加わっていると訴えたい思いです。しかし、その国に、先生は知らないメールを盛んに使って、寛容を世界に発信する、新しい市民たちが出て来ているとも付け加えねばなりません。（大江健三郎「テロへの反撃を超えて」朝日新聞２００４年４月13日、36頁）

大江健三郎が寄稿したこの時には、まだメールやウェブサイトしかなかったが、私たちは今、リアルタイムに世界中とつながり、発信できるソーシャルメディアという強力なツールを手にしている。ソーシャルメディアはローカルなウチを強化する一方で、混沌とした今日のグローバル世界を同時代に生きる「他者」とつながり、相互理解を深めることによって、言葉や文化的な差異を超えたグローバルなウチを創造する新たな機会も秘めているのである。そして絶え間ない遠くの「他者」との相互作用によって、「社会学的想像力」が豊かとなり、親密性や情緒的な絆を強め、存在論的安心感を得ることによって、道徳的責任感が培われていくだろう。こうした無数のトランスナショナルな相互作用によって育まれたグローバルなウチ意識から「想像のグローバル・コミュニティ」が創発していくと考えられる。「想像のグローバル・コミュニティ」は政治的なレトリックや幻想ではなく、社会学的想像力を持った人びとのメディア経験や直接的経験を通して、「重要な他者」とのトランスナショナルな「相互結合を増す、相互作用と相互依存」（Tomilinson 1999, p. 149; 本書第4章）によって、再帰的に創造／再創造されうるものなのである。

現代の加速するデジタル化、グローバル化の中で生まれ育っている子供や若者たちは大人よりも容易に「他者」とつながり、国家や文化、人種を越えて自己を創造し、協働して新たなグローバルな文化を生成しうる可能性を持っている（Palfrey & Gasser 2011）。世界中から投稿された動画は、西欧の近代化されたセレブな暮らしばかりではなく、非西欧諸国に暮らす幸せそうな大家族やあどけない子供たちの笑顔も映し出している。「西欧とその他（the West and the Rest）」（Hall 1992b）の交錯する膨大なイメージの瞬きの前で子供や若者たちは生まれ育ち、自己を創造しているのである。

コスモポリタン・アイデンティティとグローバル人材

今日のグローバル社会において、人びとの移動によって個人化や分散化が進んでいる一方で、インターネットでの結びつきによって、絶え間ないコミュニケーションを通じて、重層的なコミュニケーション空間が形成／再形成されている。ギデンズが説くように、今日の変動する世界において、コスモポリタン的文化が際立たせてきた差異を解消するためには、暴力か対話の二者択一が迫られるかもしれない。その時に暴力を制し、「対話」によって平和的な解決を導くためには、「つながり」と「共有」によってステレオタイプを超えて他者（遠くの他者）を理解し、世界市民としての責任を感じられるような社会的想像力を日常生活の中で育んでいくことが必要なのではないだろうか。このようなリテラシーのある人こそが、日本、そして世界が求める「グローバル」人材なのではないだろうか。

現在世界は「カオスの縁」に立たされている。私たちは、地球温暖化や新型の伝染病の流行、食糧危機、人口問題、頻発するテロや戦争、難民や移民問題など多様なグローバルな問題を抱えている。これらの問題はいずれも一国では解決することのできないものである。世界中で起きているグローバル経済の危機は繰り返しメディアで報道され、私たちはみな、新自由主義的なグローバル化が崩壊していく瞬間の目撃者となった。本書において「カオスの縁」に到達した時の2つの可能性について述べた（本書第2章）――1つはカオスへ。それは古いシステムの終わりを意味する。しかしながら同時に新たなシステムの生成や、オルタナティブなシステムの中での再創造の可能性を持ち、再び自己組織化を始める。もう1つはカオスに陥らずにカオスの縁で十分な安定性を維持する。現在直面しているカオスの縁において、私たちはグローバル世界の危機の目撃者や被害者としてただひたすら嘆き続けるのか？　それとも私たち一人一人の手の中にあるコミュニケーション技術の恩恵を十分に享受し、トランスナショナルに互いの結びつきや連帯感を増し、コスモポリタンなアイデンティティを共に育み、新たなグローバル・コミュニティを創造することができるのだろうか？　トムリンソン（Tomlinson 1999）は次のように語る。

グローバルな近代の不安定な状態の中で、コスモポリタン的な連帯を保証してくれるものは何もない。しかし、少なくともその可能性が、強力な近代の文化的手段の中から生まれることだけは間違いない。それは、我々の世界をますます広げてくれる日常的経験の脱領土化と、実生活の中で自己を実現したいという欲求とを結びつけることである。〔…〕このかなり抑制された、控え目なコスモポリタニズムは、地球市民という壮大な理想からはほど遠いものかもしれない。しかしそれは、少なくとも我々の手の届く範囲で実現できそうな気質のように思えるのである。（邦訳 p. 356）

トムリンソンの言うように、日常生活における複雑で絶え間ない相互作用から創発するコスモポリタン・アイデンティティやグローバルなウチ意識は、画期的なアイデアではなく、ささやかなものかもしれない。しかしながら、日常生活における人びとの絶え間ないトランスナショナルなコミュニケーション実践の中にこそ、コスモポリタンなアイデンティティを芽生えさせ、新たなグローバル世界を創造する可能性が隠されているのである。もし世界の人びとがこのようなトランスナショナルなつながりを通じて「遠くの他者」に対する愛や友情、共感や同情によって生み出されるものを知ったなら、そして排除や差別、憎しみや報復からは何も生まれないということを知ったなら……現在の混沌《カオス》の中から持続可能なグローバル社会を生み出すための秩序が生成するとするならば、それはナショナリズムの高揚やテロや戦争によってではなく、コスモポリタンなアイデンティティからだと筆者は信じたいのである。

祇園精舎の鐘の音はいまやグローバル世界になり響いている。

■注

［1］吉見（2009）は「日本社会にとって90年代は、その存立の根底が揺らぎ、同質性が失われていく未曽有の危機の時代であった。」（p. 219）と述べ、4つの局面による変容をあげている。第1は企業の海外転移と国内産業の空洞化、

第2は国内産業への外国人労働者の大量流入による多国籍化、第3は海外旅行の大衆化と文化的な動機により海外に渡っていく若者の増加、第4にアジアや世界での日本の大衆文化の消費による越境的フローの拡大である。そしてこのような変容が「現在も進行中であり、将来、この国の在り方を根底から変えてしまう可能性がある」（p. 220）と述べている。

[2] 例えば博報堂生活総合研究所（2000）の所長関沢英彦は情報社会への転換を引き起こすものとしてインターネットの役割に注目している。インターネットの利用によって日本人自身の手で日本の扉が自発的に開けられることを期待している。また大江健三郎と小沢征爾（2000）はグローバル世界に参加する「新しい日本人、新しい『個』」の創発に期待をよせている。

[3] フィールドワークから観察されたエンゲージメントに関しては、文中、二重カギ括弧（『 』）で示しておく（図7－1参照）。

[4] 加藤周一（1955）は日本文化の特徴として、日本人一般が和洋折衷を採り入れ「結構おもしろく暮らす工夫」（p. 8）をしており、日本的なものと西洋的なものとが深い所で絡み合っている「日本文化の雑種性」をあげている。

[5] ギデンズはモダニティを「ジャガノート」のイメージを用いて説明している。ジャガノートとは超大型長距離トラックのことであり、「人類が団結してある程度乗りこなすことはできるが、同時に突然操縦が効かなくなる恐れもあり、みずからバラバラに解体しかねない、そうした巨大出力エンジンを装備して疾走する車」（Giddens 1990 邦訳 p. 173）のことである。またこの言葉の語源は、「世界の支配」を意味する「ジャガンナート」（ヒンドゥー教の神のひとりクリシュナの敬称）である。この神の偶像を毎年巨大な山車に乗せ、街中を引き回し、信者たちは極楽往生を求めてみずから進んで、この偶像に身を投じて山車の下敷きになったといわれている（注釈 p. 173）。グローバル化の複雑で錯綜する過程はこのジャガノートのイメージとある程度重なり合うように思われる。

[6] 他国からみるとこのジャガノートの強力な運転手の一人は日本であろう。

[7] http://www.mext.go.jp/unesco/004/1339970.htm（アクセス：２０１６年7月22日）

[8] コスモポリタンとは、「新しい理念や価値に絶えず触れ合うことで、その結果、多くの社会的特性を共有するよ

うになる人びとや社会のことを記述する用語」のことである。(Giddens 2006 邦訳 p. 12より。)

[9] この「個」は「遠くの他者」と相互依存し、相互信頼し、拡大された社会的相互作用の時空間から現れる「創発特性(emergent property)」(濱口 1996, p. 46)といえよう。

[10] 文化人類学者の山下晋司は、若い女性たちが日本の伝統的な社会規範から逃れ自己の人生に満足感を見出すために、バリに行き、現代日本人が失ってしまったリラックスしたライフスタイルや暖かい協力的な家族関係や家族の「豊かさ」に気づいていくという。そして異なる文化と文化の「間」に生き、日本の物理的、心理的絆の外側に片足を踏み出していることを指摘している(cf. 山下 1996a, 1996b)。

[11] 欧米の「日本化」を特集する『エコノミスト』誌(2011年7月30日)では、決断できない米オバマ大統領と独メルケル首相がドルとユーロの着物を来た風刺画で表現されている。

エピローグ

本書は英国ロンドン・スクール・オブ・エコノミクス・アンド・ポリティカル・サイエンス（ＬＳＥ）大学院に提出した博士論文 *Media, Audience Activity and Everyday Life – the Case of Japanese Engagement with Media and ICT* –. Doctoral Dissertation. The London School of Economics and Political Science, University of London. 2003 をもとにし、15年余りに渡る筆者の「若者とメディア」に関する研究成果を踏まえた現時点での集大成である。本書のもととなる博士論文は、英社会学者アンソニー・ギデンズを学長としたＬＳＥで、ギデンズをはじめとする著名な社会学者や社会人類学者たちの講義やゼミに参加し、多くの知的刺激やアドバイス、批判などを受けながら、同大学大学院博士課程のコースワークを通じて発展させたものである。指導教官のソニア・リビングストーン教授（前ＩＣＡ国際コミュニケーション学会会長）をはじめとし、故ロジャー・シルバーストーン教授やニック・コードレイ教授の指導のもとで執筆し、論文審査員であるジョン・トムリンソン教授とデビット・モーレイ教授からの指摘によりさらなる加筆、修正を経て、完成させた。この博士論文をもとにした英語版著書は、ラウトレッジ社から Takahashi, T. "Audience Studies: a Japanese Perspective." London and New York: Routledge. 2009（Preface はリビングストーン教授による）として出版されている。

本書は、「なぜ若者はメディアと関わるのか?」という問いを出発点としている。この問いに答えるために、博士論文で構築した「複雑性モデル」と「オーディエンス・エンゲージメント」の概念を発展させながら、「若者とメディア」に関する国際共同研究により理論的にも経験的にもスケールを拡大している。「コミュニケーションの複雑性モデル」は筆者がお茶の水女子大学理学部数学科出身というバックグラウンドから自然科学系の理論モデルとの融合や、米国サンフランシスコ大学人文科学部マス・メディア学／コミュニケーション学専攻で学んだコミュニケーション論、そして東京大学大学院人文社会系研究科で学んだ社会情報学などこれまでの研究成果を踏まえたものである。また、「オーディエンス・エンゲージメント」の概念は「若者とメディア」に関する国際共同プロジェクトに参加しながら、データの収集や分析を行い発展させてきた。本書の中心となる国際共同研究は、オックスフォード大学とハーバード大学との共同研究である「デジタル・ネイティブに関する国際比較研究」（科学研究費基盤研究Ｂ：２００９－２０１１年）である。この国際共同研究では、各々の大学で「若者とメディア」に関するプロジェクトに参加しながら、日本・アメリカ・イギリスにおける若者への詳細なインタビューと参与観察によるマルチサイト・エスノグラフィーを行っている。イギリスでは、オックスフォード大学教育学部に客員リサーチ・フェローとして招聘され、クリス・デービス教授（現オックスフォード大学ケロッグカレッジ学長代行）が率いる「デジタル・ラーニング」プロジェクトに参加した。一方、アメリカでは、ハーバード大学バークマンセンターにファカルティ・フェローとして招聘され、ジョン・パルフリィ教授（現フィリップアカデミー学長、バークマンセンター副所長）の率いる「若者とメディア」プロジェクトに参加しながら現地調査を行った。そして日本、アメリカ、イギリスにおけるエスノグラフィーによって普遍性と文化的特殊性の問題にアプローチしながら、メディアとのエンゲージメントを通して創発する新たな機会とリスクについて明らかにした。その後リスクに関しては、世界33ヵ国で行われているEU Kids Onlineプロジェクト（研究代表：ＬＳＥリビングストーン教授、現Global Kids Onlineプロジェクト）に参加し、同じ調査項目を用いて国際比較を行った。

　２０００年から現在に至るまで長期にわたるフィールドワークから得られた知見はこれまで述べてきた通りである。終章では、21世紀の日本とグローバル化の行方、そして求められるグローバル人材像について考察するため、３つの力（ナショナルな社会規範、グローバル化、デジタル化）のうち、特に最初の２つの力に注目して論じた（終章図７－２）。今後、グローバル化（図８－１ α_2）に加えて、ＡＩ（人工知能）やロボット、ＩｏＴ（モノの

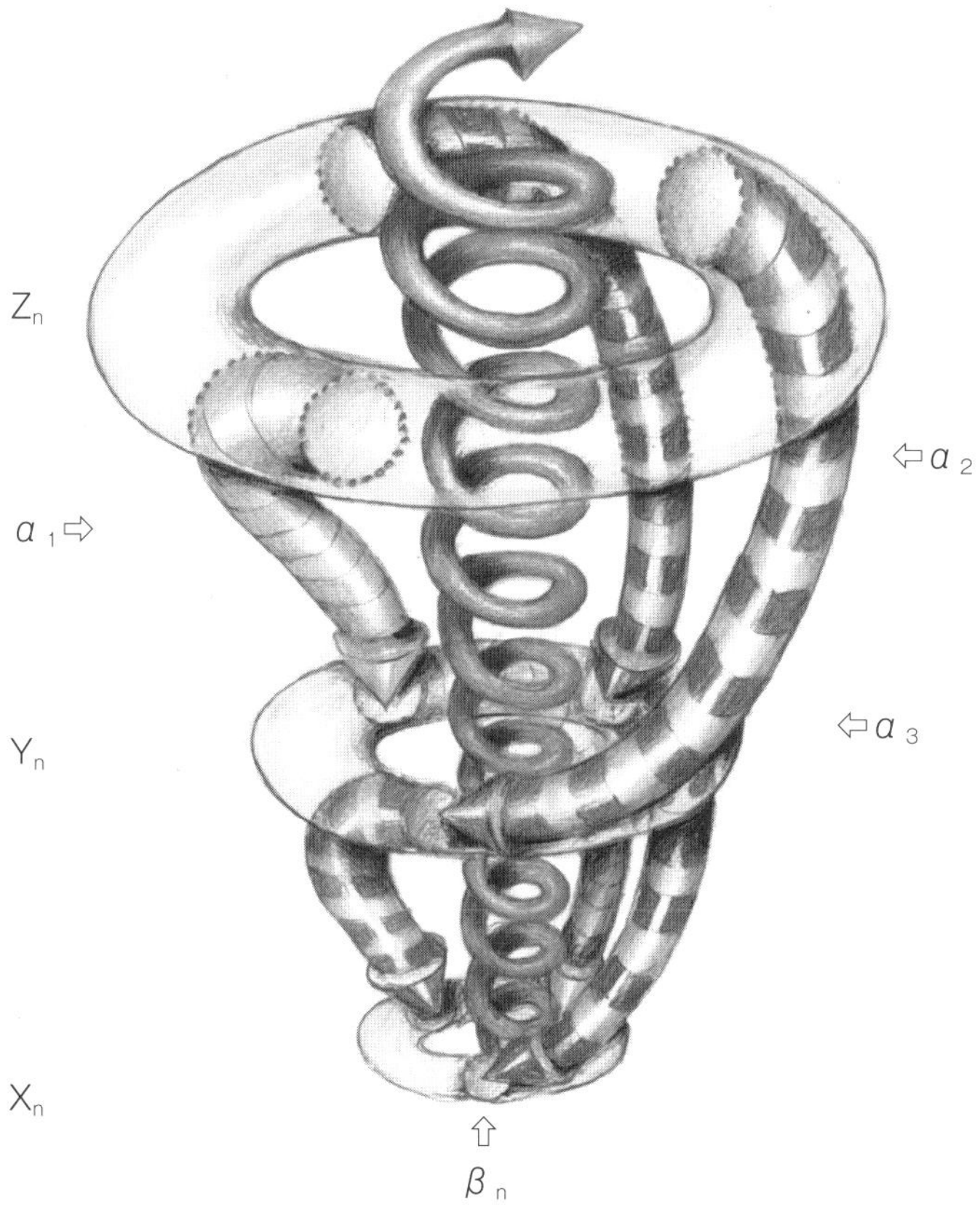

X_n：個人（individuals）；Y_n：社会集団（social groups）；Z_n：文化（cultures）

α_1：ナショナルな力（power from national level）

α_2：グローバルな力（power from global level）

α_3：コミュニケーション技術革命による力（power from the revolution of communication technology）

β_n：自己組織化（self-organisation）

図8-1　AI/ロボット時代におけるコミュニケーションの複雑性モデル
（The Complexity Model of communication in the AI/Robot Age）

インターネット）、ＡＲ（拡張現実）やＶＲ（バーチャル・リアリティ）など第４次産業革命による力（図８‐１α_3）がますます目に見えて大きくなり、大きな社会変容を引き起こすだろう。ＡＩやロボットの登場によって、どのような職業が無くなり、残り、新たに誕生するのだろうか？[1] ポケモンＧＯやplaystationの世界的な人気によって今後様々な分野で活用が期待されているＡＲやＶＲは私たち日本人のコミュニケーションや生活様式、文化をどのように変えるのだろうか？ 第４次産業革命によってもたらされるリスクに対処するためには、企業は、政府は、そして私たち一人一人はどのようなリスク・マネジメントが必要なのだろうか？ 技術的なイノベーションとともに育つ子供たちが、楽しく幸せな人生を送るためには、どのような教育が必要なのだろうか？ 日本という人口減少国家において、地域を活性化させ、持続可能な社会を創るためには新しいコミュニケーション技術をどのように利活用したらいいのだろうか？ コミュニケーション技術革命における新たな機会を最大限に享受し、リスクを最小限にしながら、人間と科学技術との共生によるより良い社会の創造に向けて、今後も研究に邁進していきたいと思う。

本書の大部分は初出であるが、以下の初出論文・著書を基に大幅な加筆・修正を行った。

■第１章

高橋利枝「デジタルネイティブを越えて」『Nextcom』vol. 18, pp. 50-59, ２０１４年。

高橋利枝・本田量久・寺島拓幸「デジタル・ネイティヴとオーディエンス・エンゲージメントに関する一考察——デジタル・メディアに関する大学生調査より」『立教大学応用社会学研究』50号、pp. 71-92, ２００８年。

■第２章

Takahashi, T.（2011）Japanese Youth and Mobile Media. In Thomas, M（ed.）*Deconstructing Digital Natives*. NY and London: Routledge.

高橋利枝「オーディエンス研究におけるアクティブ——パッシブ論争を越えて——二項対立の限界」『マス・コミュニケーション研究』No.53, pp. 137–152, １９９８年。

高橋利枝「オーディエンスの能動性」花田達朗・吉見俊哉編『社会情報学ハンドブック』東京大学出版会、２００４年。

高橋利枝「オーディエンス・エンゲージメント——グローバル社会におけるメディアのエスノグラフィー」『立教大学応用社会学研究』49号、pp. 53–71, ２００７年。

Takahashi, T.（2009）*Audience Studies: A Japanese Perspective*. London and NY: Routledge.
■第3章、第4章、第5章
高橋利枝「『グローバリゼーション』とは何か」高校生のための社会学編集委員会編『高校生のための社会学——未知なる日常への冒険』ハーベスト社、２００９年。
高橋利枝「デジタル・ネイティヴと日常生活——若者とＳＮＳに関するエスノグラフィー」『情報通信学会誌』第92号、pp. 15–28, ２００９年。
Takahashi, T.（2008）“Japanese Young People, Media and Everyday Life: Towards the Internationalizing Media Studies”. In K. Drotner and S. Livingstone（eds.）*International Handbook of Children, Media and Culture*. London: Sage.
Takahashi, T.（2010）“MySpace or Mixi? Japanese Engagement with SNS（Social Networking Sites）in the Global Age”. *New Media and Society*. Vol. 12. No. 3. pp. 453–475.
Takahashi, T.（2014）“Youth, Social Media and Connectivity in Japan”. In Seargeant, P. and C. Tagg（eds.）*The Language of Social Media: Community and Identity on the Internet*. Palgrave.
■第6章、終章

高橋利枝「グローバリゼーションと文化的アイデンティティ」伊藤陽一・河野武司編『ニュース報道と市民の対外国意識』慶應義塾大学出版会、２００８年。
Takahashi, T. (2015) "Creating the Self in the Digital Age: Young People and Mobile Social Media". In Digital Asia Hub (ed.) *The Digital Good Life in Asia's 21st Century*. Hong Kong.
■補論
高橋利枝「初期効果研究の批判と展開」田崎篤郎・児島和人編『マス・コミュニケーション効果研究の展開（改訂新版）』北樹出版、２００３年。

高橋利枝「情報化と情報行動」田崎篤郎・船津守編『社会情報論の展開』北樹出版、１９９７年。


本書を閉じる前に、筆者を支えてくれた多くの人たちに感謝の意を記したい。

まず、ＬＳＥの指導教官であるソニア・リビングストーン教授。彼女は同じ女性研究者として私のロールモデルとなった。オックスフォード大学で心理学の博士号を取得した彼女は、クリエイティビティを尊重するオックスフォード流の博士号の指導を私にも与えてくれ、何よりも研究者としての自立を尊重してくれた。これまで不可能と言われてきた異なる研究潮流において発展されてきた能動的オーディエンス研究の統合、そしてグローバリゼーションにおけるオーディエンスに関する１つの統合的理論モデルの構築を可能とさせたのは、彼女の新しいものへの探究心と知的好奇心による励ましのおかげである。そして博士号取得以降も、「子供／若者とメディア」研究の世界的な権威の１人として、私に後に国際的ハンドブックにまとめられることとなる「子供とメディア」に関する研究（Takahashi 2008）や「若者とＳＮＳ（ソーシャル・ネットワーキング・サイト）」に関する研究（Takahashi 2010）など興味深い研究テーマを与えてくれた。今日までグローバルなアカデミズムの世界の中で研究者として自己創造を可能にさせてくれたのはリビングストーン教授である。

また誰よりも心から感謝の気持ちを記したいのはLSEのメディア・コミュニケーション学部の学部長であった故ロジャー・シルバーストーン教授である。シルバーストーン教授はリビングストーン教授とともにPh.D.セミナーの担当教官として毎週刺激的なセミナーの場を提供してくれた。このセミナーでの、学生を交えた（時に学生の存在をまるで忘れてしまったかのような）リビングストーン教授との白熱した議論は、研究への熱意や信念の大切さ、そして面白さを体感させてくれた。またリビングストーン教授がサバティカルの間は私のアドバイザーとして、そして論文審査委員の一人として、絶えずポジティブなフィードバックを与えてくれた。カルチュラル・スタディズや社会学的見解からの指摘は、博士論文のビジョンを広げると共に理論的発展へと導いてくれた。特に2006年3月にLSEのカフェテリアでシルバーストーン教授から博士論文をラウトレッジ社の「脱西欧化メディア研究」シリーズから出版しないかという依頼を受けた時のことは今でも忘れられない。グローバル時代におけるメディア研究の課題や脱西欧化の方法論、シルバーストーン教授の新しい本や概念、そして日本についてなど多岐にわたる刺激的な会話にいつしか時の経つのも忘れてしまっていた。しかしわずかその3ヵ月後、突然の訃報がまいこんできた。シルバーストーン教授の突然の死はLSEの学生ばかりでなく、世界中の研究者たちに深い悲しみと衝撃を与え、いまだに大きな喪失感をぬぐいきれないのは私だけでないだろう。シルバーストーン教授が講義やセミナーの中で、そしてプライベートな会話を通して与えてくれた研究に対する情熱や知は研究者としての私の中核となっている。

もう一人の論文審査委員であり、カルチュラル・スタディズの研究者であるニック・コードレイ教授も博士論文の執筆の過程において、社会学理論や概念に関する貴重なアドバイスを与えてくれた。

LSEでは直接指導を受けた3人の教授に加え、学長であったアンソニー・ギデンズ教授から、講義などを通して多大な影響を受けた。博士課程に在籍中の3年間を通して、ギデンズ教授のグローバル化に関する様々な講義やウルリッヒ・ベック教授やスコット・ラッシュ教授とのパブリックディベートなどに、世界各国から集まった学生や研究者たちとともに参加し直接触れることができたことは、一人の研究者としてかけがえのない経験であり、大きな財産となっている。ギデンズ教授から受けた強い影響は本書の強みになるとともに、批判の対象ともなりうるであろう。

博士論文の審査にあたってくれた2人の外部審査員にも、心から感謝の意を表したい。カルチュラル・スタディズやオーディエンス・エスノグラフィーで著名なロンドン大学（ゴールド・スミス・カレッジ）のデビット・モーレイ教授。そして文化帝国主義やグローバリゼーションなどの著作において、世界的に著名なノッティンガム・トレント大学名誉教授のジョン・トムリンソン氏。この2人の偉大な研究者との2時間近くにも及んだ口頭試問は、私にとって非常に贅沢な時間であった。メディア研究そしてグローバリゼーション研究の父とも言える2人から受けた指摘は、博士論文をさらに説得力を持ち、洗練され、よりスケールの大きなものに発展させてくれた。特に終章のもととなっているグローバリゼーションに関する普遍性と文化的特殊性の議論は、トムリンソン教授からの要請によって、新たに加筆したものである。

LSEでの博士号取得に至るまで、私を指導してくれた指導教官たちにも感謝の意を表したい。アメリカのコミュニケーション研究に最初にエスノグラフィーを導入したジェームス・ラル名誉教授は、最初に私に研究者になることを薦めてくれたサンフランシスコ大学時代の恩師であり、以来現在に至るまで応援し続けてくれている。特にエスノグラフィーの方法論や分析に関して絶えず貴重なアドバイスを与えてくれた。また、東京大学大学院での2人の指導教官、故田崎篤郎名誉教授と花田達朗教授（現早稲田大学教授）。田崎篤郎教授はマスコミ効果研究や情報行動論を、花田達朗教授はカルチュラル・スタディズや公共圏、批判的・社会学的視点を、そして何よりも研究者とは何であるか、という最も大切なことを指導してくれた。

エスノグラフィーの調査に関しても、多くの人びとに協力を頂いた。エスノグラフィーの方法論を発展させるために、LSEの社会人類学部のPh.D.セミナーに2年間参加させて頂いた。担当教官であったデボラ・ジェームス教授はじめ、社会人類学部の教員や博士課程の大学院生たちには有効なアドバイスを頂いた。また、日本でのエスノグラフィーの調査においては、東京大学大学院の文化人類学研究室の山下晋司名誉教授、情報学環の吉見俊哉教授、竹内郁郎東京大学名誉教授、竹下敏郎明治大学教授、清原慶子三鷹市長、武沢護早稲田大学大学院客員教授（早稲田大学高等学院教諭）にお世話になった。イギリスでのエスノグラフィーにおいては、オックスフォード大学ケロッグカレッジ学長代行のクリス・デービス教授、同大学教育学部リサーチフェローのジュリー・ディアデン氏、同大学ハートフォードカレッジ国際プログラム長のアンドリュー・ヘミングウェイ氏、ならびにLSEのソニア・リビングストーン教授、ウェストミンスター大学近藤薫子講師にお世話になった。またアメリカでのエスノグラフィーにおいてはハーバード大学バークマンセンターのジョン・パルフリィ教授（現フィリップアカデミー学長、バークマンセンター副所長）、ならびにウース・ガサー教授（バークマンセンター所長）にお世話になった。

本書は、主に科学研究費基盤研究B「デジタル・ネイティブに関する国際比較研究」（2009－2011）による研究成果を中心としてまとめられている。オックスフォード大学へは、独立行政法人日本学術振興会による優秀若手研究者海外派遣事業「デジタル・ネイティブに関する日英国際比較研究」（2010）によって派遣された。

また博士論文以降、本書のデータ収集のために大川情報通信基金、高橋信三記念放送文化振興基金、吉田秀雄記念事業財団、電気通信普及財団、安心ネットづくり促進協議会、国際コミュニケーション基金、早稲田大学特定課題研究から研究助成を頂き、インタビューやリサーチ、国際会議での発表や資料収集など、これまでの研究活動を支えて頂いたことを感謝の気持ちと共に記したいと思う。

早稲田大学文化構想学部複合文化論系異文化接触ゼミ（メディア・コミュニケーション論）で行っている「YMG（若者、メディア、グローバリゼーション）」プロジェクトに積極的に参加するとともに、本書の初稿を読み、毎回レポートを提出してくれたゼミ生たちにも感謝の言葉を述べたいと思う。ゼミ生たちとの共同プロジェクトやディスカッションはいつも刺激的であり、本書を生きたものにしてくれた。そして何より、貴重な時間をさき、参与観察を受け入れ、幾度にも渡るインタビューにつきあってくれた日本、アメリカ、イギリスのインフォーマントの方々には心よりお礼を申し上げたい。

本書の出版にあたっては、児島和人元東京大学教授、萱谷実慶応大学名誉教授、河口洋一郎東京大学教授、新曜社堀江洪前社長、塩浦暲社長、高橋直樹氏から大変貴重なアドバイスを頂いた。本書が出版できたのは、KDDI財団著書出版助成のおかげである。心より謝辞を述べたいと思う。

振り返ってみれば、私にとって全てが挑戦だった。イギリスやアメリカでの一人暮らし、英語での博士論文執筆、日本で教鞭をとりながら国際共同プロジェクトへの参加、アメリカやイギリスでの若者たちへのインタビュー、数千ページにも及ぶ英語と日本語の文字おこしのコーディングや分析などなど。ロンドンの冬のように、長く辛い日々を支えてくれたのは、日本、アメリカ、イギリス、シンガポール、台湾、ニュージーランドなど国境を越え、多くの研究者や友人たち、そして家族である。本当に皆、どうもありがとう。混沌としたグローバル世界において、21世紀がよりよい世界になるように、これからもグローバルな仲間達とともに、一歩一歩、大切に歩んでいきたいと思う。

2016年8月

高橋　利枝

■注

［1］例えば、野村総合研究所が、オックスフォード大学のマイケル・A・オズボーン准教授とカール・ベネディクト・フレイ博士と行った共同研究では、日本の労働人口の約49％が就いている職業が、人工知能やロボットで代替可能であるという結果が発表されている。http://www.nri.com/~/media/PDF/jp/news/2015/151202_1.pdf（アクセス：2016年5月3日）

補論

能動的オーディエンス研究の系譜

メディア・オーディエンス研究の系譜から、主要な能動的オーディエンス研究について紹介し、それぞれの研究において見出されてきた「オーディエンスの能動性」の概念について解説する。アメリカ、イギリス、日本における主要な能動的オーディエンス研究3つの能動的オーディエンス研究——１９４０年代にアメリカで誕生した「利用と満足」研究、１９７０年代にヨーロッパで誕生した受容研究、１９６０年代に日本で誕生した情報行動論——について、各々の歴史的・社会的文脈とともに紹介する。

1　アメリカのコミュニケーション研究における「利用と満足」研究

「オーディエンスの能動性」は、オーディエンス研究が最初に誕生したアメリカのコミュニケーション研究において、「マスメディアの影響を受けないもの」として捉えられた。効果研究が、「マスメディアが人びとにどのような影響を与えたのか」を明らかにしてきたのに対して、「利用と満足」研究は「人びとがメディアをどのように利用しているのか」を明らかにしてきた（Katz 1959）。ここではアメリカのコミュニケーション研究において「利用と満足」研究が探求してきた「オーディエンスの能動性」を理解するために、社会的・歴史的文脈とともに再考していく。

1-1 初期「利用と満足」研究の再考

最初の「利用と満足」研究は、当時人気を博していたラジオのクイズ番組に対して、マイケル・ヘルツォーグが行った「プロフェッサー・クイズ――充足研究」(Herzog 1940) である。当時、ラジオは、新聞を読まない人びとを啓蒙・教育するための道具として期待されていた (Lazarsfeld 1940)。しかしながらリスナーへの調査の結果から、新聞を読まない人びとは、啓蒙・教育的なラジオ番組も聴いていないことが明らかになった。彼らが学習のための情報源としているのは、教育的な番組ではなく、娯楽番組として分類されている連続ドラマやクイズ番組であった。そこでラジオ研究者たちは、連続ドラマやクイズ番組の人気の秘密について明らかにするために、ラジオ番組の内容分析やリスナーの特性の分析とともに「充足研究」を行った。このようにして「プロフェッサー・クイズ」の研究が誕生したのである。この研究ではクイズ番組の愛好家11人に詳細な面接調査を行い、クイズを聴くことによって得られる充足から以下の4つのアピールを明らかにした。

(1)「競争的アピール」(クイズ番組の回答者や一緒に聴いている人と競争する。)
(2)「教育的アピール」(番組から新しい知識を得る。)
(3)「自己評価的アピール」(自分にどのくらい知識があるか自己評価する。)
(4)「スポーツ的アピール」(どの回答者が勝つか予想する。)

同じクイズ番組を聞いているにもかかわらず、送り手が意図しなかったような多様な利用が発見されたことから、この研究は、「オーディエンスの能動性」を提示した最初の研究として有名である。

1940年代は、ラジオ研究の黄金時代と言われていた。この時代はまたオーディエンス研究が、アメリカのコミュニケーション研究の中でより強固に確立された時代でもあった。ポール・ラザーズフェルドの「ラジオと印刷物（Radio and the Printed Page）」にはじまり、ラザーズフェルドとフランク・スタントンの「コミュニケーション調査研究（Communication Research）1948-49」（Lazarsfeld & Stanton 1949）に至るまでのコロンビア大学の一連の研究報告書の中で、様々な「利用と満足」研究が行われてきた[1]。これらの「利用と満足」研究は、効果研究に対抗するものとして理解され、位置づけられてきた。

1950年代、テレビの登場によって、子供へのメディアの強力な悪影響がより一層懸念されるようになった。テレビ番組は、暴力や非行、道徳的黙認などの社会問題を引き起こすと考えられた。40年代がラジオ研究の「黄金時代」ならば、50年代はそのような社会的要請にこたえた、膨大なテレビ研究の始まりと呼べるだろう。50年代には数多くのテレビの効果研究が行われた。それに対して、50年代の「利用と満足」研究と呼ばれている「子供とテレビ」研究は、子供に対するメディアの影響ばかりではなく、子供のメディア利用についても考察している。例えばウィルバー・シュラムら（Schramm et al. 1961）は「テレビが子供にすること」ではなく、「子供がテレビにすること」（p.169）、すなわち子供がどのように同じテレビの内容を異なった方法で利用しているのかを明らかにしている。50年代の「利用と満足」研究において心理学と社会学の両方の見解から見出された「オーディエンスの能動性」は、（1）選択性[2]、（2）利用[3]、（3）解釈[4]の３つの能動性の次元を含んでいる（cf. Riley & Riley 1951; Maccoby 1954; Schramm et al. 1961）。

1－2 「利用と満足」研究の理論化と批判

1959年、ある1つの衝撃的見解が提出された。バーナード・ベレルソンによる「コミュニケーション研究は消滅しているまたは消滅していく（dead or dying）」（Berelson 1959, p.1）という悲観的な見解であった。この見解に対して、エリフ・カッツは、消滅していくのは大衆説得の研究であり、コミュニケーション研究の救世主となるべくは「利用と満足」研究であると述べた。カッツはこの時、40年代の多様な充足研究と50年代の「子供とマスメディア利用」の研究を統合し、「メディアに対する機能主義的アプローチ」すなわち『「利用と満足」研究』（Katz 1959, p.2）と命名した。「利用と満足」研究を誕生させたカッツは、オーディエンス研究の将来におけるその重要性について強調した。そしてメディアの利用を単なる「逃避」と批判した、大衆文化の批評家たちに対する反論を行ったのである（cf. Katz & Foulkes 1962; Blumler 1964; McQuail, Blumler, & Brown 1972）[5]。

1960年代以降、方法論に関する批判から、多くの研究者たちが定量調査を用いて、充足のタイポロジーを発展させた（cf. Blumler & McQuail 1969; McQuail et al. 1972; Katz et al. 1973; Rosengren & Windahl 1972）。「利用と満足」研究はアメリカ、イギリス、スウェーデン、フィンランド、日本、イスラエルなどで注目を浴び、世界で多くの経験的な調査研究が行われた。そしてカッツら（Katz et al. 1974）は、これら多くの「利用と満足」研究に共通するものとして「オーディエンスは能動的であり、マス・メディア利用に際して、目標志向的である。」（p.21）という基本的な前提をあげている。

しかしながら1970年代、「利用と満足」研究は、機能主義との結び付きや心理学的なアプローチのために厳しく批判された。批判学派の研究者たちにとって、オーディエンスは社会構造から切り離され、抽象化されうるものでは決してない。特にフィリップ・エリオットは「利用と満足」研究がメディアとオーディエンスの関係に、あまりにも楽観的な図式を描いていることに批判を投げかけている。もし仮に「利用と満足」研究が主張す

表9-1　オーディエンスの能動性のタイポロジー（いくつかの例を含む）

コミュニケーション過程の段階			
オーディエンスの志向性	接触前	接触中	接触後
選択性	選択的接触追求	選択的知覚	選択的記憶
関　与	接触の予期	注目 意味形成 擬似社会的相互作用 同一化	長期的同一化 空想化
効　用	「交換貨幣」	得られた充足の効用	話題としての利用 オピニオン・リーダーシップ

（Levy & Windahl, 1985, p. 113）

る「オーディエンスの能動性」が、メディアの望ましくない効果に対する防衛として機能するならば、いかに俗悪な番組を放送してもオーディエンスは自らの能動性によって決して悪影響を受けないという結論を導いてしまう。そのため「利用と満足」研究のような能動的オーディエンス研究は放送政策の現状維持を正当化し、社会の保守化につながる。このような点から放送政策の是非を議論する批判学派の研究者たちにとって、「利用と満足」研究は明らかに受け入れがたいものなのである。[6]

1-3 「利用と満足」研究とオーディエンスの能動性

80年代、ＩＣＴが登場し、社会が情報化されるにつれて、「オーディエンスの能動性」が注目されるようになる。マーク・レビーとスベン・ヴィンダール（Levy & Windahl 1985）は、異なるタイプの「能動性」（選択性、関与、効用）がコミュニケーション過程の各々の段階（接触前、接触中、接触後）に関係していることを明らかにし、オーディエンスの能動性の9つのタイポロジーを提出している（表9-1）。

レビーとヴィンダール（1985）以降、「オーディエンスの能動性」の概念はケーブルテレビやパーソナルコンピューター、リモコン、ビデオ、テレビゲーム、携帯電話、電子書籍、オンラインゲーム、SNSなど次々と登場するメディアに応用され、従来のマス・メディアより能動的なオーディエンス像が提示されている（cf. Heeter & Greenberg 1985; Levy 1980, 1987; Rubin & Bantz 1989; Walker & Bellamy 1991; Chang, Lee, & Kim 2006 ; Shin 2011; Cheng, Liang & Leung 2015 など）。

「利用と満足」研究の研究者たちは、「オーディエンスの能動性」を探求する他の多様な理論との収束の可能性について主張している。「同じ問題が異なる学派から経験的に研究されている以上、現在の意見の鋭い差異は次第になくなり、1つの収束によって置き換えられるだろう」（Rosengren 1983, p. 203）。この視点からカール・ローゼングレンは、受容研究に位置付けられるジャニス・ラドウェイ（Radway 1984）のロマンス小説の読者の研究を「利用と満足」研究の「再生」と位置づけている。しかしながらこのような「利用と満足」研究からのカルチュラル・スタディズへの「求婚」は、「利用と満足」研究に対して再び厳しい批判を招くことになる。この点に関しては、後に詳しく述べたいと思う。

2　イギリスのカルチュラル・スタディズとヨーロッパの受容理論における受容研究

1970年代、「利用と満足」研究に対する批判から、イギリスのバーミンガム大学の現代文化研究センターにおいて、オルタナティブなオーディエンス研究が発展した（cf. Morley 1988, p. 26）。ホールの「エンコーディング／ディコーディング・モデル」（Hall 1980）とその実証的研究であるモーレイの「ネーション・ワイド・オーディエンス」（Morley 1980）は、オーディエンスの能動性を軽視していたカルチュラル・スタディズに、オーディエンス研究を初めて導入した点で重要とされている。以下ではホールの「エンコーディング／ディコーディング・モデル」とモーレイのオーディエンス研究、さらに受容研究について簡単に紹介していく。

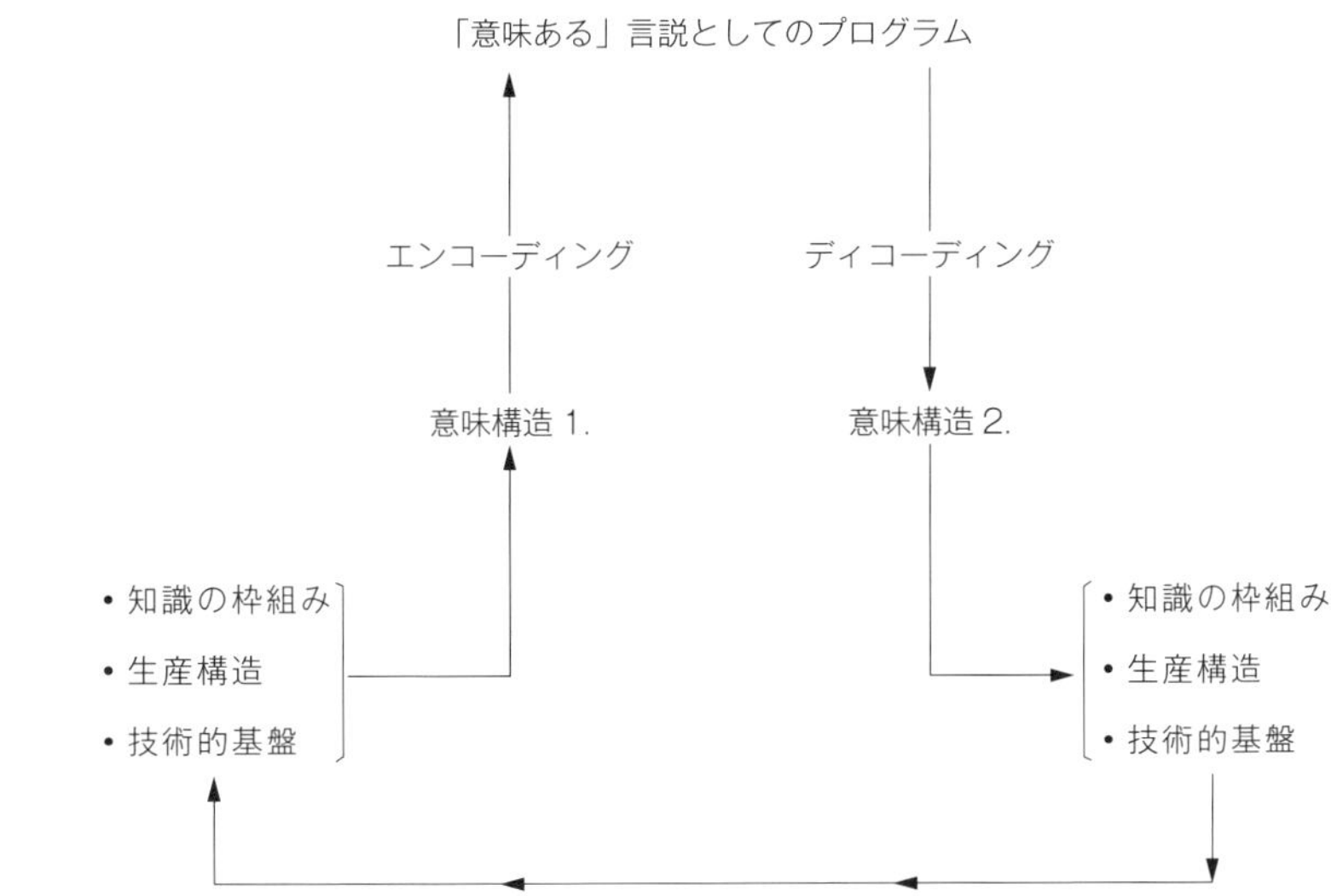

図9-1　エンコーディング/ディコーディング・モデル（阿部, 2003, p.135）

2－1　エンコーディング／ディコーディング・モデル

ホールは、アメリカのコミュニケーション研究の基底にある行動主義のパラダイムを批判し、パラダイムシフトの必要性について述べている。行動主義的なオーディエンス研究は、刺激・反応モデルから出発し、テレビのメッセージが直接的に個人の行動を生じさせるような線形モデルによって、テレビの効果を理解してきた。両者の間に多くの媒介要因が含まれているにせよ、ある刺激がある反応を引き起こすという見方は、皮下注射のアナロジー（本書第2章 図2－2参照）に代表され、異なった社会集団における差異を導くような社会的要因を考慮に入れていないとして批判している。ホールは、テクストの意味づけが独立して存在し、効果の一方向的な流れを示すような線形モデルを批判し、テクストの送り手と受け手の両方の言説的なコードに注目し、マルクス主義の視点から、コミュニケーション過程における循環モデルを提示している（図1－1）。

ホールはエンコーディング／ディコーディング・モデルにおいて、エンコーディング（マス・メディアの意味づけのプロセス）とディコーディング（オーディエンスの解読のプロセス）の間の非対称性について考察し、コミュニケーションがいつも「完全に透明」ではなく、「システマティックに歪曲されている」（Hall 1980, p. 135）ことを指摘している。ホールは意味の多義性（polysemy）（ホールが多元主義から注意深く区別する）に注目し、オーディエンスがディコーディングに用いる3つの異なるコードを提示した。

（1）支配的－ヘゲモニックなコード（送り手の「優先的意味づけ」を再生産する。）
（2）交渉的コード（意味づけられたものと解読されたものとの間で葛藤や矛盾を生み出す。）
（3）対抗的コード（「オーディエンスがオルタナティブな見解の中にメッセージを再統合する」（Hall 1980, p. 138）ような、送り手によって予測されない解釈や、優先的意味づけに対抗するオルタナティブな解釈を与える。）

ホール（1980）以前は、イギリスのカルチュラル・スタディズにおいて、オーディエンスはヘゲモニーの犠牲者として考えられてきた。ホールのモデルはオーディエンスの能動性の可能性を提示した点において、カルチュラル・スタディズにおける重要な分岐点を示している。交渉的な読みと対抗的な読みは、支配的なイデオロギーに対するオーディエンスの闘争と抵抗の程度、すなわちオーディエンスの「能動性」を表している。ローゼングレン（Rosengren 1983）やキム・シュローダー（Schroeder 1987）は、ホールとモーレイの能動的な見解の重要性を強調し、能動的オーディエンスのパラダイムの収束に向けた動きとして歓迎している。しかしながら、このような見解は、（少なくともカルチュラル・スタディズの研究者たちにとっては）あまりにも楽観的であり、彼らの研究を誤って解釈してさえいる（Ang 1996）。すなわちカルチュラル・スタディズのモデルはマルクス主義的パラダイムにおいて、支配的なイデオロギーに対する対抗や抵抗、闘争としてオーディエンスの能動性を認める一方で、この能動性は「利用と満足」研究の研究者たちが求めた「自由」とはほど遠いものなのである。イギリスのカルチュラル・スタディズにおけるオーディエンスの能動性は、個人の「自由な」解釈ではなく、「社会的文脈によって制約された」能動性なのである。イエン・アング（Ang 1996）の言葉を用いるならば、決定されているものでも、決定されていないものでもなく、「重層決定されているもの（overdeterminacy）」なのである。

そしてこの「重層決定されたもの」という考え方は、受容研究に引き継がれた。ロマンス小説（Radway 1984）やソープオペラ（Ang 1991; Liebes & Katz 1990 ほか）のようなフィクションに対して、多様な受容研究が行われた。

2−2 受容研究と「利用と満足」研究

80年代以降、トレンドとなった受容研究については、異なる歴史的解釈が与えられている。リビングストーン（Livingstone 1998）は、受容研究を6つの異なる研究の収束として位置づけている。（1）ホールのエンコーディング／ディコーディング・モデル、（2）「利用と満足」研究、（3）（批判的なマスコミュニケーション研究の中で）メディアへゲモニーの理論に対する対抗的なオーディエンス、（4）ポスト構造主義、（5）フェミニストアプローチ、（6）日常生活の文化。シュローダー（Schroeder 1987）も受容研究がメディア社会学とカルチュラル・スタディズとの収束を示すとし、「異種交配（cross-fertilization）」のプロセスとして評価している。

その一方で、受容研究は「利用と満足」研究や効果研究のような主流のマスコミ研究のアプローチとは異なるものとして理解されてきた。たとえばクラウス・ジェンセンとローゼングレン（Jensen & Rosengren 1990）はメディア研究に共存するオーディエンス研究の5つの異なった学説を議論している。（1）効果研究、（2）「利用と満足」研究、（3）文芸批評、（4）カルチュラル・スタディズ、（5）受容理論。これらの見解に対してモーレイ（Morley 1992）は、効果研究の皮下注射モデルに反して発展させられた「利用と満足」研究を超えた「進化」として、自らの研究を位置づけている。

しかしながらジェームズ・カラン（Curran 1990）はモーレイの研究と主流のアプローチとの類似性を強調し、受容研究は初期効果研究の単なる「新修正主義」（new revisionism）と批判する。カランが述べているように、初期効果研究と受容研究との間には、方法論や社会的状況におけるメディア利用や解釈の多様性に関する知見において多くの類似点が存在する。両者とも支配的コードへの対抗に関してオーディエンスの能動性を示している点において、同じパラダイムの中に位置づけることも可能に思える。しかしながら、受容研究を単なる初期効果研究の新修正主義として理解すべきではないだろう。なぜならば、各々の研究の歴史的、社会的、文化的、政治的文脈は両者の間の重要な差異に関連しているからである。両者の間には相反する政治的パラダイム（前者はマルクス主義、後者はリベラル多元主義）、異なったオーディエンス像（社会的主体vs.個人）、能動性の異なった測定（支配的コードに対する対抗vs.メディア効果のフィルター）、異なった哲学的アプローチ（批判的アプローチvs.実証主義）が存在していると考えられる（cf. Ang 1996, Morley 1992）。これらの差異は能動的オーディエンス研究の多様性を表しており、異なる研究の収束の可能性を考えるときに重要な要因となるだろう。

2-3　受容研究vs.メディア帝国主義

受容研究に対して、様々な認識や見解、批判があるにもかかわらず、これらの研究は重要な役割を果たしている。デジタル衛星放送やインターネットの普及により、国境を越えて番組が視聴されたり、情報が収集される機会が増え、メディア帝国主義の理論が再燃している。メディア帝国主義とはメディア産業に対して文化帝国主義の概念を適用するものであり、経済的に強力な国が、途上国や比較的弱い国に対して文化的統制を含んだ社会・政治・経済的統制を拡張する恐れについて指摘している。このような視点からメディアはますます帝国主義の効果的なツールとなりうる。その時オーディエンスは再びトランスナショナルなメディアの受動的な犠牲者として認識されうるのである。

しかしながら、メディア帝国主義による受動的なオーディエンス像に対して、受容研究は、オーディエンスの能動性を経験的に提示することによって批判している。例えば、アメリカのソープオペラで世界的に大ヒットした『ダラス』[7]に関する受容研究は、社会文化的文脈におけるオーディエンスの解釈の多様性を提示している(Ang 1985)。このようにして80年代以降、能動的オーディエンス像に移行していく。『ダラス』への解釈の多様性は文化的、国際的な境界にいるオーディエンスに特に顕著に現れた。タマル・リーブスとカッツ(Liebes & Katz 1990)は、イスラエルとアメリカのオーディエンスの解釈の差異や、またイスラエルの中においてもエスニシティによって解釈の差異があることを明らかにした。そしてこのような解釈の多様性を能動性の証拠として提示し、アメリカの文化帝国主義批判者がメディアの力に対して過剰に悲観的であると主張している。

もちろん、そのようなリーブスとカッツの研究が、メディア帝国主義批判者の議論に勝っているかどうかは疑問である。多様な解釈の存在が、果たして本当にメディアの力に抵抗するのに十分なほど、オーディエンスが能動的であることを示しているのだろうか? オーディエンスの振り子が能動性の方に振れている一方で、依然として能動的・受動的論争が続けられ、多くの研究者たち(例えばシラー(Schiller 1992)[8]やシーマン(Seaman 1992)など)は、受容研究の知見に対して厳しく批判しているのである。

3 日本の情報社会論における情報行動論

マスメディアの登場以来、日本では、主に欧米のコミュニケーション研究を導入することによって、メディア利用行動の解明を試みてきた。しかし、1970年代に「情報化社会」という概念が日本で誕生した。この情報化社会論が発達するにともなって、オーディエンス研究の分野でも「情報行動」という新しい概念が生まれた。

そして情報社会論の文脈の中で「オーディエンスの能動性」に関する言説が発展させられていく。情報行動論は「コミュニケーション」という概念では十分に考察しきれなかった日本人の行動の解明を目的としている。ここではまず、情報行動の概念の誕生から情報化による情報行動論の展開について考察していく。[9]

1963年、世界に先駆けて民俗学者、梅棹忠夫によって情報産業の時代の到来が告げられた。梅棹は動物発生学における概念を転用し、有機体としての人間の機能の段階的な発展を産業の発展の3段階に対応させた。[10] そして放送ビジネスの隆盛にともなって、当時のマス・コミの時代を情報を組織的に提供する産業、すなわち情報産業の時代と名づけた。さらに情報を「人間と人間のあいだで伝達されるいっさいの記号の系列を意味するもの」(梅棹 1963＝1988, pp. 29-30) と定義づけることによって、マス・メディアばかりではなく、興信所や旅行案内業、競馬の予想屋、教育、宗教などを情報の多様な形態を売る産業として広く含めた。後に梅棹 (1988) は情報産業論の補論の中で、情報をひとつの環境と捉え、人間の感覚諸器官が捉えたものすべてを情報とし、コミュニケーションと異なる概念としてより広く定義づけている。そして人間と環境としての情報の関係を捉えることは、コミュニケーション研究ではなく、情報生態学の問題としている。

> コミュニケーション論の尻尾をのこす「うけ手」ということばを、いつまでもつかいつづける必要はないだろう。情報にはおくり手もうけ手もないのだ。〔…〕情報はあまねく存在する。世界そのものが情報である。(p. 193)

梅棹以降、「情報化社会」という概念が林雄二郎 (1969) によって日本で誕生し、多様な情報社会論が発達させられた。[11] このような背景のもと、研究者たちは、マス・メディアの「受け手」という受動的なイメージから、「情報」概念に注目することによって、能動的なイメージを抱くようになった。マス・メディアの受容行動という言葉に対して、人間による「情報行動」という言葉が用いられるようになった。日本における情報行動論の誕生である。以下では情報行動論における「オーディエンスの能動性」の概念について考察していく。

3－1　情報行動論

情報行動論の誕生の背景と基礎は、吉田民人（1967）に見られる。吉田は、「情報行動」という言葉を用いてはいないが、コミュニケーション科学から情報科学への展開の必要性を論じている。

例えば、「解き口」や「先有傾向」による伝達情報の主体的解釈は情報の変換現象にほかならない。その意味で情報伝達論から情報処理論への展開は、「情報」をキー概念とするコミュニケーション科学の拡大再編成とみることができる。じじつ、再広義のコミュニケーション概念は、情報の伝達のみならず情報の貯蔵や変換など情報処理一般を意味してきたのである。しかしながら、生物、人間、社会、自動制御機械などにおいて、情報の伝達・貯蔵・変換を含む情報現象の全貌が明らかにされたとすれば、それはもはやコミュニケーション科学と呼称するにはあまりにも拡大されている。「情報科学」としか名づけようのない新しい科学分野の誕生を認めなければならないだろう。（pp. 5-6）

このように従来のコミュニケーション研究よりさらに広い枠組みをもつ情報行動論の確立の必要性が吉田により提起された。吉田以降、多くの研究者によって情報行動論の確立が試みられ、「情報行動」という言葉について、多様な定義がつけられていく（表1－2参照）。北村日出夫（1970）や加藤秀俊（1972）、中野収（1980）などの初期の情報行動論では、「情報行動」は情報環境と人間との相互作用として捉えており、人間の行動一般と同じように定義づけられていた。

表9-2　主な情報行動における「情報」および「情報行動」の定義

研究	情報		情報行動	（備考）コミュニケーション/コミュニケーション行動
吉田（1967）	広義	物質・エネルギーの時間的・空間的、定性的・定量的パターン		情報の伝達、貯蔵、変換など情報処理一般
	狭義	広義の情報が「記号－意味」化されたもの「有意味の集合体」		情報の伝達
北村（1970）	行動主体が環境との相互作用の中からつかむもの		「情報」を環境との相互作用の中から引き出したり、行動主体にとって必要な「情報」を捜したり、行動主体の1つの行動として「情報」を伝えたりする事	人間の相互作用
加藤（1972）	環境からの刺激（人間の五感の感じるもの全て）		・人間のあらゆる行動 ・人間の「経験」と同義	
中野（1980）	メッセージ、記号、媒介の結合体		いわゆるコミュニケーション行動（マス・メディア接触行動を含む）の他に、言語・映像・音声等の記号（体系）との相互作用用、記号を駆使する行動、記号ののりものである媒体を含む行動（ファッション行動など）、〈もの〉と人間との記号（媒体・シンボル）を介在させた相互作用の全てを含んでいる	記号体系と人間との相互作用 （記号行動・情報行動と表現するほうが適切）
池田（1987，1988）	広義	吉田（1967）と同じ	広義の情報に関する一連の獲得・変換・変容・蓄積・選出行動	『他者』とのインタラクティブな関わりの中で、『意図』が大きく介在する情報行動
	狭義	自己の内部環境、外部環境を共に含む自然事象や社会現象、言語事象のパターン（広義の情報）の中から、人間という主体が関与して意図的また非意図的に抽出した意味的単位	メディアを介し、自らの内在的な情報処理システムの関数として、想定された外在的情報システムの関数として、また特定のコンテクストの関数として、さらには、情報の送受の相手側の内在的な情報処理システムの発信特性（＝記号化のされ方）および受信時の解釈傾向（＝情報化のされ方）の関数として行われる、情報化及び記号化	メディアを通した向こう側に他者がいる事を意識した情報行動
三上（1991）	1つのシステムを構成する要素の配置状態（パターン）に関する知らせ		個人がある社会システムの中で、メディアを介して、あるいは直接的に情報を収集、伝達、蓄積、あるいは処理する行為	個人をとりまく情報環境の中で、他の情報主体とメディアを介して、あるいは対面的に情報を交換したり、共有したりするような情報行動
橋元（1986，1992）	類像、指標、象徴を含めたあらゆる記号のうち、その受け手の行動・認識に何らかの影響をもちうる記号、すなわち接する主体にとって意味をもった記号		情報を送信、 受信、交信、生産、蓄積、 処理・加工する行為	情報行動とコミュニケーションは互いに包含関係にない独立した概念

（高橋，1997，p. 117）

しかし80年代以降、ケーブルテレビやビデオ、パソコンなどの「ニューメディア」の出現により情報環境の変容から情報行動の変化について考察されてきた。このようなメディアに注目した情報行動論において、池田謙一（1987）は情報行動は要求充足を目的として行われ、何らかの適合性の基準に従って主体がコントロールし、人間が「主体的に」関与するものとしている。池田（1987, 1988）が狭義の情報行動をメディアを介した情報処理に限定して定義づけている一方で、三上俊治（1991, 2004）や橋元（1986, 1992）は、情報行動をメディアを介して、あるいは直接的に、情報を探索、収集、蓄積、加工、伝達する行為として定義づけている。三上（2004）はコミュニケーションを「個人をとりまく環境世界のなかで、複数の行為主体の間で、メディアを介して間接的に、あるいは直接対面的に、情報を発信、伝達、受信したり、交換したり、共有したりするような情報行動のことをいう」（p. 55）としている。本書では三上や橋元の情報行動の定義を採用し、メディアを介し、あるいは直接的な個人の情報処理過程に注目しながら、多次元のコミュニケーションのレベルを総合的に考察している。

80年代以降、ニューメディアに関する情報行動論において、メディアと対人的コミュニケーションの両方における情報処理に関する「能動性」を理解するために、コミュニケーションの双方向的なモデルなど多様なモデルが提示された。そして情報環境の変化による利用者の情報処理や選択肢の増大、双方向性メディアによる情報発信など、ニューメディアの能動的な利用者像が提示された（cf. 池田 1987; 宮田 1993; 川浦ら 1993 など）。

3-2　日本における「利用と満足」研究

１９７０年代、「利用と満足」研究は世界で人気を博したと述べたが、日本も例外ではなかった。１９７２年に東京で開催された国際心理学会でのエーデルステイン（Edelstein 1973）やカッツ（Katz et al. 1973）の発表は、日本のメディア研究者に強い影響を与え、「利用と満足」研究の理論枠組み、知見、方法、批判などが、日本人研究者たちによって広く紹介され（竹内 1976=1990; 岡田 1976=1992; 広井 1977）、多くの経験的調査研究が行われた。時野谷浩（1984）は、日本と欧米において得られた充足の基本的な相違点について、次のように考察している。

時野谷と林（1981）の研究では、政治に関する日本人のパーソナル・コミュニケーション充足の低さを示している。田中（1977）は日本人のコミュニケーションの特色が「他律的であり状況的」であることを述べているが、こうした表現の要求充足の相違には米国文化の個人主義と日本文化の集団志向主義の基礎にある基本的価値観の差異が横たわっている。また水野（1976）の研究では、英国と日本の子供の学習環境の相違、宮崎（1981）の研究では「日本の主婦のもつ社会的・文化的背景の相違」が結果に反映したと考えられる。また竹内（1977）、民間放送連盟（1976）などの研究では、人間関係の絆の重要性に対する再認識、人間関係の円滑化、地方文化の発見など日本的ともいえる充足が出現している。（pp. 184-185）

80年代以降新しいメディアが日本に登場すると、ニューメディアに注目した「利用と満足」研究――例えばパーソナルコンピューター（川浦ら 1989）、ケーブルテレビ（池田 1990）、テレビゲーム（宮田 1993）、携帯電話（日吉・杉山 2000）、Twitter（柏原 2011）、ビデオゲーム（井口 2013）など――が行われた。このようなニューメディアに関する「利用と満足」研究は、新しいコミュニケーション技術の機能や効用を日本人のライフスタイルの変化などとともに明らかにしている。

3－3　情報行動論と「利用と満足」研究

最後に情報行動におけるオーディエンスの能動性を理解するために、情報行動論と「利用と満足」研究との類似点と相違点について考察していく（詳細は、高橋（1997）参照のこと）。

類似点としては、両者ともオーディエンスの能動性を中心概念としており、オーディエンスの行為が目標志向的と考えられている点があげられる（「利用と満足」研究の第1の前提参照）。一方、相違点としては、ほとんどの「利用と満足」研究がある特定のメディア（たとえばテレビ番組）に限定しているのに対し、情報行動はトータルな情報環境の中でメディア接触を考慮しており、日常生活における多様なコミュニケーション行動を考慮している点がある。伊藤（1983）は西欧のコミュニケーション研究と日本の情報行動との違いについて次のように述べている。

第1の明白な相違点は、欧米の研究においては、「利用と満足」研究の場合であればメディアと人間との関わり合いのみ、パーソナル・コミュニケーションの研究の場合であれば人間と人間の関わり合いのみに焦点を当てているのに対し、日本の情報行動研究においては、メディア接触とパーソナルな接触が、「情報の流れ」という共通項を通して同時に扱われているということがある。第2の違いは、欧米、特にアメリカのコミュニケーション研究には心理学の影響が強く、コミュニケーション行動の研究の目的が心理メカニズムの解明や説明にある場合が少なくない。これに対して日本で情報行動の研究が生まれた背景には、それによって社会の情報の流通や蓄積のパターンはなぜ現在のような形になっているのか、現在のパターンは人びとの情報に対する欲求や需要のパターンに合致したものであるのか、そして情報の流通や蓄積のパターンは今後どうなっていくのか、といった問題意識が強く働いていたと思われる。そしてこうした問題意識こそ、１９６０年代後半から70年代初めにかけて日本で盛んに論じられた情報化社会論の中から生まれたものなのである。（p. 46）

このように「利用と満足」研究がメディア利用の心理学的メカニズムを理解しようとしているのに対し、情報行動論では日常生活における人びとのコミュニケーション行動全般を理解しようとしているのである。[12] 情報行動は単に1つのマス・メディア（例えば新聞やラジオ、テレビ、ビデオ）ではなく、インターネット、テレビゲーム、携帯電話などのパーソナル・メディアや多様な対人的コミュニケーション（メディアを介したコミュニケーションばかりでなく直接的なコミュニケーション）も含めている。情報社会における若者たちを理解するためには、多メディア環境における日常のルーティンや活動、家族とのコミュニケーション、そしてテレビばかりではなく、携帯電話やインターネットなど多様なメディアとの関わりを統合的に捉える必要があるのである。

注

［1］このシリーズ以外の「利用と満足」研究として、ダグラス・ワプルらの「読書は何を人びとにもたらすのか」（Waples, Berelson & Bradshaw 1940）やウィリアム・ワーナーとウィリアム・ヘンリーの「昼間の連続ドラマ——シンボリック分析」（Warner & Henry 1948）などがある。

［2］例えば映画やテレビなどのメディアを選択したり、テレビで何を見るか選択したりする。

［3］例えば、子供はテレビを娯楽、逃避、情報を得るために利用したり、テレビのキャラクターを遊びに用いるなど社会的目的のために利用する。

［4］ライリー夫妻（Riley & Riley 1951）は、「個人の意見はその人の所属集団の函数である」（Riley & Riley, 1951, p. 445）という仮説を、子供の集団関係とマスメディア習慣の見地から検証している。例えば、子供は同じテレビのキャラクターを準拠集団（reference group）によって異なって解釈する。仲間とインターパーソナルな関係のネットワークによく統合されている子供は、テレビ番組の主人公を遊びの中に用いることによって、社会的効用のために解釈しているが、比較的孤立している子供は空想化や白昼夢など、同じテレビの主人公を日常生活とは無関係に解釈

している。

[5] 例えば、カッツとデイビッド・フォークス（Katz & Foulkes 1962）は、同じ番組を見ていたとしても、個々のオーディエンスは番組を異なったやり方で利用しうるため、メディアの効果は異なった人に対して異なったものになりうると主張している。すなわち、「逃避的」と言われている番組が、逃避以外の目的のためにも利用されうるし、逆に「逃避的」と考えられていない番組が、逃避のために利用されうる場合もある。「〔番組の〕内容から利用や効果を判断するのは非常に難しい」（Katz & Foulkes 1962, p. 383）のである。

[6] エリオット（Elliott 1974）は次の4点を批判している。

(1)唯心論的（mentalistic）（実証困難な心的状態や心的過程に依拠している点）

(2)個人主義的（individualism）（個人内の過程を扱っていて個人の集合体に一般化することは可能であるかもしれないが、社会構造や社会過程の問題に適用することはできない点）

(3)経験主義的（empiricist）（方法論と社会理論の欠如）

(4)静的抽象論（static-abstraction）（方法論において社会的状況から主体を孤立させており、マスコミュニケーションの過程を他の社会的過程から孤立させている点）

エリオットは特に、最後の抽象論の問題から「利用と満足」研究は低い説明力しか持たず、マスコミュニケーションの現実の社会過程を説明するための有効性を持たないと批判している。「利用と満足」研究の他の批判に関しては高橋（2003）を参照のこと。

[7]『ダラス（Dallas）』とは、１９７８年から１９９１年の13年間にわたってアメリカで放送され、最高視聴率53・３％を記録したソープオペラである。石油で財を成し、牧場も兼ねた豪邸「サウスフォーク」に住むテキサスの大富豪ユーイング一族の物語。富と権力を欲しいままにするユーイング一族を取り巻く愛と欲望、暴力を描いたドラマである。『ダラス』はアメリカばかりではなく世界的にヒットしたが、日本では人気が出なかった。（geocities, super channel, アメリカンＴＶ＆海外ドラマ専門情報コミュニティサイトなどより）

[8] シラーは情報コミュニケーション技術の進歩によって多メディア多チャンネル化が進み、ショッピング、娯楽、バ

イオレンス（アクション）、アダルト番組などが世界的に急増し、アメリカの文化帝国主義がより一層強化されることを指摘している（１９９４年９月ニューヨーク大学での筆者の個人的なインタビューにて。cf. Schiller 1993a, 1993b）。

［９］詳細は、高橋（1997）を参照のこと。

［10］第１段階は、消化器官系（内胚葉）の機能充足をはかる食糧生産が主となる農業の時代。第２段階は、筋肉系（中胚葉）の機能充足をはかる物質・エネルギーの生産が主となる工業の時代。第３段階は、脳神経系、感覚諸器官（外胚葉）の機能の充足をはかる情報の生産が主となる情報産業の時代である。

［11］日本での情報社会論の誕生とその海外への普及については伊藤（1990）を参照のこと。

［12］例えば東京大学新聞研究所（1986）（後に東京大学社会情報研究所と改称し、２００４年東京大学大学院情報学環・学際情報学府と合併）による「『情報行動センサス』に関する予備的調査研究」において、橋元は「『情報行動』とは、多様化しつつある各種の情報媒体を利用して、様々な情報を送・受信したり、あるいはこれらの情報を処理・加工し、または蓄積するような行動形態である」（p.3）と定義づけている。そして、東京大学では１９９５年以降５年ごとに全国調査が行われ、日本人の「情報行動」の実態と変化を捉えている（東京大学社会情報研究所 1997, 2001：東京大学大学院情報学環編 2006）。

付録

リサーチ・デザイン

1　調査概要

本書は、「なぜ若者はメディアと関わるのか?」という問いを出発点としている。この問いを明らかにするために、本書では2000年以降現在に至るまで15年間におよぶ若者とメディアのエンゲージメントに関する調査データを元にしている。そして、非西欧社会である日本でのエスノグラフィーから得られた知見の文化的特殊性と普遍性を検証するために、異なる言語・文化的背景を持つ西欧諸国であるアメリカ、イギリスにおいて同一の質問項目を用いて、マルチサイト・エスノグラフィーを行った。3ヵ国を選んだ理由は、メディア先進国であり、経済・社会・政治・文化的な影響力を持つ西欧と非西欧の社会という理由の他に、文化を解釈するための文化的コードを過去の留学体験からすでにある程度習得しているというエスノグラファーである筆者自身の経験によるものである。ここでは、日本、アメリカ、イギリスの比較研究によって各々の文化の一般化をしたり差異を明らかにすることを目的としているのではなく、西欧と非西欧社会でのフィールドワークを通して普遍性と文化的特殊性について考察しながら、グローバル社会におけるメディアの社会・文化的役割を明らかにすることを目的としている。

2　フィールドワーク

日本において2000年から2010年の間に行ったフィールドワークを元にして、日本で得られた知見を検証するために、イギリスにおいて2010年4月から8月までの5ヵ月、アメリカにおいて9月から2011年3月までの7ヵ月フィールドワークを行った。イギリスでは2010年オックスフォード大学教育学部のクリス・デービス教授が率いる「デジタル・ラーニング」プロジェクト[1]に参加しながら調査を行った。このプロジェクトは、子供とメディアに関する教育学的見解から、フォーマル・ラーニングのみならず、携帯電話やインターネット、YouTubeなどの動画サイトを含めたインフォーマル・ラーニングについても研究を行っている。またアメリカではハーバード大学バークマンセンター[2]の法学者ジョン・パルフリィ教授の率いる「若者とメディア」プロジェクトに参加しながら、現地調査を行った。さらにこれらの知見を踏まえ、2012年以降も現在に至るまで日本を中心にフィールドワークを行っている。

方法論は主に詳細なインタビューと参与観察を用いた。インタビューは一回2時間以上、数回を、個人インタビューおよびフォーカス・グループ・インタビューを用いて、学校、家、寮、会社などで行った。調査項目はメディアに関する所有、利用頻度、利用場所、内容、目的、相手、時間などの項目に加え、利用者のメディアとの多様な関わりを考察する「オーディエンス・エンゲージメント（audience engagement）」（本書第2章参照）により構成されている。この調査項目は、2000年に英国ロンドンスクール・オブ・エコノミクス大学院で筆者が執筆した博士論文で作成したものを基にして、以降、メディアの進歩や国際共同研究によって発展させてきた。2007年には同大学院の社会心理学者ソニア・リビングストーン教授と行ったSNSに関する国際共同研究において、SNSに関する調査項目を付け加えた。また、2009年からは、オックスフォード大学「デジタル・ラーニング」プロジェクトならびに、ハーバード大学「若者とメディア」プロジェクトの調査項目を参照し、自身の調査項目を発展させて行った。そのためこれらの国際的共同研究により、本研究の調査項目は結果的に、社会学、社会心理学、教育学、法学など多元的な学際的な観点を含んでいる。

調査対象とするメディアは携帯電話やスマートフォン、ソーシャルメディア、インターネット、テレビ、ゲームなどひとつに限定せず、すべてのメディアを含めて、日常生活の中でメディアの役割を考察した。なぜならば日常生活において若者たちは異なるメディアと同時に、また次から次へと関わっているからである。

インタビューでは、「家庭空間におけるメディア環境」（図10－1）と「社会集団（ウチ）との心理的距離とコミュニケーション手段や頻度」（図10－2）に関して詳細に把握するために、インフォーマントたちにそれぞれ図を描いてもらった。若者とメディアに関するエンゲージメントは、インフォーマントの多様な社会的要因（グローバル経済、ローカル性、社会規範、エスニシティ、ジェンダー、教育、家族、友人関係など）とともに考察した。

3　インフォーマント

調査対象者は、主に日本、イギリス、アメリカに住む11歳から23歳までの子供や若者である。インフォーマントの選出は、異なる社会・経済的背景を持つ複数のゲートキーパーからスノーボール・サンプリングを用いた。スノーボール・サンプリングを用いた理由は、インフォーマントたちの信頼を得るためと、実際に彼らの社会的ネットワークを観察するためである。若者とメディアとの関与に関する政治・経済・社会・文化的要因の解釈をするため、同一の国の中で多様なインフォーマントによる比較と、異なる国における比較を行った。インフォーマントは多様な社会経済的要因によって構成されている（例えば、教育レベルの異なる学校、人種、ジェンダー、階

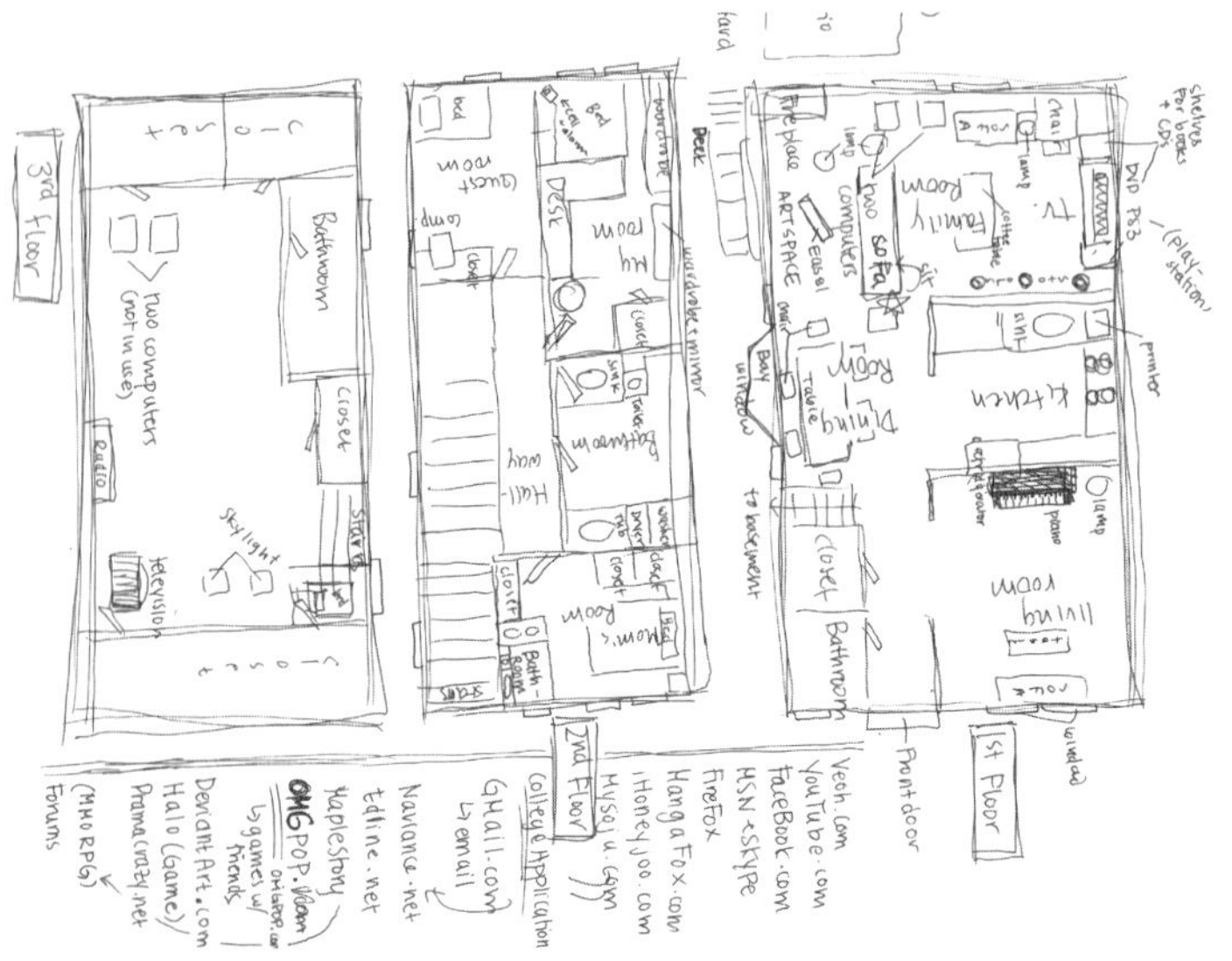

図10-1　日常生活におけるメディア環境

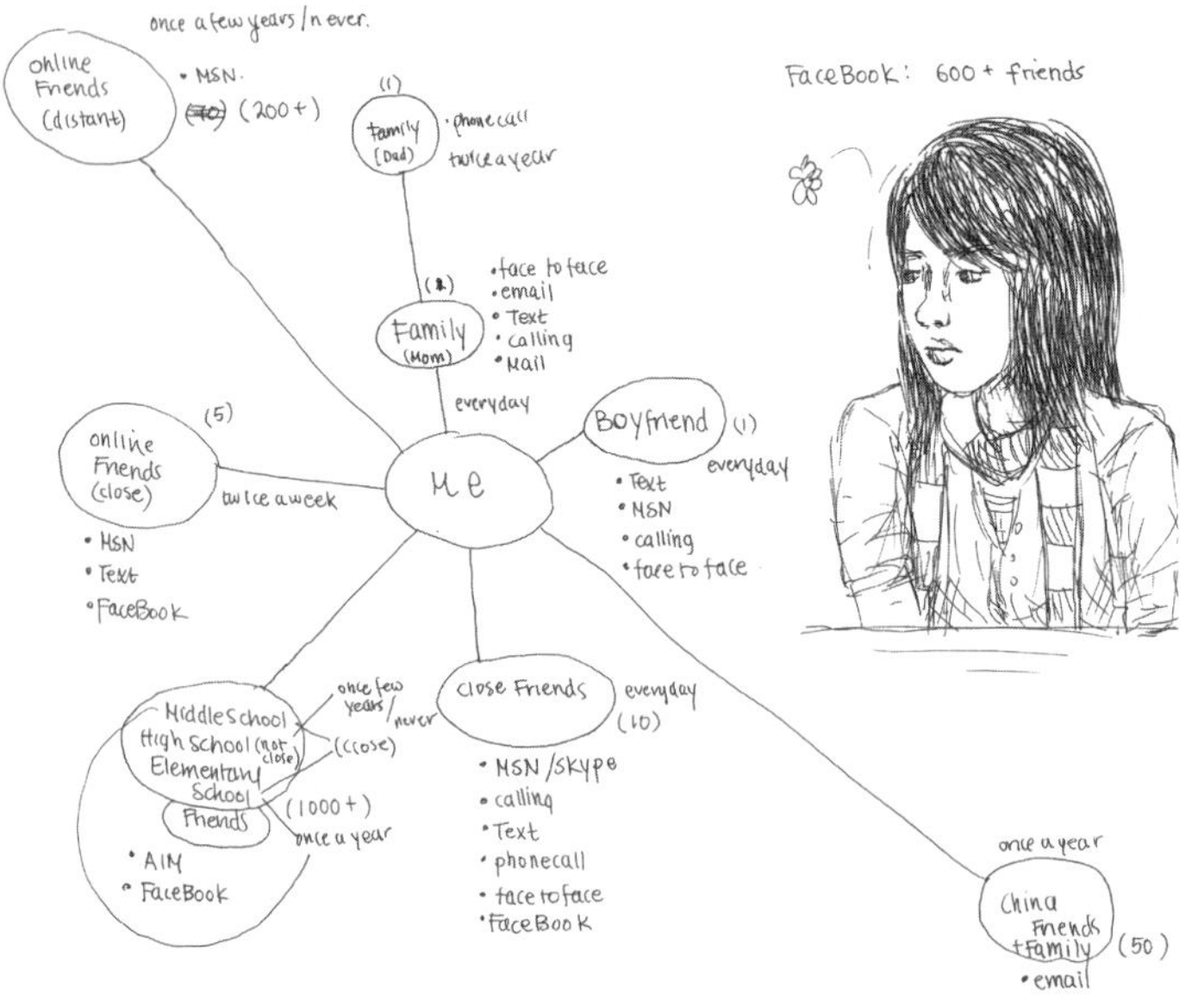

図10-2　社会集団（ウチの仲間）との心理的距離とコミュニケーション手段や頻度

級、海外経験、異なるステージの年齢、シングルマザーやシングルファーザー、核家族、大家族などの家族形態、ひとり暮らしや両親と同居、3世代同居など、また都市部や郊外、農村部など異なる居住環境など)。

具体的には、日本ではまず、2000年から2001年の間、多メディア環境に住む30家族に対してエスノグラフィーを行った(Takahashi 2003, 2009)。このフィールドワーク以降、これらのインフォーマントを時折訪ねる一方で、2007年から2008年の間、大学生15人に対してSNSに関して(Takahashi 2010)、また、2009年から2010年の間、11歳から21歳(小学生から大学生)までの24人に対してデジタル・メディアに関してエスノグラフィーを行った(Takahashi 2011)。この調査において、日本ではインターネットにアクセス可能な携帯電話が1999年から登場し、普及率も高く、インターネットは定額制料金であるため、階級やエスニシティよりもジェンダーに重きをおいた。男女比は男女それぞれ12人、また海外に行ったことのない人から帰国子女(アメリカ、イギリス、ローマ)まで多様な海外経験者を含んでいる。調査地はいずれも関東地方である。

イギリスでは12歳から23歳会社員までの22人を対象としている。イギリスでは特に階級に留意し、中産階級15人と労働者階級7人で構成されている。またジェンダーは男女それぞれ11人ずつ、エスニシティは、白人、アジア系(中国系、バングラデシュ系、インド系)、アフロカリビアン系を含んでいる。調査地はウェストロンドンからイーストロンドン、オックスフォード、イギリス南西部などである。

アメリカでも社会文化的特徴を反映するような形でインフォーマントを選出した。インフォーマントは、16歳から21歳の大学生まで23人を対象としている。アメリカでは、特に人種による差異を反映するように白人、黒人、ラテン系、アジア系移民を含んでいる。社会経済的要因においてはハウスキーパーをしているシングルマザーからプロフェッショナルの富裕層までを含んでいる。男女比は男性11人、女性12人。アメリカにおいても、海外経験のない人から生まれてから世界中を転々としている人まで多様な海外経験者を含んでいる。居住地はボストンの都市部や近郊、沿岸の町・プロビンスタウンなどである。

さらにこれらの知見を踏まえて、2012年以降は、日常生活における若者とソーシャルメディアとの重層的なエンゲージメントを明らかにし、これらのエンゲージメントから創発するチャンスとリスクについて多角的に検証するために、詳細なインタビューと参与観察を用いた定性調査、街頭調査、アンケートによる定量調査など多様な調査法を組み合わせたトライアンギュレーションによるアプローチをとっている。筆者がこれまで行ってきた日本、アメリカ、イギリスにおけるマルチサイト・エスノグラフィーの知見をアップデートするとともに、早稲田大学文化構想学部高橋利枝研究室では、「YMG（若者、メディア、グローバリゼーション）」プロジェクトと称して、毎年、アンケート調査[3]やインタビュー調査[4]をゼミ生とともに行っている。2014年には、インターネットのリスクに関して世界規模で国際比較を可能とするために、EU Kids Online 国際比較調査の調査項目を用いて調査を行った[5]。EU Kids Online プロジェクトは、リビングストーン教授を代表として、子どもとインターネットに関するステークホルダー（政府、学校、産業、非営利団体、家族など）と連携し実施されている。2006年からヨーロッパを中心に、オーストラリアやブラジルなど33ヵ国が参加している。この EU Kids Online プロジェクトは、2015年に調査項目を携帯電話やソーシャルメディアに対応したものにアップデートし、関心の広さからEU諸国ばかりでなく、対象国を全世界に広げ、Global Kids Online と名称も変更した。高橋利枝研究室では、現在も引き続き Global Kids Online のアップデートされた調査項目を用いて、日本の子どもたちを対象にフィールドワークを行っている。

4　データ分析

すべてのインタビュー・データは録音され、文字起こしされ、数千ページにもおよぶデータは筆者によって定性調査の分析方法であるグランデッド・セオリー・アプローチ（Glaser and Strauss 1968）に基づいて、幾度にもわたってコーディングが繰り返され、分析が行われた。異なった文化的・社会的背景から得られた異なった言語によるデータは、この一連のコーディングの過程において、インフォーマントの文化的・社会的文脈においてそれの持つ意味を探りだすために用いられ、文化的特殊性と普遍性についての分析が行われた。データの分析や解釈では筆者自身が行った調査データに加え、同一調査項目を用いたリサーチアシスタントや学生調査員によるインタビュー、他の研究者や調査機関などによるデータ、他の社会や文化から得たデータも参照している。また、インフォーマントのプライバシーを守るため、本文中ではほとんどの場合仮名を用いている。

■注

［1］教育の情報化に関する英国政府（Becta：British Educational Communications and Technology Agency）の支援によるプロジェクト名は以下の通り。The Learner in their Context - Research in support of the Government's Harnessing Technology Strategy.

［2］現在は the Berkman Klein Center for Internet & Society at Harvard Law School

［3］２０１３年には高校生１００名（男女50名ずつ）と大学生１００名（男女50名ずつ）の計２００名を対象としたアンケート調査（２０１３年8月実施）を行った。このアンケート調査では、グローバル化、デジタル化における若者のメディアとのエンゲージメントを捉えるために、携帯電話とソーシャルメディアに関する情報行動、デジタル・リテラシー、リスク、グローバル人材に関する調査項目を含んでいる。

［4］２０１３年には日本人大学生46名、２０１４年には高校生と大学生男女（15歳～23歳）46名、２０１５年には、15歳から23歳までの男女25名に対して詳細なインタビュー調査を実施した。

［5］このEU Kids Online の調査票を用いた定量調査ならびにフォーカスグループインタビューの調査対象者は、私立

男子高校1年生と2年生47名、定量調査のみの対象者は、公立小学校6年生77名（男子44名、女子34名）である。
EU Kids Online の調査項目は以下のウェブサイトで紹介されている。http://www.lse.ac.uk/media@lse/research/EUKidsOnline/Home.aspx （アクセス：２０１６年5月28日）

Trowler, P. (1996) *Investigating Mass Media*. London: Collins Educational.
Turkle, S. (2011) *Alone Together: Why We Expect More from Technology and Less from Each Other*. New York: Basic Books.
梅棹忠夫『情報の文明学』中央公論社, 1988年.
Urry, J. (2003) *Global Complexity*. Cambridge: Polity. 吉原直樹, 伊藤嘉高, 板倉有紀訳『グローバルな複雑性』叢書・ウニベルシタス, 2014年.
Waldrop, M.M. (1992) *Complexity: The Emerging Science at the Edge of Order and Chaos*. London: Penguin Books. 田中三彦, 遠山峻征訳『複雑系』新潮社, 1996年.
Walker, J.R., and Bellamy, R.V. (1991) 'Gratifications of Grazing: An Exploratory Study of Remote Control Use'. *Journalism Quarterly* 68: 422–431.
Waples, D., Berelson, B. and Bradshaw, F.R. (1940) *What Reading Does to People*. Chicago: University of Chicago Press.
Warner, W.L., and Henry, W.E. (1948) 'The Radio Day Time Serial: A Symbolic Analysis'. *Genetic Psychology Monographs* 37: 3–71.
Warschauer, M. (2003) *Technology and Social Inclusion: Rethinking the Digital Divide*. Cambridge, MA:MIT Press.
Wiener, N. (1948) *Cybernetics, or Control and Communication in the Animal and the Machine*. Cambridge: Technology Press. 池原止戈夫他共訳『サイバネティックス――動物と機械における制御と通信』岩波書店, 1962年.
Williams, R. (1983) *Key Words: a Vocabulary of Culture and Society, Revised Version*. London: Harper Collins. 椎名美智, 武田ちあき, 越智博美, 松井優子訳『完訳 キーワード辞典』平凡社ライブラリー, 2002年.
Willis, P. (2000) *The Ethnographic Imagination*. Cambridge: Polity Press.
山下晋司「観光の時間, 観光の空間　新しい地球の認識」井上俊, 上野千鶴子, 大澤真幸, 見田宗介, 吉見俊哉編『時間と空間の社会学』岩波書店, 1996a年.
山下晋司『観光人類学』新曜社, 1996b年.
山本七平『空気の研究』文藝春秋, 1977年.
四方田犬彦『「かわいい」論』筑摩書房, 2006年.
米沢富美子『複雑さを科学する』岩波書店, 1995年.
吉田民人「情報科学の構想」吉田民人, 加藤秀俊, 竹内郁郎編『社会的コミュニケーション』培風館, 1967年.
――――『情報と自己組織性の理論』東京大学出版会, 1990年.
吉田民人・鈴木正仁編著『自己組織性とは何か』ミネルヴァ書房, 1995年.
吉見俊哉『ポスト戦後社会』岩波新書, 2009年.
吉野耕作『文化ナショナリズムの社会学』名古屋大学出版会, 1997年.

the Global Age'. *New Media and Society* 12(3): 453–475.
——— (2011) 'Japanese Youth and Mobile Media'. In Thomas, M (ed.) *Deconstructing Digital Natives*. NY and London: Routledge.
——— (2014) 'Youth, Social Media and Connectivity in Japan'. In Seargeant, P. and C. Tagg (eds.) "*The Language of Social Media: Community and Identity on the Internet*". Palgrave.
——— (2016) "Creating the Self in the Digital Age: Young People and Mobile Social Media". In Digital Asia Hub (ed.) "*The Digital Good Life in Asia's 21st Century*". Hong Kong.
高橋利枝, 本田量久, 寺島拓幸「デジタルネイティブとオーディエンスエンゲージメントに関する一考察——デジタルメディアに関する大学生調査より」『立教大学応用社会学研究』50号, 2008年, 71–92頁.
竹内郁郎「『利用と満足』研究の現況」『現代社会学』5号, 1976年, 87–114頁.（竹内郁郎『マス・コミュニケーションの社会理論』東京大学出版会, 1990年に収録）
———（マスコミ受容過程研究会）「テレビ視聴者参加番組における『利用と満足』の実態」『東京大学新聞研究所紀要』25号, 1977年, 92–201頁.
———『マス・コミュニケーションの社会理論』東京大学出版会, 1990年.
田中義久「マス・コミュニケーションの社会学」『新聞学評論』26号, 1977年, 73–105頁.
Tapscott, D. (2008) *Grown up digital: How the net generation is changing your world*. New York: McGraw-Hill. 栗原潔訳『デジタルネイティブが世界を変える』翔泳社, 2009年.
The Economist (2011) *Turning Japanese*. http://www.economist.com/printedition/2011-07-30（アクセス, 2016年7月3日）
The United Nations Educational, Scientific and Cultural Organization (2011) *Media and Information Literacy Curriculum for Teachers*. 和田正人, 森本洋介監訳『教師のためのメディア・情報リテラシーカリキュラム』国際連合教育科学文化機関, 2014年, 17頁. http://unesdoc.unesco.org/images/0019/001929/192971jpn.pdf（アクセス：2016年5月14日）
The United Nations Educational, Scientific and Cultural Organization "Media and Information Literacy", 'Communication and Information', http://www.unesco.org/new/en/communication-and-information/media-development/media-literacy/mil-as-composite-concept/（アクセス：2015年8月29日）
Thompson, J.B. (1995) *The Media and Modernity*. Cambridge: Polity Press.
Thomas, M. (ed.), (2011) *Deconstructing Digital Natives*. NY and London: Routledge.
Toffler, A. (1984) 'The Foreword "Science and Change"'. In I. Prigogine and I. Stengers (eds.), *Order out of Chaos: Man's New Dialogue with Nature*. New York: Bantam Books. 伏見康治, 伏見譲, 松枝秀明訳『混沌からの秩序』みすず書房, 1987年.
時野谷浩「1970年代以降の日本におけるマス・コミュニケーションの理論的・実証的研究史——利用満足研究を中心として」『新聞学評論』33号, 1984年, 179–190頁.
時野谷浩・林建彦「政治的コミュニケーションの『利用と満足』」『総合ジャーナリズム研究』No. 95, No. 96, 1981年.
Tomlinson, J. (1999) *Globalization and Culture*. Cambridge: Polity Press. 片岡信訳『グローバリゼーション　文化帝国主義を超えて』青土社, 2000年.
東京大学社会情報研究所編『日本人の情報行動』東京大学出版会, 1997年.
———『日本人の情報行動』東京大学出版会, 2001年.
東京大学大学院情報学環編『日本人の情報行動』東京大学出版会, 2006年.
東京大学新聞研究所情報行動研究会『「情報行動コンセンサス」に関する予備的調査研究』東京大学新聞研究所, 1986年.

総務省『放送分野における青少年とメディア・リテラシーに関する調査研究会報告書』, 2000年.http://www.soumu.go.jp/main_sosiki/joho_tsusin/top/hoso/pdf/houkokusyo.pdf（アクセス：2015年8月29日）
総務省情報通信政策研究所『平成25年度情報通信メディアの利用時間と情報行動に関する調査』, 2014年.http://www.soumu.go.jp/iicp/chousakenkyu/data/research/survey/telecom/2014/h25mediariyou_1sokuhou.pdf （アクセス：2015年8月29日）
———『青少年のインターネット利用と依存傾向に関する調査』, 2013年.http://www.soumu.go.jp/iicp/chousakenkyu/data/research/survey/telecom/2013/internet-addiction.pdf （アクセス：2015年8月29日）
Steger, M.B. (2003) *Globalization*. Oxford: Oxford University Press. 櫻井公人, 櫻井純理, 高嶋正晴『グローバリゼーション』岩波書店, 2005年.
Steinfatt T.M. (2009) 'High-context and low-context communication'. In S.W. Littlejohn and K. Foss (eds.) *Encyclopedia of Communication Theory*. Thousand Oaks, CA: Sage.
菅谷明子『メディア・リテラシー——世界の現場から』岩波新書, 2000年.
Sugimoto, Y. (1997) *An Introduction to Japanese Society*. Cambridge: Cambridge University Press.
鈴木謙介『ウェブ社会の思想——“遍在する私”をどう生きるか』日本放送出版協会, 2007年.
鈴木みどり「時代の要請としてのメディア・リテラシー」鈴木みどり編『メディア・リテラシーを学ぶ人のために』世界思想社, 1997年.
Systemic Risk Centre and London School of Economics and Political Science (2015) *Frontiers of Financial Research and Future Financial and Economic Challenges*, Tokyo, September 8.
高橋利枝「情報化と情報行動」田崎篤郎, 船津守編『社会情報論の展開』北樹出版, 1997年.
———「オーディエンス研究におけるアクティブ－パッシブ論争を越えて——二項対立の限界」,『マス・コミュニケーション研究』53号, 1998年, 137–152頁.
———「初期効果研究の批判と展開」田崎篤郎, 児島和人編『マス・コミュニケーション効果研究の展開（改訂新版）』北樹出版, 2003年.
———「オーディエンスの能動性」花田達朗, 吉見俊哉編『社会情報学ハンドブック』, 東京大学出版会, 2004年.
———「オーディエンス・エンゲージメント——グローバル社会におけるメディアのエスノグラフィー」,『立教大学応用社会学研究』49号, 2007年, 53–71頁.
———「グローバリゼーションと文化的アイデンティティ」伊藤陽一, 河野武司編『ニュース報道と市民の対外国意識』慶應義塾大学出版会, 2008年.
———「『グローバリゼーション』とは何か」高校生のための社会学編集委員会編『高校生のための社会学－未知なる日常への冒険－』ハーベスト社, 2009年.
———「デジタル・ネイティヴと日常生活——若者とSNSに関するエスノグラフィー」『情報通信学会誌』92号, 2009年, 15–28頁.
Takahashi, T. (2003) *Media, Audience Activity and Everyday Life —— The Case of Japanese Engagement with Media and ICT ——* . Doctoral Dissertation. The London School of Economics and Political Science, University of London.
——— (2008) 'Japanese Young People, Media and Everyday Life: Towards the Internationalizing Media Studies'. In K. Drotner and S. Livingstone (eds.) *International Handbook of Children, Media and Culture*. London: Sage.
——— (2009) *Audience Studies: A Japanese Perspective*. London and NY: Routledge.
——— (2010) 'MySpace or Mixi? Japanese Engagement with SNS (Social Networking Sites) in

櫻井孝昌『世界カワイイ革命』PHP研究所, 2009年.

産経ニュース「幼児にたばこ吸わせた疑い　父親の無職男ら逮捕」2015年11月17日.http://www.sankei.com/affairs/news/151116/afr1511160042-n1.html　（アクセス：2016年1月6日）

佐藤尚之（2011）『明日のコミュニケーション』アスキー新書.

佐藤毅「イギリスにおけるマス・コミュニケーション研究」『放送学研究』34号, 1984年, 167-199頁.

――――『マスコミの受容理論』法政大学出版局, 1990年.

Scannell, P. (ed.) (1991) *Broadcast Talk*. London: Sage.

Schiller, H.I.(1979) 'Transnational Media and National Development'. In K. Nordenstreng and H.I. Schiller (eds.), *National Sovereignty and International Communication*. Norwood: Ablex.

―――― (1992) *Mass Communications and American Empire*. Boulder: Westview Press.

―――― (1993a) 'Highway Robbers'. *The Nation* 257 (21): 753.

―――― (1993b) 'The "Information Highway": Public Way or Private Road?' *The Nation* 257 (2): 64-66.

Schramm, W., Lyle, J. and Parker, E.B. (1961) *Television in the Lives of Our Children*. Stanford: Stanford University Press.

Schroeder, K.C. (1987) 'Convergence of Antagonistic Traditions? The Case of Audience Research'. *European Journal of Communication* 2 (1): 7-31.

Seaman, W.R. (1992) 'Active Audience Theory — Pointless Populism'. *Media Culture and Society* 14 (2): 301-311.

Selwyn, N. (2003) 'Doing IT for the kids: Re-examining children, computers and the "information society"'. *Media, Culture & Society* 25: 351-378.

―――― (2009) 'The digital native — myth and reality'. *Aslib Proceedings* 61(4): 364-379.

Severin, W.J. and Tankard, J.W. (1992) *Communication Theories : Origins, Methods, and Uses in the Mass Media*. New York & London: Longman.

Shah and Abraham (2009) '*Digital Natives with a Cause?*" India: the Center for Internet & Society.

Shannon, C., and Weaver, W. (1949) *The Mathematical Theory of Communication*. Urbana: University of Illinois Press. 長谷川淳, 井上光洋訳『コミュニケーションの数学的理論』明治図書出版, 1969年.

執行文子「東日本大震災・ネットユーザーはソーシャルメディアをどのように利用したのか」『放送研究と調査』, 2011年, 2-13頁.https://www.nhk.or.jp/bunken/summary/research/report/2011_08/20110801.pdf　（アクセス：2016年1月3日）

Shin, D. H. (2011) 'Understanding e-book users: Uses and gratification expectancy model'. *New Media & Society* 13: 260-278.

Silverstone, R. (1994) *Television and Everyday Life*. London: Routledge.（第1章のみ土橋臣吾, 伊藤守訳「テレビジョン, 存在論, 移行対象」吉見俊哉編『メディア・スタディズ』せりか書房, 2000年.）

――――. (1999) *Why Study the Media?* London: Sage. 吉見俊哉, 伊藤守, 土橋臣吾『なぜメディア研究か：経験・テクスト・他者』せりか書房, 2003年.

Spigel, L. (1992) *Make Room for TV*. Chicago: Chicago University Press.（第1章のみ山口誠部分訳「経験的オーディエンス研究の政治性について」吉見俊哉編『メディア・スタディズ』せりか書房, 2000年.）

――――. (2001) *Welcome to the Dreamhouse*. Durham: Duke University Press.

tives. New York: Basic Books.
———— (2011) 'Reclaiming an Awkward Term: What We might Learn from "Digital Natives"'. In Thomas, M (ed.) *Deconstructing Digital Natives.* NY and London: Routledge.
Prensky, M. (2001a) 'Digital Natives, digital immigrants'. *On the Horizon* 9(5). Retrieved September 10, 2010, from http://www.marcprensky.com/writing/Prensky%20-%20Digital%20Natives,%20Digital%20Immigrants%20-%20Part1.pdf （アクセス：2015年8月29日）
———— (2001b) 'Digital Natives, digital immigrants Part II: Do they really think differently?' *On the Horizon* 9(6): 1–6.
———— (2011) 'Digital Wisdom and Homo Sapiens Digital'. In Thomas, M (ed.) *Deconstructing Digital Natives.* NY and London: Routledge.
Pieterse, J.N. (1995) 'Globalization as Hybridization'. In M. Featherstone, S. Lash and R. Robertson (eds.), *Global Modernities.* London: Sage.
Pink, S., Horst, H., Postill, J., Hjorth, L., Lewis, T., and J. Tacchi (2015) *Digital Ethnography: Principles and Practice.* London: Sage.
Prigogine, I., and Stengers, I. (1984) *Order out of Chaos: Man's New Dialogue with Nature.* New York: Bantam Books. 伏見康治，伏見譲，松枝秀明訳『混沌からの秩序』みすず書房，1987年.
Radway, J. (1983) 'Women Read the Romance: The Interaction of Text and Context'. *Feminist Studies* 9(1): 53–78.
———— (1984) *Reading the Romance: Women, Patriarchy and Popular Literature.* Chapel Hill: University of North Carolina Press.
Riley, M.W., and Riley, J.W. (1951) 'A Sociological Approach to Communication Research'. *Public Opinion Quarterly* 15(3): 445–460.
Robertson, R. (1995) 'Glocalization: Time-Space and Homogeneity-Heterogeneity'. In M. Featherstone, S. Lash and R. Robertson (eds.), *Global Modernities.* London: Sage.
Rogers, E.M. (1986) *Communication Technology.* New York: The Free Press. 安田寿明訳『コミュニケーションの科学——マルチメディア社会の基礎理論』共立出版，1992年.
Rogers, E.M., and Kincaid, D.L. (1981) *Communication Networks: Towards a New Paradigm for Research.* New York: Free Press.
Rosengren, K.E. (1983) 'Communication Research: One Paradigm, or Four?' *Journal of Communication* 33:185–207.
Rosengren, K.E., and Windahl, S. (1972) 'Mass Media Consumption as a Functional Alternative'. In D. McQuail (ed.), *Sociology of Mass Communications.* London: Penguin Books. 時野谷浩訳『マス・メディアの受け手分析』誠信書房，1979年.
Ruano-Borbalan. J.-C. and Allemand, S. (2002) *La Mondialisation.* Editions Le Cavalier Bleu. 杉村昌昭訳『グローバリゼーションの基礎知識』作品社，2004年.
Rubin, A.M., and Bantz, C.R. (1989) 'Uses and Gratifications of Videocassette Recorders'. In J.L. Salvaggio and J. Bryant (eds.), *Media Use in the Information Age: Emerging Patterns of Adoption and Consumer Use.* Hillsdale, NJ: Lawrence Erlbaum Associates.
Rubin, A.M., and Perse, E.M. (1987) 'Audience Activity and Television News Gratifications'. *Communication Research* 14: 58–84.
坂本旬「『メディア・リテラシー教育』とは何か」坂本旬，中村正敏，高橋恭子，村上郷子，中山周治『メディア・リテラシー教育の挑戦』アドバンテージサーバー，2009年.
————「異文化間コミュニケーションを中心としたメディア情報リテラシー教育の創造」『法政大学キャリアデザイン学部紀要』，2013年.

水野博介「子供がテレビから得ている充足について」『年報社会心理学』18号, 1977年, 187-208頁.
Modleski, T. (1982) *Loving with a Vengeance: Mass-Produced Fantasies for Women*. London: Routledge.
Morley, D. (1980) *The 'Nationwide' Audience: Structure and Decoding*. London: British Film Institute.
——— (1986) *Family Television*. London: Comedia.
——— (1988) 'Domestic Relations: The Framework of Family Viewing in Great Britain'. In J. Lull (ed.), *World Families Watch Television*. London: Sage.
——— (1992) *Television, Audiences and Cultural Studies*. London: Routledge.
——— (2006) 'Unanswered Questions in Audience Research'. *The Communication Review* 9:101-121.
Morley, D., and Robins, K. (1995) *Spaces of Identity: Global Media, Electronic Landscapes and Cultural Boundaries*. London: Routledge.
村上郷子「メディア・リテラシー教育の磁場——民主的なコミュニケーションの構築に向けて」坂本旬, 中村正敏, 高橋恭子, 村上郷子, 中山周治『メディア・リテラシー教育の挑戦』アドバンテージサーバー, 2009年.
内閣府「平成25年度　青少年のインターネット利用環境実態調査」2014年.　http://www8.cao.go.jp/youth/youth-harm/chousa/h25/net-jittai/pdf-index.html（アクセス：2015年1月3日）
中井孝章「子どもの自己承認欲求と親からの期待と承認の関連性——ポストヒューマニズムの立場からの子ども研究」『大阪市立大学生活科学研究誌』第6巻, 2007年, 113-137頁.
中根千枝『タテ社会の人間関係——単一社会の理論』講談社現代新書, 1967年.
中野収『現代人の情報行動』NHKブックス, 1980年.
仲島一朗・姫野桂一・吉井博明「移動電話の普及とその社会的意味」『情報通信学会誌』16(3)号, 1999年, 79-92頁.
日本経済新聞『特集 「C世代」と拓く新世界（C世代駆ける）』2012年1月8日, 7頁.
日本民間放送連盟放送研究所『番組特性調査の開発中間報告書』日本民間放送連盟放送研究所, 1976年.
日本再建イニシアティブ『人口蒸発「5000万人国家」日本の衝撃』新潮社, 2015年.
西垣通『基礎情報学』NTT出版, 2004年.
NTTdocomo (2015) Children's Use of Mobile Phones: a Special Report 2014. http://www.gsma.com/publicpolicy/wp-content/uploads/2012/03/GSMA_Childrens_use_of_mobile_phones_2014.pdf （アクセス：2015年11月21日）
村上郷子「メディア・リテラシー教育の磁場——民主的なコミュニケーションの構築に向けて」『メディア・リテラシー教育の挑戦』アドバンテージサーバー, 2009年.
大江健三郎「テロへの反撃を超えて」『朝日新聞』2004年4月13日, 36頁.
大江健三郎, 小沢征爾「21世紀への対話　世界水準の個を求めて」『読売新聞』2000年9月9日, 16頁.
岡田直之「『メディア利用と欲求充足』研究の現状と問題点：その論理的考察」『成城文藝』76号, 1976年, 1-22頁.（岡田直之『マスコミ研究の視座と課題』東京大学出版会, 1992年に収録）
———『マスコミ研究の視座と課題』東京大学出版会, 1992年.
横幹〈知の統合〉シリーズ編集委員会（集）『カワイイ文化とテクノロジーの隠れた関係』東京電機大学出版局, 2016年.
Palfrey, J., and Gasser, U. (2008) *Born digital: Understanding the first generation of Digital Na-*

267-275.
Levy, M.R., and Windahl, S. (1985) 'The Concept of Audience Activity'. In K.E. Rosengren, L.A. Wenner and P. Palmgreen (eds.), *Media Gratifications Research: Current Perspectives*. Beverly Hills, CA: Sage.
Liebes, T., and Katz, E. (1990) *The Export of Meanings*. Oxford: Oxford University Press.
Livingstone, S. (1998) 'Relationships between Media and Audiences: Prospects for Future Research'. In T. Liebes and J. Curran (eds.), *Media, Culture, Identity: Essays in Honor of Elihu Katz*. London: Routledge.
——— (2008) 'Internet literacy: Young people's negotiation of new online opportunities'. In T. McPherson (ed.), *Unexpected outcomes and innovative uses of digital media by youth*. Cambridge: The MIT Press.
——— (2009) *Children and the Internet*. Cambridge: Polity Press.
Livingstone, S., and Lunt, P. (1994) *Talk on Television: Audience Participation and Public Debate*. London: Routledge.
Lorenz, E. (1993) *The Essence of Chaos*. London: University of Washington Press. 杉山勝, 杉山智子訳『カオスのエッセンス』共立出版, 1997年.
Lull, J. (1988) *World Families Watch Television*. London: Sage.
——— (1990) *Inside Family Viewing*. London: Routledge.
——— (1991) *China Turned On: Television, Reform, and Resistance*. London: Routledge. 田畑光永訳『テレビが中国を変えた』岩波書店, 1994年.
——— (2000) *Media, Communication, Culture*. Cambridge: Polity Press.
——— (2001) 'Superculture for the Communication Age'. In J. Lull (ed.), *Culture in the Communication Age*. London: Routledge.
Maccoby, E. (1954) 'Why Do Children Watch Television?' *Public Opinion Quarterly* 18 (3): 239-244.
Mandelbrot, B.B. (1983) *The Fractal Geometry of Nature*. New York: W.H. Freeman and Company. 広中平祐監訳『フラクタル幾何学』日経サイエンス社, 1985年.
Marcus, G. (1998) *Ethnography through Thick & Thin*. New Jersey: Princeton University Press.
正高信男『ケータイを持ったサル』中公新書, 2003年.
Masterman, L. (1995) 'Media Education: Eighteen Basic Principles'. *Mediacy* 17(3).
McQuail, D. (1994) *Mass Communication Theory: An Introduction,* London: Sage. 竹内郁郎他訳『マス・コミュニケーションの理論』新曜社, 1985年.
McQuail, D., Blumler, J.G. and Brown, J.R. (1972) 'The Television Audience: A Revised Perspective'. In D. McQuail (ed.), *Sociology of Mass Communications*. London: Penguin Books. 時野谷浩訳『マス・メディアの受け手分析』誠信書房, 1979年.
三上俊治『情報環境とニューメディア』学文社, 1991年.
———『メディアコミュニケーション学への招待』学文社, 2004年.
三村忠史, 倉又俊夫『デジタルネイティブ――次代を変える若者たちの肖像』NHK出版, 2008年.
宮田加久子『電子メディア社会』誠信書房, 1993年.
Miyazaki, T. (1981) 'Housewives and Daytime Serials in Japan'. *Communication Research* 8 (3): 323-342.
水越伸『デジタル・メディア社会』岩波書店, 2002年.
水越伸, NHK「変革の世紀」プロジェクト編『NHKスペシャル　変革の世紀II　インターネット時代を生きる』NHK 出版, 2003年.

Katz, E., and Foulkes, D. (1962) 'On the Use of the Mass Media as "Escape": Clarification of a Concept'. *Public Opinion Quarterly* 26 (3): 377–388.「『逃避』としてのマス・メディアの利用」『CBSレポート』1963年1, 2月号.
Katz, E., Gurevitch, M. and Hass, H. (1973) 'On the Use of the Mass Media for Important Things'. *American Sociological Review* 38. (Reprinted in Studies of Broadcasting 9:31–f65.)
河合隼雄監修『日本のフロンティアは日本の中にある――自立と協治で築く新世紀』講談社. (21世紀日本の構想「日本のフロンティアは日本の中にある――自立と協治で築く新世紀」http://www.kantei.go.jp/jp/21century/houkokusyo/1s.pdf （アクセス：2015年8月29日））
川浦康至, 川上善郎, 池田謙一, 吉川良治「パソコン通信の社会心理学」『情報通信学会誌』24号, 1989年, 116–124頁.
――――『電子ネットワーキングの社会心理』誠信書房, 1993年.
警察庁「平成27年上半期の出会い系サイト及びコミュニティサイトに起因する事犯の現状と対策について」2015年, 10月15日.https://www.npa.go.jp/cyber/statics/h27/h27_1.pdf （アクセス：2015年11月23日）
木村忠正『デジタルネイティブの時代――なぜメールをせずに「つぶやく」のか』平凡社新書, 2012年.
北村日出夫『情報行動論――人間にとって情報とは何か』誠文堂新光社, 1970年.
Klapper, J. T. (1960) *The Effects of Mass Communication*, New York: Free Press. NHK放送学研究室訳『マス・コミュニケーションの効果』日本放送出版協会, 1966年.
小林道憲『複雑系の哲学』麗澤大学出版会, 2007年.
児島和人『マス・コミュニケーション受容理論の展開』東京大学出版会, 1993年.
Kotler, P., Kartajaya, H., and Setiawan, I. (2010) *Marketing 3.0: From Products to Customers to the Human Spirit*. New Jersey: Wiley. 恩藏直人監訳, 藤井清美訳『コトラーのマーケティング3.0 ――ソーシャルメディア時代の新法則』朝日新聞出版, 2010年.
Lash, S. (1994) 'Reflexivity and its Doubles: Structure, Aesthetics, Community'. In U. Beck, A. Giddens and S. Lash (eds.), *Reflexive Modernization: Politics, Tradition and Aesthetics in the Modern Social Order*. Cambridge: Polity Press. 松尾精文, 小幡正敏, 叶堂隆三訳「再帰性とその分身」『再帰的近代化』而立書房, 1997年.
Lankshear, C., and Knobel, M. (2008) 'Introduction'. In C. Lankshear and M. Knobel (eds.) *Digital Literacies-Concepts, Policies and Practices*. New York: Peter Lang.
Lazarsfeld, P. F. (1940) *Radio and the Printed Page*. New York: Duell, Sloan and Pearce.
Lazarsfeld, P. F., and Stanton, F.N. (1944) *Radio Research 1942–1943*. New York: Duell, Sloan and Pearce.
Lazarsfeld, P. F., and Stanton, F.N. (1949) *Communications Research 1948–1949*. New York: Harper and Brothers.
Levi-Strauss. (1966) *The Savage Mind*. London: Weidenfeld and Nicolson. 大橋保夫訳『野生の思考』みすず書房, 1976年.
Levy, M.R. (1979) 'Watching TV News as Para-social Interaction'. *Journal of Broadcasting* 23: 69–80.
―――― (1980) 'Home Video Recorders: A User Survey'. *Journal of Communication* 30 (4): 23–25.
―――― (1983) 'Conceptualizing and Measuring Aspects of Audience "Activity"'. *Journalism Quarterly* 60: 109–114.
―――― (1987) 'VCR Use and the Concept of Audience Activity'. *Communication Quarterly* 35:

tions on Intimacy at a Distance'. *Psychiatry* 19: 215-229.
広井脩「最近の利用満足研究――その現況と問題点」『新聞学評論』26号, 1977年.
井口 貴紀「現代日本の大学におけるゲームの利用と満足――ゲームユーザー研究の構築に向けて」『情報通信学会誌』31(2)号, 2013年, 67-76頁.
池田謙一「情報行動論試論――その理論的可能性の検討」『東京大学新聞研究所紀要』36号, 1987年, 55-115頁.
――――「情報行動の基礎理論」『昭和62年度情報通信学会年報』1988年, 27-50頁.
――――「ニューメディアの利用と満足」竹内郁郎他編『ニューメディアと社会生活』東京大学出版会, 1990年, 141-165頁.
生貝直人「検索の削除基準オープンに」朝日新聞『忘れられる権利』2015年8月28日朝刊, 17頁.
今田高俊『自己組織性――社会理論の復活』創文社, 1986年.
――――「複雑系とポストモダン――自己組織性論の視点から」今田高俊, 鈴木正仁・黒石晋編著『複雑系を考える』ミネルヴァ書房, 2001年.
――――『社会生活からみたリスク』岩波書店, 2007年.
インプレスR&D『LINE利用動向調査報告書2013』www.impressrd.jp/news/121127/LINE（アクセス：2015年8月29日）
伊藤陽一「情報化社会論の新展開」『慶應義塾大学法学研究』56(8)号, 1983年, 29-51頁.
――――「情報社会論」有吉広介, 伊藤陽一, 小玉敏彦, 小川博, 田中伯知編著『コミュニケーションと社会』芦書房, 1990年.（公文俊平編『リーディングス情報社会』NTT出版, 2003年に収録）
――――「グローバル時代の情報交流」『情報通信学会誌』25(1)号, 2007年, 1-12頁.
――――「社会的圧力としての『空気』」, 小川（西秋）葉子, 川崎賢一編著『〈グローバル化〉の社会学』恒星社厚生閣, 2010年.
伊豫谷登士翁（2002）『グローバリゼーションとは何か』平凡社新書.
Jensen, K.B., and Rosengren, K.E. (1990) 'Five Traditions in Search of the Audience'. *European Journal of Communication* 5 (2-3): 207-238.
Jenkins, H. et al. (2009) *Confronting and Challenges of Participatory Culture: Media Education for the 21st Century*. The John D. and Catherine T. MacArthur Foundation Reports on Digital Media and Learning: Cambridge MA: MIT Press.
Jarvis,J.（2011）*Public Parts: How Sharing in the Digital Age Improves the Way We Work and Live*. New York: Simon & Schuster. 小林弘人監訳, 関美和訳『パブリック――開かれたネットの価値を最大化せよ』NHK出版, 2011年.
Jones, C. (2011) 'Students, the Net Generation, and Digital Natives: Accounting for Educational Change'. In Thomas, M (ed.) *Deconstructing Digital Natives*. NY and London: Routledge.
柏原 勤「Twitterの利用動機と利用頻度の関連性：「利用と満足」研究アプローチからの検討」『慶應義塾大学大学院社会学研究科紀要』72号, 2011年, 89-107頁.
加藤秀俊『情報行動』中央新書, 1972年.
加藤周一「日本文化の雑種性」『思想』1955年6月, 5-17頁.
Katz, E. (1959) 'Mass Communication Research and the Study of Popular Culture: An Editorial Note on a Possible Future for this Journal'. *Studies in Public Communication* 2: 1-6.
―――― (1980) 'On Conceptualizing Media Effects'. *Studies in Mass Communication* 1: 119-141.
Katz, E., Blumler, J.G. and Gurevitch, M. (1974) 'Utilization of Mass Communication by the Individual'. In J.G.Blumler and E.Katz (eds.), *The Uses of Mass Communications: Current Perspectives on Gratifications Research*. Beverly Hills, CA: Sage.

——— (1982) 'The Rediscovery of "Ideology": Return of Repressed in Media Studies'. In M. Gurevitch, T. Bennet, J. Curran and J. Woolacott (eds.), *Culture, Society and the Media*. London: Methuen.
——— (1992a) 'The Question of Cultural Identity'. In S. Hall, D. Held and A. McGrew (eds.), *Modernity and its Futures*. Cambridge: Polity Press.
——— (1992b) 'The West and the Rest: Discourse and Power'. In S. Hall and B. Gieben (eds.), *Formations of Modernity*. Cambridge: Polity Press.
——— (1996) 'Introduction: Who Needs Identity?' In S. Hall and P. du Gay (eds.), *Questions of Cultural Identity*. London: Sage. 宇波彰訳『カルチュラル・アイデンティティの諸問題』大村書店, 2001年.
濱口恵俊「国際化の中の日本文化」井上俊他編『日本文化の社会学』岩波書店, 1996年.
———『日本社会とは何か――複雑系のパラダイムより』NHKブックス, 1998年.
花田達朗『公共圏という名の社会空間』木鐸社, 1996年.
Hall, S. (1996) 'Introduction: Who Needs Identity?' In S. Hall and P. du Gay (eds.), *Questions of Cultural Identity*. London: Sage. 宇波彰訳『カルチュラル・アイデンティティの諸問題』大村書店, 2001年.
Hannerz, U. (1992) *Cultural Complexity: Studies in the Social Organization of Meaning*. New York: Columbia University Press.
——— (1996) *Transnational Connections*. London: Routledge.
原田陽平『近頃の若者はなぜダメなのか――携帯世代と「新村社会」』, 光文社新書, 2010年.
Hargittai, E. (2007) 'A framework for studying differences in people's digital media uses'. In N. Kutscher and H.-U. Otto (eds.), *Cyberworld Unlimited*. VS Verlag für Sozialwissenschaften/GWV Fachverlage GmbH.
Hartley, J. (2009) *The Uses of Digital Literacy*. St. Lucia: University of Queensland Press.
ハルミ・ベフ『イデオロギーとしての日本文化論』思想の科学社, 1997年.
橋元良明「『情報行動センサス』のためのパイロット・スタディ」『情報通信学会誌』12号, 1986年, 81–86頁.
———「情報環境の変化――その日本的状況」(児島和人編著「情報化の進展とマス・コミュニケーション理論の変容」―― 1991年3月東京大学新聞研究所シンポジウムより)『東京大学新聞研究所紀要』45号, 1992年, 22–27頁.
橋元良明, 奥律哉, 長尾嘉英, 庄野徹『ネオ・デジタルネイティブの誕生――日本独自の進化を遂げるネット世代』, ダイヤモンド社, 2010年.
林雄二郎『情報化社会』講談社, 1969年.
Heeter, C., and Greenberg, B. (1985) 'Cable and Program Choice'. In D. Zillmann and J. Bryant (eds.), *Selective Exposure to Communication*. Hillsdale, NJ: Lawrence Erlbaum.
Held, D. (ed.) (2000) *A Globalizing World?* London: Routledge. 中谷義和監訳 (2002)『グローバル化とは何か』法律文化社.
Helsper, E. J., and Eynon, R. (2010) 'Digital Natives: Where is the evidence?' *British Educational Research Journal* 36(3): 503-520.
Herzog H. (1940) 'Professor Quiz: A Gratification Study'. In P. F. Lazarsfeld (ed.), *Radio and the Printed Page*. New York: Duell, Sloan and Pearce.
日吉昭彦, 杉山学「親子関係における携帯電話の利用と満足研究」『成城コミュニケーション学研究』2号, 2000年, 67–95頁.
Horton, D., and Wohl, R.R. (1956) 'Mass Communication and Para-social Interaction: Observa-

Eve, R.A. (1997) 'Afterword: So Where Are We Now? A Final Word'. In R.A. Eve, S. Horsfall and M.E. Lee (eds.), *Chaos, Complexity, and Sociology*. London: Sage.

Featherstone, M (1995) *Undoing Culture – Globalization, Postmodernism and Identity*. London; Sage.

Facer, K., and Furlong, R. (2001) 'Beyond the myth of the "Cyberkid": Young people at the margins of the information revolution'. *Journal of Youth Studies* 4(4): 451–469.

Figaro japon no.474, 2015年 12月号.

Francis, R. (2007) *The Predicament of the Learner in the New Media Age: an investigation into the implications of media change for learning*. Doctoral Dissetation. University of Oxford.

「複雑系の辞典」編集委員会編『複雑系の辞典』朝倉書店, 2001年.

船曳建夫『〈日本人論〉再考』ＮＨＫ出版, 2003年.

Giddens, A. (1984) *The Constitution of Society*. Cambridge: Polity Press.

——— (1990) *The Consequences of Modernity*. Cambridge: Polity Press. 松尾精文, 小幡正敏訳『近代とはいかなる時代か?』而立書房, 1993年.

——— (1991) *Modernity and Self-Identity: Self and Society in the Late Modern Age*. Cambridge: Polity Press. 秋吉美都, 安藤太郎, 筒井淳也訳『モダニティと自己アイデンティティ――後期近代における自己と社会』ハーベスト社, 2005年.

——— (1992) *The Transformation of Intimacy*. Cambridge: Polity Press. 松尾精文, 松川昭子訳『親密性の変容』而立書房, 1995年.

——— (1994) 'Living in a Post-Traditional Society'. In U. Beck, A. Giddens and S. Lash (eds.), *Reflexive Modernization: Politics, Tradition and Aesthetics in the Modern Social Order*. Cambridge: Polity Press. 松尾精文, 小幡正敏, 叶堂隆三訳「ポスト伝統社会に生きること」『再帰的近代化――近現代における政治, 伝統, 美的原理』而立書房, 1997年.

——— (2001) *Sociology*. Cambridge: Polity Press. 松尾精文他訳『社会学（第4版）』而立書房, 2004年.

——— (2006) *Sociology*. Cambridge: Polity Press. 松尾精文他訳『社会学（第5版）』而立書房, 2010年.

Gillespie, M. (1995) *Television, Ethnicity and Cultural Change*. London: Routledge.

Glaser, B.G., and Strauss, A.L. (1968) *The Discovery of Grounded Theory: Strategies for Qualitative Research*. London: Weidenfeld and Nicolson. 後藤隆, 大出春江, 水野節夫訳『データ対話型理論の発見』新曜社, 1996年.

Goffman, E. (1973) *The Presentaion of Self in Everyday Life*. Overlook Press. 石黒毅訳『行為と演技――日常生活における自己呈示』誠信書房, 1974年.

Gurevitch, M., Bennett, T., Curran, J. and Woollacott, J. (1982) *Culture, Society and the Media*, London: Rontledge.

グローバル人材育成推進会議幹事会『グローバル人材育成推進会議中間まとめ』2011年.http://www.meti.go.jp/policy/economy/jinzai/san_gaku_kyodo/sanko1-1.pdf（アクセス：2015年8月29日）

博報堂生活総合研究所『インターネットは平成の神器か』NTT出版, 2000年.

Habermas, J. (1989) *The Structural Transformation of the Public Sphere*. Translated by T. Burger. Cambridge: Polity Press. 細谷貞雄訳『公共性の構造転換』未來社, 1973年.

Hall, E. T. (1976) *Beyond Culture*. New York: Anchor books.

Hall, S. (1980) 'Encoding/Decoding'. In S. Hall, D. Hobson and P. Lowe (eds.), *Culture, Media, Language*. London: Hutchinson.

——— (2014) *It's Complicated: The Social Lives of Networked Teens*. Yale University Press. 野中モモ訳『つながりっぱなしの日常を生きる——ソーシャルメディアが若者にもたらしたもの』草思社, 2014年.

Buckingham, D. (1998) 'Review essay: Children of the electronic age? Digital media and the new generational rhetoric'. *European Journal of Communication* 13(4): 557–565.

——— (2000) *The Making of Citizens: Young People, News and Politics*. London: Routledge.

——— (2006) 'Is there a digital generation?' In D. Buckingham & R. Willett (eds.), *Digital generations*. Mahwah, New Jersey: Lawrence Erlbaum Associates.

Bull, M. (2000) *Sounding Out the City: Personal Stereos and the Management of Everyday Life*. Oxford: Berg.

Carey, J.W. (1989) *Communication as Culture*. New York: Routledge.

Castells, M. (2009) *Communication Power*. Oxford/New York: Oxford University Press.

Castells, M., Fernández-Ardèvol, M., Qiu, J. L., and Sey, A. (2007) *Mobile Communication and Society: A Global Perspective*. Cambridge, MA: MIT Press.

Chang, B. H., Lee, S. E., and Kim, B. S. (2006) 'Exploring factors affecting the adoption and continuance of online games among college students in South Korea: Integrating uses and gratification and diffusion of innovation approaches'. *New Media & Society* 8: 295–319.

Cheng, Y., Liang, J. and Leung, L (2015) 'Social network service use on mobile devices: An examination of gratifications, civic attitudes and civic engagement in China'. *New Media & Society* 17: 1096–1116.

Clark, L. S. (2005) 'The constant contact generation: Exploring teen friendship networks online'. In S. Mazzarella (ed.), *Girl Wide Web*. New York: Peter Lang, pp. 203–22.

Cohen, S. (1972) *Folk devils and moral panics*. London: MacGibbon & Kee.

Couldry, N. (2012) *Media, Society, World: Social Theory and Digital Media Practice*. Cambridge: Polity Press.

Curran, J. (1990) 'The New Revisionism in Mass Communication Research: A Reappraisal'. *European Journal of Communication* 5 (2–3): 135–164.

Das, R and Beckett C. (eds.) (2009) "'Digtal Natives': A Myth?", *A report of the panel held at the London School of Economics and Political Science*.

De Certeau, M. (1980) *L'invention du quotidien. 1. Arts de faire*. Union generaled'Editions.

——— (1984)*The Practice of Everyday Life*. University of California Press, Berkeley. 山田登世子訳『日常的実践のポイエティーク』国文社, 1987年.

Dwyer, C. (2007) 'Digital Relationships in the "MySpace" Generation: Results from a Qualitative Study', paper presented at *the 40th Hawaii International Conference on System Sciences (HICSS)*, Waikoloa, HI.

Edelstein, A.S. (1973) 'An Alternative Approach to the Study of Source Effects in Mass Communication'. *Studies of Broadcasting* 9: 5–29.

Elliott, P. (1974) 'Uses and Gratifications Research: A Critique and a Sociological Alternative'. In J.G. Blumler and E. Katz (eds.), *The Uses of Mass Communications: Current Perspectives on Gratifications Research*. Beverly Hills, CA: Sage.

遠藤薫『インターネットと「世論」形成——間メディア的言説の連鎖と抗争』東京電機大学出版局, 2004年.

EU Kids Online: http://www.lse.ac.uk/media@lse/research/EUKidsOnline/Home.aspx （アクセス：2015年1月4日）

参考文献

阿部潔『公共圏とコミュニケーション』ミネルヴァ書房, 1998年.

――――「批判的『受け手研究』――エンコーディング／ディコーディング・モデルを中心として」田崎篤郎, 児島和人編『マス・コミュニケーション効果研究の展開（改訂新版）』北樹出版, 2003年.

浅野智彦『「若者」とは誰か』河出書房新社, 2015年

Abercrombie, N. (1996) *Television and Society*. Cambridge: Polity Press.

Abercrombie, N., and Longhurst, B. (1998) *Audiences*. London: Sage.

Ang, I. (1985) *Watching Dallas*. London: Methuen.

―――― (1991) *Desperately Seeking the Audience*. London: Routledge.

―――― (1996) *Living Room Wars: Rethinking Media Audiences for a Postmodern World*. London: Routledge.（第2章のみ山口誠部分訳「経験的オーディエンス研究の政治性について」吉見俊哉編『メディア・スタディーズ』せりか書房, 2000年.）

Appadurai, A. (1990) 'Disjuncture and Difference in the Global Cultural Economy'. In M. Featherstone (ed.), *Global Culture*. London: Sage.

―――― (1991) 'Global Ethnoscapes: Notes and Queries for a Transnational Anthropology'. In R.G. Fox (ed.), *Recapturing Anthropology — Working in the Present*. Santa Fe: School of American Research Press.

―――― (1996) *Modernity at Large*. Minneapolis: University of Minnesota Press. 門田健一訳『さまよえる近代』平凡社, 2004年.

朝日新聞「ネットに悪口・個人情報　高校生の15％経験」2015年8月28日朝刊, 38頁.

Baron, N. S. (2008) *Always On: Language in an Online and Mobile World*. Oxford: Oxford University Press.

Beck, U. (1986)*Risk Society: Towards a New Modernity*. London :Sage. 東廉, 伊藤美登里訳『危険社会――新しい近代への道』法政大学出版局, 1998年.

Beck, U., and Beck-Gernsheimn, E. (2002) *Individualization*. London: Sage.

Bennett, S., Maton, K., and Kervin, L. (2008) 'The "Digital Natives" debate: A critical review of the evidence'. *British Journal of Educational Technology* 39(5): 775–786.

Berelson, B. (1959) 'The State of Communication Research'. *Public Opinion Quarterly* 23: 1–6.

Berking, H. (1996) 'Solidary Individualism: The Moral Impact of Cultural Modernisation in Late Modernity'. In S. Lash, B. Szerszynski and B. Wynne (eds.), *Risk, Environment and Modernity*. London: Sage.

Biocca, F.A. (1988) 'Opposing Conceptions of the Audience'. In J. Anderson (ed.) *Communication Yearbook* 11: 51–80. Newbury Park, CA: Sage.

Blumler, J.G. (1964) 'British Television-the Outlines of Research Strategy'. *British Journal of Sociology* 15: 223–233.

Blumler, J.G., and McQuail, D. (1969) *Television in Politics: Its Uses and Influence*. London: Faber and Faber.

boyd, d. (2010) 'Friendship'. In M. Ito et. al. (eds.) *Hanging Out, Messing Around, and Geeking Out*. Cambridge, MA: MIT Press.

レビー, マーク　307
ローゼングレン, カール　308
ローレンツ, エドワード　43, 65
ロジャース, エベリット　41, 47-49
ロバートソン, ローランド　270

【図像デザイン】

河口洋一郎（CGアーティスト、東京大学大学院情報学環教授）
（Figures by Youichiro Kawaguchi, CG Artist, Professor of the University of Tokyo）

図2-5　パラダイム・シフト（The Paradigm Shift）
図2-7　コミュニケーションの複雑性モデル（A Complexity Model of Communication）
図2-8　コミュニケーションの複雑性モデルの多次元性と動態性（The Diversity and Dynamism of the Complexity Model of Communication）
図6-1　自己創造（Self-creation）
図7-2　グローバル時代におけるコミュニケーションの複雑性モデル（The Complexity Model of Communication in the Global Age）
図7-3　グローバル時代におけるコミュニケーションの複雑性モデル：文化的同質化（The Complexity Model of Communication in the Global Age: Cultural Homogenisation）
図7-4　グローバル時代におけるコミュニケーションの複雑性モデル：文化的異質化（The Complexity Model of Communication in the Global Age: Cultural Heterogenisation）
図7-5　グローバル時代におけるコミュニケーションの複雑性モデル：文化的混成化（The Complexity Model of Communication in the Global Age: Cultural Hybridisation）
図8-1　AI/ロボット時代におけるコミュニケーションの複雑性モデル（The Complexity Model of Communication in the AI/Robot Age）

図像のカラー版およびCGイメージは、下記の「高橋利枝オフィシャルウェブサイト」を参照して下さい。

http://blogs.harvard.edu/toshietakahashijp/

著者紹介

高橋利枝（たかはし　としえ）

お茶の水女子大学理学部数学科卒業（理学士：数学）。東京大学大学院社会学研究科修士課程修了（社会学修士：社会情報学）。東京大学大学院人文社会系研究科博士課程単位取得満期退学。英国ロンドン・スクール・オブ・エコノミクス（LSE）大学院博士課程修了Ph.D.取得（社会科学博士：メディア・コミュニケーション学）。現在、早稲田大学文学学術院教授。

2010年オックスフォード大学教育学部客員リサーチ・フェロー。2010-2011年ハーバード大学「インターネットと社会」バークマンクラインセンターファカルティ・フェロー。

主な著書に単著書として“Audience Studies”（Routledge, 2009）、分担執筆として“The Language of Social Media”（Palgrave, 2014）、“Deconstructing Digital Natives”（Routledge, 2011）、“International Handbook of Children, Media and Culture”（Sage, 2008）ほか多数。

米学術雑誌“Television and New Media”編集委員。英学術雑誌“Global Media and Communication”国際編集諮問委員。東京オリンピック・パラリンピック競技大会組織委員会テクノロジー諮問委員会委員。

新曜社

デジタルウィズダムの時代へ

若者とデジタルメディアのエンゲージメント

初版第１刷発行　2016年９月28日
初版第２刷発行　2022年10月21日

著　者　高橋利枝

発行者　塩浦　暲

発行所　株式会社　新曜社

〒101-0051　東京都千代田区神田神保町3-9
電話（03）3264-4973㈹・Fax（03）3239-2958
E-mail：info@shin-yo-sha.co.jp
URL：http://www.shin-yo-sha.co.jp/

印　刷　メデューム

製　本　積信堂

ISBN978-4-7885-1495-9　C3036

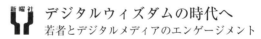